아동안전관리

권혜진 · 김성숙 · 김혜라 · 임여정 · 정윤주 · 조우미

창지사

머리말

아동안전관리는 예비교사가 영유아의 안전사고를 예방하고 안전사고 시 효과적으로 대처하는 데 필요한 안전지식과 기술, 태도를 기르고 안전관리 실무 역량을 배양하기 위한 교과목이다. 아동안전관리 교과목의 목표는 첫째, 영유아의 발달 특성과 안전사고와의 관계를 살펴보고 영유아기 안전사고의 특성에 대해 이해한다. 둘째, 어린이집과 유치원에서 지켜야 할 안전 관련 법령과 안전관리 방법을 파악하고 표준보육과정 및 누리과정과 어린이집 평가제 평가지표, 유치원 평가지표에서의 안전 관련 내용을 숙지하여 어린이집과 유치원 안전관리 시 적용한다. 셋째, 어린이집과 유치원에서 발생하는 안전사고의 특성과 유형을 파악하고 어린이집과 유치원에서 실시해야 할 영유아, 부모, 교직원 대상 안전교육의 내용과 교수 방법을 습득한다. 넷째 영유아 안전사고로 인한 신체적, 정신적 손상을 최소화하기 위해 영유아기 안전사고 예방을 위해 노력하고, 영유아 안전사고 발생 시 효과적으로 대처하는 방법을 익힌다. 이와 함께 안전사고 발생 시 안전사고 처리 절차를 숙지하고 보육교직원의 안전사고 책임 범위를 파악한다.

본 교재는 이와 같은 아동안전관리 교과목의 목표를 반영하여 3부로 구성하였다. 1부는 영유아 안전관리의 기초, 2부는 영유아 안전교육의 운영과 실제, 3부는 영유아 안전사고의 대처와 법적 책임에 관한 내용을 다루었다.

1부 1장에서는 영유아 안전에 대한 개념적 정의를 하고 영유아가 안전하게 생활할 수 있도록 하기 위한 영유아교사의 역할을 소개하여 영유아 안전의 중요성을 인식할 수 있도록 하였다. 2장에서는 영유아의 발달적 특성에 따른 안전사고의 특성에 대해 제시하였다. 3장에서는 영유아교육기관에서의 안전사고와 어린이집, 유치원 평가지표 중 건강 및 안전 영역 평가지표를 중심으로 안전관리를 살펴보았다.

2부 4장부터 11장에서는 영유아를 위한 안전교육의 운영과 그 실제를 소개하였다. 4장에서는 영유아 안전교육을 실행하기 위한 연간 안전교육과정의 운영과 교수학습 방법을 다루었다. 5장 보건위생 안전교육, 6장 놀이안전교육, 7장 교통안전교육, 8장 미디어 안전교육, 9장 대인안전교육, 10장 화재안전교육, 11장 자연재난 안전교육의 내용과 영유아 안전 경험의 실제를 제시하였다.

3부 12장에서는 영유아교사가 응급처치의 중요성을 인식하고 상황에 적절한 응급처치 능력을 갖추어야 하므로 응급 상황 대처에 대해 다루었다. 13장에서는 안전사고가 발생했을 때의 적절한 대처체계와 안전사고에 대한 법적 책임에 대해 살펴보았다.

본 교재 집필 시 중점을 둔 사항들은 다음과 같다. 첫째, 안전교육에 대한 법적 근거인 「아동복지법」과 '학교안전교육 7대 표준안', '표준보육과정', '누리과정'에 제시된 영유아 안전교육의 영역과 내용을 충실히 반영하고자 하였다. 둘째, 최근 개정된 '2020 표준보육과정'과 '2019 개정 누리과정'의 내용을 반영하여 영유아 안전교육 역시 영유아의 일상생활, 놀이, 활동와 연계하여 자연스럽게 경험하는 실제를 제시하고자 하였다. 이를 위해 5장부터 11장까지 안전교육의 내용과 연계하여 '영유아 안전 경험의 실제'를 제시하였다. 제시된 사례는 창원법원어린이집의 영유아들의 안전 경험 실제 사례임을 밝혀 둔다. 셋째, 어린이집 평가제 평가지표, 유치원 평가지표의 변화된 내용을 반영하여 예비교사들이 영유아 안전과 관련하여 최신 내용을 알 수 있도록 하였다. 넷째, 학습자의 이해를 돕기 위해 각 장의 내용을 학습하기 전 '들어가기 전에'를 통해 관련된 자료, 기사 등을 소개하였고, 다양한 안전 관련 심화자료는 '더 알아보기'로 제시하였다. 또한 각 장의 마지막에는 '적용해 보기'를 넣어 각 장의 학습을 마친 후 토의, 조사, 체크리스트 작성을 통해 각 장의 학습 내용을 기초로 좀 더 확장된 안전관리 역량을 키울 수 있도록 하였다.

이 책이 만들어지기까지 도움을 주신 유치원과 어린이집 원장님들과 선생님들께 감사드린다. 특히 영유아 안전 경험의 사례를 제공해 준 창원법원어린이집의 교직원과 어린이들에게 감사드린다. 또한 이 책의 출판을 위해 수고해 주신 창지사 관계자들께도 감사드린다. 이 책이 영유아의 안전에 대해 함께 고민하고 더 나은 실천 방안을 모색하는 데 조금이라도 도움이 되길 바란다.

2021년 2월

저자 일동

차 례

Part II 영유아 안전교육의 운영과 실제

Part III 영유아 안전사고의 대처와 법적 책임

Part I

영유아 안전관리의 기초

Chapter 1

영유아기 안전의 중요성

들어가기 전에

'1 : 29 : 300'의 규칙?

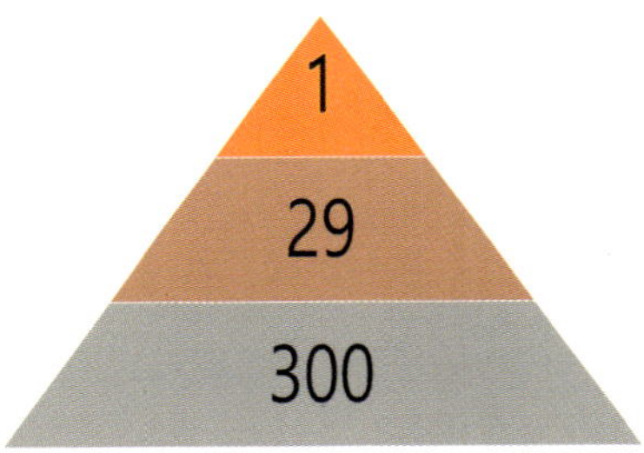

하인리히(Herbert William Heinrich)는 미국 보험회사에서 근무하면서 수많은 산업재해 자료를 분석한 결과 의미 있는 통계학적 규칙을 찾아냈다.

그는 1931년 출간한 『산업재해 예방: 과학적 접근(*Industrial Accident Prevention: A Scientific Approach*)』이라는 책에서 안전사고 발생에 대한 '1 : 29 : 300'의 규칙을 제시하였다.

'1 : 29 : 300'의 규칙이란 평균적으로 한 건의 큰 사고(major incident) 전에 29번의 작은 사고(minor incident)가 발생하고 300번의 잠재적 징후들(near misses)이 나타난다는 사실이다.

큰 사고는 우연히 또는 어느 순간 갑작스럽게 발생하는 것이 아니라 그 이전에 반드시 경미한 사고들이 반복되는 과정 속에서 발생한다는 것을 실증적으로 밝힌 것으로, 큰 사고가 일어나기 전 일정 기간 동안 여러 번의 경고성 징후와 전조들이 있다는 사실을 입증하였다. 다시 말하면 큰 재해는 항상 사소한 것들을 방치할 때 발생한다는 것이다(김민주, 2014).

1장에서는 안전의 정의를 설명하고, 적극적 관점에서 영유아 안전의 의미를 살펴본다. 또한 영유아의 안전을 위해하는 요인을 물리적 환경, 인적 환경, 사회적 환경의 측면에서 파악해 보고, 영유아의 안전사고의 특성을 알아본다. 마지막으로 영유아의 안전을 확보할 수 있는 방안에 대해 설명한다.

1. 영유아와 안전

1) 안전의 정의

(1) 안전

안전(安全, safety)은 매우 다양한 정의를 포함하고 있다. 안전은 국어사전에서 '위험이 생기거나 사고가 날 염려가 없거나 또는 그런 상태'로 정의하고 있으며, 옥스퍼드(Oxford) 사전은 safety를 '피해나 위험으로부터 안전이 유지되는 상태'로 정의하고 있다. 안전은 사고나 재해가 발생하지 않는 상태이며, 보다 적극적으로는 이러한 사고와 재해를 유발할 수 있는 잠재적 위험도 없는 상태라고 정의할 수 있다(이강원, 손호웅, 2016). 안전은 물리적, 물질적 혹은 도덕적 위험이 없는 상태나 상황으로 정의할 수 있으며, 이는 위험으로부터 피할 필요를 느끼지 못하는 상태(김미숙, 이주연, 김지민, 정윤경, 2015)이다. 안전과 관련된 용어에는 위험(danger), 손상(injury) 등이 있다.

(2) 위험

위험은 안전의 반대말로, 사물의 불안전한 상태나 인간 및 조직의 불안전한 행동에 의해 야기된다. 위험과 안전의 사이에는 안전하다는 것을 확인할 수 없는 '불안'의 상태가 존재하며 불안이 현실화되는 것이 안전사고라고 할 수 있다. 안전사고는 위험이 발생할 수 있는 장소에서 물리적 환경의 불안전한 상태와 안전교육의 미비, 안전수칙 위반, 부주의 등과 같은 사람의 불안전한 행동에 의해 일어나서 사람 또는 재산 피해를 주는 사고를 말한다.

(3) 손상

안전사고의 결과 '손상'이 발생할 수 있다. 손상이란 신체나 정신의 일부가 해를 당한 것을 말한다. 손상의 유형에는 가해자의 의도성에 따라서 의도적 손상과 비의도적 손상이 있다(김미숙 외, 2015).

비의도적 손상이란 타인 혹은 자신에게 해를 가할 의도 없이 발생한 행동으로 사고 등을 말한다. 교통사고, 놀이 도중 발생한 넘어짐, 스포츠 도중에 일어난 골절 등이 여기에 해당한다. 비의도적 손상은 대부분 가정, 학교, 어린이집과 유치원 등 생활하고 있는 공간과 그 주변에서 발생한다. 비의도적 손상은 아동 사망사고의 3분의 2를 차지할 정도로 많은 상황이다. 대부분의 비의도적 손상은 환경 개선과 인식 개선, 안전교육 등을 통해 예방 가능하다.

의도적 손상이란 타인이나 자신에게 고의적으로 해를 가할 의도를 가지고 행한 행동의 결과로서 발생한 것을 말한다. 여기에는 학대, 유괴, 폭력 등으로 인한 손상이 해당된다.

손상이 아동에게 발생할 경우 손상으로 인해 학업을 지속하지 못하고, 일상생활이 어렵게 되고, 장애가 발생하기도 하며, 심한 경우는 사망에 이르기까지 한다. 이러한 아동손상은 아동 본인과 가족에게 피해를 주며 나아가 커다란 사회적 손실로 연결된다.

(4) 안전에 대한 적극적 개념 정의

안전을 재해나 사고가 발생하지 않고 있는 상태로 보는 것은 소극적인 개념 정의이다. 안전에 대한 소극적 개념 정의에서 한 걸음 더 나아가 재해나 사고가 발생하지 않도록 하기 위해 잠재되어 있는 위험 요인을 예측하여 이에 대한 대책이 체계적으로 수립되어 있는 상태를 '안전'한 상태로 보는 것이 적극적 개념 정의라고 할 수 있다.

2) 영유아 안전의 의미

영유아 안전은 일차적으로 영유아가 신체적 상해 없이 건강하게 보호되는 것을 말하지만 궁극적으로는 신체적 상해로부터 보호되고 있을 뿐 아니라 학대, 방임 등에서 발생하는 정신적·정서적 문제로부터도 보호되고 있다는 것을 의미한다.

(1) 기본권 보장의 측면

안전은 인간의 기본적인 권리이자 삶의 질을 보장하는 필수 요건이다. 유엔 아동권리협약(UN Convention on the Rights of the Child: CRC)에서는 생존권, 보호권, 발달권, 참여권을 가장 기본적이고 필수적인 권리로서 제시하고 있다. 아동권리협약 제6조에 "당사국은 모든 아동이 생명에 관한 고유의 권리를 가지고 있음을 인정한다. 당사국은 아동의 생존과 발달을 최대한 보장해야 한다"라고 규정하고 있다. 영유아의 안전을 보장하는 것은 아동권리협약에서 제시하는 생존권, 보호권, 발달권, 참여권과 같은 인권 영역의 보장을 위해 가장 기본적이고 필수적인 조치이다. 성인에게 주어지는 권리가 아동에게도 그대로 적용되며, 아동은 아직 스스로 생존하고 보호할 수 없으므로 보호와 양육을 받아야 하는 권리가 추가된다(유니세프, 2019). 이를 보장하기 위해 유엔 아동권리협약에서는 〈표 1-1〉과 같이 4-3-1 모델을 제시하고 있다(어린이집안전공제회, 2017).

〈표 1-1〉 유엔 아동권리협약의 아동권리 4-3-1 모델

구분	내용	
4 기본권	생존권	• 적절한 생활 수준을 누릴 권리, 안전한 주거지에서 살 권리, 충분한 영양 섭취, 생명 유지, 건강과 의료 혜택을 받을 권리
	보호권	• 차별로부터 보호, 학대, 방임, 폭력, 고문, 징집, 부당한 형사 처벌, 과도한 노동, 약물과 성폭력으로부터 보호받을 권리
	발달권	• 교육받을 권리, 여가를 즐길 권리, 문화생활과 정보를 얻을 권리, 생각과 양심과 종교의 자유를 누릴 권리
	참여권	• 자신의 삶에 영향을 주는 문제들에 대한 발언권과 의사를 자유롭게 표현할 수 있는 권리
3 원칙	• 18세 미만의 모든 아동 • 아동에게 최선의 이익 제공 • 차별없이 모든 아동에게 적용	
1 과정	• 아동권리 실현은 우리 모두의 책임이다.	

(2) 기본 욕구 충족의 조건으로서 안전

안전은 인간이 살아가는 데에 필요한 기본 욕구로서 매슬로(Maslow)의 인간욕구 단계에서 안전은 가장 1차적인 생리적 욕구 다음으로 기본적인 욕구이다. 안전의 욕구는 기본적으로 신체적인 위험에 대한 공포에서 벗어나려는 욕구, 두려움이나 혼란스러움이 아닌 평상심과 질서를 유지하고자 하는 욕구이고, 또한 기본적인 생리적 욕구를 충족시키지 못하게 되는 위험으로부터 해방되려는 욕구로 일종의 자기보존의 욕구이다(김대근, 2014). 즉, 안전이 충족되어야 건강과 복지가 충족될 수 있다는 것이다.

(3) 영유아의 전인적 발달을 위한 전제조건

건강하고 안전한 삶은 영유아가 행복하게 성장하고 발달하는 데 기본적 조건이다. 영유아는 심신이 건강하고 안정되어야 주변 환경을 활발하게 탐색하고 놀이하며 다른 사람과 긍정적인 관계를 형성해 나갈 수 있다. 영유아기에 형성하는 건강하고 안전한 생활습관은 전 생애를 통해 지속된다. 영유아가 건강하고 안전하게 생활할 수 있도록 보장하는 것은 영유아의 기본적인 권리와 삶의 질을 보장하는 필수 요건이다.

3) 영유아 안전 관련 요인

(1) 물리적 환경의 안전

영유아가 가장 많이 생활하고 머무르는 가정, 영유아교육기관, 지역사회의 물리적 환경이 안전하지 못할 경우 안전사고가 발생하기 쉽다. 물리적 환경의 안전 문제는 영유아가 주로 생활하는 가정과 영유아교육기관, 지역사회의 실내외 시설 및 설비, 놀이기구 및 구조물, 도구, 화재, 교통 등의 관리가 부적절하게 이루어질 때 발생한다.

부모와 교사는 영유아가 생활하는 가정과 영유아교육기관은 물론 지역사회의 물리적 환경이 안전하게 유지되도록 점검하고 영유아들이 안전하게 생활할 수 있도록 교육하는 것이 필요하다.

유괴 등 범죄의 위험으로부터 아동을 보호하기 위하여 필요하다고 인정하는 때에는 어린이집의 아동을 보호하기 위하여 어린이집의 주변 구역을 아동보호구역으로 지정하여 폐쇄회로 텔레비전을 설치하거나 그 밖의 필요한 조치를 할 수 있다(보건복지부, 2020). 또한 「도로교통법 시행규칙」 제14조, 시·군·구청 및 경찰서 협조를 받아 영유아교육기관 주변을 어린이보호구역으로 지정·관리하여 안전한 통학 및 놀이 환경을 만든다.

(2) 인적 환경의 안전

영유아 안전과 관련하여 가정과 영유아교육기관에서 성인 보호자의 역할은 매우 중요하다(김혜금, 2010). 안전사고를 예방 가능한 것으로 보고 영유아의 안전사고를 예방하고자 노력하는 성인 보호자가 있을 때 영유아는 안전사고를 덜 경험하고 안전사고를 당하더라도 그 피해가 경미하다. 그러나 성인 보호자가 안전사고는 일어나기 마련이라고 생각하며 영유아의 사고 위험을 인식하지 못하거나 위험한 환경을 방치하는 경우, 영유아는 안전사고를 많이 당하고 그 피해 또한 크다. 특히 성인 보호자의 안전한 행동의 모델링은 영유아의 안전행동에 영향을 주게 되어(윤선화, 정윤경, 2012; Morrongiello, Corbett, & Bellissimo, 2008), 결과적으로 안전사고로 인한 상해 피해를 줄일 수 있다. 영유아의 발달 특성상 성인의 행동을 모방하는 특성을 가지고 있으므로 부모와 교사가 일상생활에서 안전하게 생활하는 모습을 보여 줌으로써, 영유아들이 이를 본보기 삼아 안전한 생활습관을 형성하고 내면화할 수 있도록 돕는다. 영유아는 직접적인 학습 경험 외에도 모델의 활동을 관찰함으로써 간접적으로 강화를 받아 안전하게 행동할 수 있으며, 이러한 경험은 영유아에게 안전한 생활습관으로 내면화될 수 있다. 교사가 단편적인 지식이나 정보를 전달하는 데 그치기보다 안전하게 생활하는 태도와 성향을 키우는 다양한 통합적 교수·학습 방법으로 접근하는 것(최윤정, 안소영, 원윤서, 2018)이 바람직하다.

또한 가정과 영유아교육기관에서 영유아에 대한 학대와 방임이 발생하는 경우 영유아의 신체적 안전은 물론 정신적 안전을 위협한다. 영유아가 실종, 유괴, 학대, 방임, 성폭력 등의 대인안전사고로부터 안전도 보장되어야 한다.

영유아교육기관 교직원은 영유아의 안전사고 예방을 위해 영유아에 대한 보호와 감독을 철저히 해야 하며, 영유아의 발달 단계 특성을 고려한 보호 및 안전교육 방법에 대해 숙지해야 한다(보건복지부, 2020). 교직원은 영유아의 안전을 위해 영유아의 보호자와 상호 협력한다.

영유아교육기관에서는 영유아와 부모에 대한 안전교육을 시행해야 하며, 원장은 모든 교직원에 대해 안전교육을 실시하고, 관련 기관 등에서 전문적인 안전교육을 받을 수 있도록 조치한다.

(3) 사회적 환경의 안전

지역사회나 국가가 아동 친화적이고 안전 친화적인 환경이 되도록 국가나 사회적 차원에서 영유아 안전을 보장하기 위한 법제도를 마련하고 이를 실천하려는 노력은 중요하다(김대근, 2014). 안전관리의 책임을 맡은 정부, 안전상품과 서비스를 생산하여 판매하는 기업, 안전상품과 서비스를 소비하면서 한편으로 공동체의 안전생활 환경에 영향을 미치는 시민, 안전을 위한 시민운동단체의 네 주체들이 상호 유기적으로 기능을 수행하여야 영유아의 안전이 보장될 수 있다.

- 아동친화도시 인증

아동친화도시 개념은 1996년 이스탄불(Istanbul)에서 인류 거주문제에 대한 제2차 유엔정주회의(Habitat Ⅱ)에서 시작되었고, 우리나라는 2013년 11월 유니세프 한국위원회가 서울 성북구를 첫 번째 유니세프 아동친화도시로 인증하면서 시작되었다. 아동이 보다 나은 삶을 살 수 있도록 아동에게 친화적인 환경을 가진 지역사회를 만들어 나가기 위한 노력으로 유니세프 아동친화도시(UNICEF Child Friendly Cities) 인증을 받는 지자체가 늘어나고 있다(유니세프, 2019). 아동친화도시 인증의 주요한 요소([그림 1-1])로 아동이 365일 안전하게 생활할 수 있는 사회적 환경을 조성하는 것이 포함되어 있다.

출처: 유니세프코리아(www.unicef.or.kr).

[그림 1-1] 유니세프 아동친화도시의 10가지 구성 요소

● 어린이안전관리에 관한 법률(어린이안전법)

「어린이안전관리에 관한 법률(어린이안전법)」은 2020년에 제정되어 시행되고 있다. 어린이의 안전보장, 어린이 안전을 위한 교육에 관하여 다른 법률에 특별한 규정이 있는 경우를 제외하고는 이 법에서 정하는 바에 따르도록 하고 있다. 이 법은 "어린이의 생명과 신체에 대한 위험을 예방하고 어린이 안전을 확보하기 위한 사항을 규정함으로써 어린이가 행복하고 건강한 삶을 누릴 수 있는 환경을 조성하는 것"을 목적으로 한다. 이 법에서는 "모든 어린이는 공동체의 기초로서 안전하게 생활하고 성장할 권리를 가지며 스스로 보호할 능력을 갖출 수 있을 때까지 적절하게 보호받아야 함"을 기본 이념으로 명시하고 있다. 이를 위해 국가 및 지방자치단체는 어린이 안전을 확보하기 위하여 정책을 수립하고 이를 시행할 책임을 지며, 어린이 안전사고를 사전에 예방하기 위하여 필요한 조치를 하여야 한다고 명시하였다.

영유아 안전은 물리적 환경, 인적 환경, 사회적 환경의 안전이 미비되어 있을 때 잠재적인 위험 상태(박영선, 신동주, 2014)에 놓인다. 영유아 안전사고의 주요 발생 장소는 영유아가 가장 많이 생활하고 머무는 가정, 영유아교육기관과 지역사회이며 영유아와 관련된 성인들의 안전의식 및 안전관리 노력이 영유아의 안전과 직결된다. 또한 국가 및 사회의 안전과 관련된 제도와 시설 운영 노력 역시 영유아의 안전을 위해 중요하다.

영유아 안전이 확보되기 위해서는 영유아와 영유아를 둘러싼 환경이 적절하게 조성되어야 한다. 따라서 영유아의 안전을 증진하기 위해서는 생태체계적 관점에서 영유아를 둘러싼 미시체계 수준에서의 노력뿐만 아니라 미시체계에 영향을 주는 외체계 수준, 거시체계 수준에서의 노력이 매우 중요하다.

2. 아동 안전사고 현황 및 특성

1) 아동 안전사고 현황

(1) 전체 현황

안전사고는 주변 환경에 존재하는 다양한 종류의 위험 요인을 사전에 발견하고 대처하지 못한 결과 발생하는 손상이나 상해이다. 우리나라는 2003년 어린이 안전원년 선포 후 범정부적으로 추진한 '어린이 안전종합대책'의 결과, 아동 안전사고 사망자 수는 지속적으로 감소하고 있다. 통계청(2019)에서 발표하는 '사망원인통계'에 따르면, 우리나라 어린이(만 0~14세) 10만 명당 안전사고 사망자 수는 2018년 2.43명으로 우리나라의 어린이 안전사고는 해마다 감소하는 추세에 있다.

어린이 안전사고의 사망 원인으로는 〈표 1-2〉와 같이 '교통사고'로 인한 사망사고가 압도적으로 많았고, '추락', '익사', '화재', '중독' 순으로 나타났다.

〈표 1-2〉 어린이 안전사고 사망 유형별 현황 (단위: 건)

구분	2014년	2015년	2016년	2017년	2018년	평균
교통사고	80	103	87	75	54	79.8
추락	31	28	28	26	28	28.2
익사	36	28	19	24	18	25.0
화재	5	10	5	7	8	7.0
중독	2	0	1	2	4	1.8
기타	61	56	56	62	51	57.2
합계	215	225	196	196	163	199.0

출처: 통계청(2019). 사망원인통계.

(2) 아동 안전사고 유형

① 아동 안전사고 건수

한국소비자원의 소비자위해감시시스템(CISS)을 통해 접수된 어린이 안전사고 건수는 2만 4,971건으로 전체 안전사고 건수의 34.2%를 차지하고 있어([그림 1-2]), 우리나라 총인구 대비 어린이 인구 비중(12.5%)에 비해 매우 높아 안전사고에 취약한 계층임을 알 수 있다(한국소비자원 위해정보국 위해예방팀, 2020).

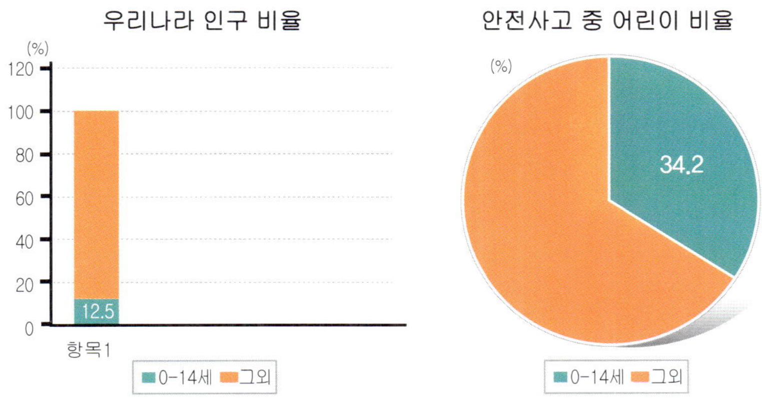

출처: 한국소비자원 위해정보국 위해예방팀(2020). 2019년 어린이 안전사고 동향분석.

[그림 1-2] 전체 안전사고에서 어린이 안전사고가 차지하는 비율 (2019년)

② 발달 단계별 발생 현황

발달 단계별 안전사고 발생 현황을 살펴보면 발달 단계 중 '걸음마기'가 1만 1,495건으로 46.0%를 차지해 가장 많았고, '유아기'는 5,669건(22.7%), '학령기'는 5,640건(22.6%), '영아기' 2,167건(8.7%) 순으로 나타나 최근 5년간 매년 비슷한 양상을 보이고 있다. '걸음마기'는 활동 범위가 넓어지는 시기이나 균형 감각 및 신체 민첩성이 완전하지 못해 안전사고에 가장 취약한 것으로 분석되었다.

주요 안전사고 발생 장소(〈표 1-3〉)는 가정이었으나, 연령이 증가함에 따라 '주택'의 비율이 감소하였으며, '교육시설', '여가·문화 및 놀이시설', '도로 및 인도' 등 실외 장소의 비율은 점차 증가 추세를 보였다.

〈표 1-3〉 어린이 안전사고 연령별 발생 장소 현황 (단위: 건, %)

구분	영아기 (0세)		걸음마기 (1~3세)		유아기 (4~6세)		학령기 (7~14세)	
주택	9,793	(89.4)	46,711	(79.2)	17,165	(62.3)	10,627	(42.6)
교육시설	25	(0.2)	1,900	(3.2)	1,926	(7.0)	3,307	(13.2)
여가문화 및 놀이시설	54	(0.5)	2,150	(3.6)	2,441	(8.9)	2,215	(8.9)
도로 및 인도	143	(1.3)	1,160	(2.0)	1,339	(4.9)	2,440	(9.8)

출처: 한국소비자원 위해정보국 위해예방팀(2020). 2019년 어린이 안전사고 동향분석.

2) 영유아 안전사고의 특성

영유아 안전사고의 특성을 종합해 보면 다음과 같다.

첫째, 영유아기 안전사고는 영유아가 가장 많이 생활하는 공간에서 주로 발생한다. 영유아의 안전사고는 가정 및 영유아교육기관에서 가장 많이 발생하며, 그 중에서도 가장 많이 생활하는 거실, 보육실이 가장 많이 안전사고가 발생하는 장소이다. 영유아들이 주로 생활하는 공간에 대한 일상적이고 지속적으로 위험 요인이 없는지 관리하여 영유아에게 안전한 물리적 환경을 제공하는 것이 중요하다. 또한 영유아는 '가정', '여가·문화 및 놀이시설', '교육시설'에서 보다 많은 시간을 보내며 단독으로 자유롭게 활동할 수 있는 장소이므로 사고 발생 빈도가 높으므로 영유아가 놀이시설 및 교육시설에서 안전수칙을 준수하며 활동할 수 있도록 장소별 빈발하는 사고 유형과 행동 요령 등의 안전교육이 요구된다고 볼 수 있다.

둘째, 영유아기 안전사고 유형은 영유아의 발달 특성과 관련되어 있다는 것이다. 영아들의 경우에는 질식 및 삼킴사고, 추락사고들이 많은 반면 이동 능력이 증가하면서 보행사고, 실종사고, 놀이안전사고 등이 증가하는 양상을 보인다. 특히 영유아의 호기심이 증가하면서 다양한 탐색활동이 활발해지는데, 영유아기 자기중심적 사고 특성상 위험을 인지하기 어려워 안전사고의 위험도는 증가한다. 반면 위험 요인을 인지하거나 위험 상황이 발생할 경우 이에 대처하는 대응 능력 및 운동 능력은 부족하여 안전사고로 이어질 가능성이 증가한다.

셋째, 영유아기 안전사고 발생원 인은 결국 성인 부주의와 관련되어 있다. 영유아는 스스로를 보호하고 대처할 수 있는 능력이 부족하므로 성인 보호자가 부주의하거나 방심하는 순간 안전사고로 연결되는 경우가 많다.

3. 영유아 안전을 위한 영유아교육기관의 역할

영유아교육기관에서는 영유아의 발달 특성상 안전사고가 일어날 가능성이 높기 때문에 영유아 안전을 위한 영유아교사의 역할이 중요하다. 영유아교사는 영유아의 발달 특성에 따른 사고 예방을 해야 하며 안전한 보육 환경을 조성하고 영유아 수준에 맞는 안전교육자로서의 역할을 해야 한다. 또한 영유아교사는 불가피하게 안전사고가 발생했을 때 체계적인 대처 방안을 숙지하여 효과적으로 신속히 대처하는 응급대처자로서의 역할도 수행해야 한다.

1) 영유아의 발달 특성에 따른 안전사고 특성 파악하기

영유아의 안전을 위해서는 영유아의 발달 특성에 따른 안전사고의 특성에 대해 잘 아는 것이 중요하다. 또한 일상생활에 잠재되어 있는 위험 요인을 민감하게 감지해야 한다. 영유아는 연령별로 발생하는 안전사고의 유형이 다르고 장소와 상황에 따라 다른 사고 유형을 경험할 수 있기 때문에 영유아교사들은 영유아의 발달 특성에 따른 안전사고의 특성에 대해 잘 알고 사전에 위험 요인을 제거하고 대처해야 한다. 영유아를 둘러싼 주변 환경에서 발생할 수 있는 안전사고의 원인과 가능성에 대처하기 위해 인적 환경이나 물리적 환경에 잠재하는 위험 요인을 조기에 발견하여 제거하고 사고나 재해를 방지하려는 노력을 의미한다.

이와 관련하여 이 책의 2장에서는 영유아의 연령별 발달 특성에 따른 안전사고 발생 유형을 파악하고 이를 예방할 수 있는 방안을 학습하게 된다.

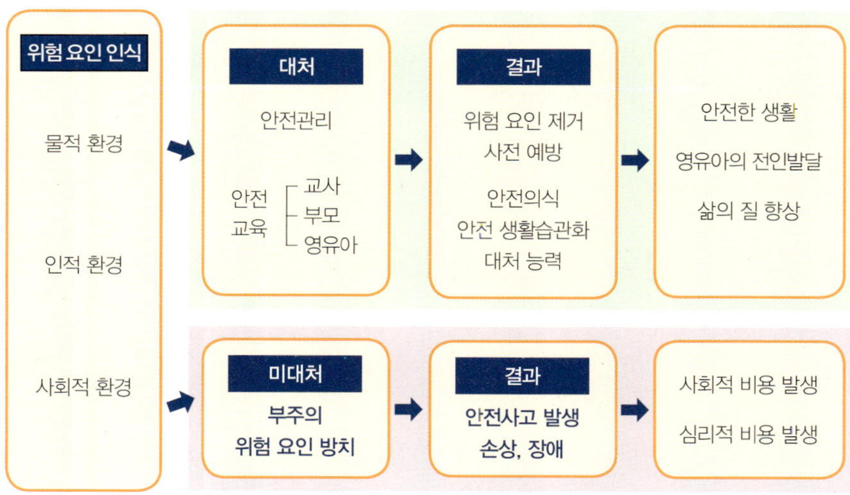

[그림 1-3] 영유아 안전을 위한 영유아교육기관의 역할

2) 안전관리로 안전한 환경 제공하기

영유아의 안전을 위해서 영유아교육기관은 안전관리를 통해 영유아에게 안전한 환경에서 자유롭게 활동하고 놀 수 있는 환경을 제공하여야 한다. 모든 위험이

나 사고로부터 영유아들을 보호하는 일이 부모와 교사의 최우선적인 임무이며, 사고 발생 후의 대책이나 처리보다 안전사고를 미연에 방지하고 두 번 다시 동일한 사고가 일어나지 않도록 하기 위한 안전관리가 매우 중요하다. 환경 조건에 따라 안전사고의 잠재 가능성은 다양하게 존재하고 있으므로 철저한 관리로 사고를 예방하여야 한다(도남희, 2016).

영유아교사는 실내외 공간 및 놀잇감, 생활용품 등에 대한 안전관리를 통해 안전사고가 발생할 수 있는 위험 소지를 사전에 제거해야 한다. 또한 영유아교사는 영유아의 발달 특성을 잘 이해하고 안전사고가 발생하지 않도록 미리 예방하여야 한다. 영유아교사는 영유아의 발달 특성에 따른 안전사고의 특성에 대해서 숙지하고 이를 기초로 보육 환경을 구성할 때 실내외의 위험 요소를 최소화하도록 노력해야 하며 교실과 놀잇감의 위생문제에도 관심을 가져야 한다. 실내외의 모든 비품과 교재교구의 위험 요소를 최소화하고, 친구와의 갈등과 공격적인 행동을 감소시키기 위해 놀잇감의 수와 공간 구성에 주의를 기울여서 영유아의 탐색활동을 제한하지 않으면서도 안전하게 생활할 수 있도록 해야 한다. 물리적 환경 구성뿐 아니라 영유아 발달과 흥미에 적합한 보육교육과정을 제공하는 것도 안전사고 예방에 도움이 된다. 안전사고 예방을 위해 가장 중요한 것은 영유아가 항상 교사의 눈에서 벗어나지 않도록 살펴보는 것이다. 영유아기에 성인의 부주의는 곧 추락, 질식, 독극물 중독, 골절 등의 안전사고로 이어질 가능성이 매우 높기 때문에 항상 교사의 감독 아래 있어야 한다.

이와 관련하여 이 책의 3장에서 영유아교육기관의 안전관리에 대해 살펴본다.

3) 안전교육으로 안전사고 예방 및 대처 능력 기르기

영유아가 안전하게 생활할 수 있도록 영유아뿐만 아니라 교직원, 부모 대상 안전교육을 통해 사고 예방 및 대처 능력을 기른다. 안전교육이란 안전을 위협하는 여러 요소로부터 건강한 생활을 유지하기 위한 적극적인 방법으로서 사고의 위험을 사전에 방지하여 사고율을 줄이고, 사고에 대한 대책을 마련하여 그 피해를 줄이기 위한 방법을 주된 내용으로 하는 교육을 의미한다. 안전교육은 교육을 통해서 일상생활에서 개인 및 집단의 안전에 필요한 지식, 기술, 태도 등을 익히게 하고, 자신과 타인의 생명을 존중하며, 안전하고 건강한 생활을 영위할 수 있는 습관을 기르는 것이다. 영유아교사의 안전지식은 안전행동과 관계성이 높으므로 영유아교사의 안전지식 향상을 위한 안전교육의 체계화와 안전행동 도모가 중요하다(김직호, 허린강, 2016).

안전교육의 대상은 영유아교육기관의 교직원뿐만 아니라 영유아와 영유아의 부모를 모두 포함하여야 한다(윤선화, 정윤경, 2012; Ben-Arieh, McDonell, & Attar-Schwartz, 2009). 특히 영유아가 스스로 위험으로부터 자신을 보호할 수 있도록 안전에 대한 지식, 기술, 태도와 가치를 배움으로 안전의식을 내면화하여 건강하고 안전한 생활을 영위할 수 있도록 도와주는 교육이 필요하다. 안전교육은 개인의 사고의 위험성이 높은 행동에 노출되기 이전에 제공되는 것이 효과적이라는 점을 고려할 때 영유아기는 안전교육을 실시할 수 있는 가장 효과적인 시기라고 볼 수 있다고 하였다. 영유아기는 바로 이러한 교육을 실시할 수 있는 최적의 시기로서 이 시기에 형성된 안전에 대한 지식, 기술, 태도는 전 생애에 걸쳐 지속적으로 영향을 미칠 수 있다는 점(이정민, 유수정, 강상, 2012)에서 영유아 안전교육의 중요성이 강조된다.

영유아 안전교육은 영유아의 발달 수준, 상황 등을 고려하여 계획하고 실행하는 것이 중요하다. 영아의 경우에도 영아에게 적절한 안전교육 내용을 구성하고 영아에게 적절한 안전교육 교수법을 적용하는 것이 필요하다(이수영, 배지희, 2019). 사고예방교육은 영유아에게 사고 예방과 관련된 지식, 기술, 태도뿐만 아니라 행동의 변화까지 유발한다는 점에서 의의가 크다.

유아의 경우 놀이 주제와 연계하여 안전교육을 계획하거나 스스로 위험한 상황을 인식하는 상황에서 안전교육을 실행하여 안전교육의 효과를 높일 수 있다. 안전교육을 통하여 영유아들은 위험하거나 안전과 관련된 갈등 상황일 때 다양한 해결 방안을 생각해 낼 수 있으며, 영유아 개개인이 어릴 때부터 안전습관을 생활화하도록 할 수 있다.

이와 관련하여 이 책의 4~11장에서 영유아 및 교사를 위한 안전교육에 대해 살펴본다.

4) 안전사고 대처체계 구축하기

안전사고가 부득이하게 발생했을 때 신속하게 대처할 수 있는 체계를 구축한다. 안전사고 대처란 안전사고가 발생했을 때 그 사고를 신속하고 효과적으로 처리함으로써 그 피해를 최소화하려는 대처 능력을 말한다. 안전사고는 안전관리를 통해 미연에 방지하는 것이 최우선이지만 모든 사고를 예방한다는 것은 사실상 불가능하다. 불가피하게 영유아 안전사고가 발생한 경우에는 적절하게 대처할 수 있어야 한다. 일단 사고가 일어나면 심각하지 않은 작은 사고도 영유아의 발달 특성상 영구적이거나 회복하기 어려운 신체적 손상이나 심리적 손상, 더 심각하게는 사망에 이를 수 있다. 응급 상황 시 영유아의 생명과 예후는 사고 현장에서부터 신속하고 적절한 응급처치 여부에 따라 좌우되기 때문에 영유아교사가 숙지한 응급처치 지식과 실천 능력은 대단히 중요하다(김미선, 박미화, 이효숙, 2006; 이선미, 조민순, 2010). 영유아교사가 현장에서 영유아들의 우발적인 사고 발생 후 적절한 응급처치를 할 경우 손상을 최소화하고 건강을 회복할 수 있다. 영유아교사들이 응급처치 지식 및 능력을 갖추고 응급 상황에 적절히 대처할 수 있으려면 응급처치 내용을 단순화하고 반복적으로 교육을 받는 것이 필요하다(이승훈, 2019).

영유아교유기관 교직원들은 사고나 질병 등으로 인해 긴급한 상황이 발생하였을 때 신속한 응급처치와 대처를 할 수 있어야 한다. 교직원들은 신속하고 정확한 대처 능력을 갖추어 사태의 악화를 방지하고 영유아의 신체적·심리적 손실을 최소화할 책임이 있다. 교직원들은 응급처치교육을 지속적이고 반복적으로 받아 실제 응급처치 능력을 갖출 수 있어야 하며 영유아교육기관에서는 소방서, 보건소, 병원, 경찰서 등 지역사회와 연계한 응급대처체계를 갖추어 응급 상황이 발생하였을 때 신속하고 효율적으로 대처할 수 있도록 한다.

이와 관련하여 12장에서는 응급 상황 대처에 대해, 13장에서는 영유아 안전을 위한 교직원의 대처와 책임에 대해 살펴본다.

적용해 보기

- 안전 불감증 자가 진단을 통해 안전의식을 점검해 보세요.

①	차량 이용 시 반드시 안전벨트를 착용한다.	□
②	욕실, 화장실에는 미끄럼 방지 패드를 항상 둔다.	□
③	길을 건널 때에는 반드시 횡단보도를 사용한다.	□
④	신호등의 초록불이 켜져도 좌우를 살핀 뒤 건넌다.	□
⑤	모든 약은 보호자나 전문의에게 상담 후 복용한다.	□
⑥	물기가 묻은 손으로 전기제품을 만지지 않는다.	□
⑦	사용 할 제품 구입 시 제품의 안전성을 확인한다.	□
⑧	베란다나 창문에 기대지 않는다.	□
⑨	자전거를 타면서 휴대전화를 만지지 않는다.	□

☹ 3개 이하에 해당된다면, 안전의식이 매우 낮은 편이에요. 안전에 대한 이해와 의식을 가져야 합니다.

☺ 4~6개에 해당된다면, 안전에 대해 노력은 하지만 절대 방심하면 안 되는 상태예요. 안전에 대해 항상 생각하고 절대 경계심을 늦추면 안돼요.

😀 7개 이상에 해당된다면, 안전의식 지수는 상당히 높은 편이에요. 안전의 중요성을 잘 인식하고 있는 상태로, 지금처럼 안전에 대해 철저하게 대비하면 사고를 예방할 수 있어요.

출처: 청소년안전수련활동신고인증제 블로그(m.blog.naver.com/PostList.nhn?blogId=yapyouth).

Chapter 2

영유아 발달 특성과 안전관리

들어가기 전에

아동의 연령별 발달 특성에 따라 안전사고 유형이 다를까?

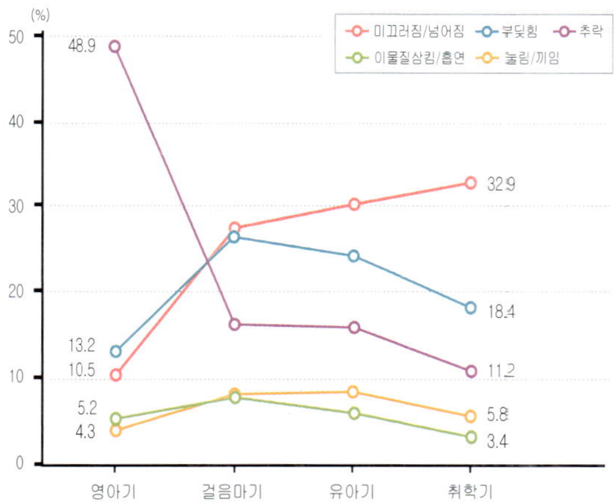

[그림 2-1] 아동 발달 단계와 안전사고 유형 비율

아동에게 발생하는 주요 안전사고 유형은 발달 단계 별로 비율이 다르게 나타난다.

한국소비자원(2017)에 따르면, '추락' 사고는 생후 1년 이내 영아기 안전사고 유형의 48.9%를 차지하다가 학령기에는 11.2%로 감소하였고, '미끄러짐·넘어짐' 사고는 영아기 안전사고의 10.5%를 차지하다가 학령기에는 32.9%까지 증가하였다. '부딪힘' 사고는 걸음마기와 유아기에 26.6%, 24.7%를 차지하다가 학령기에 18.4%로 감소하였다. 이와 같이 아동의 연령에 따른 발달 특성이 안전사고 유형과 관련되므로 영유아 발달 단계 별로 빈발하는 사고 유형을 파악함으로써 안전사고를 보다 효과적으로 예방하고 대처할 수 있다.

출처: 한국소비자원(2017). 어린이 안전사고 동향분석. p. 36.

영유아기의 발달은 6년 정도의 짧은 기간에 이루어지는 변화 과정으로서 연령대에 따라 뚜렷이 구분되는 발달 특성을 보인다. 따라서 영유아기 연령대에 따라 건강한 발달에 필요한 환경 조건이나 영유아에게 일어나는 안전사고의 유형 및 안전사고 발생과 관련되는 위험 요소에 다른 점이 있으므로 영유아교육기관의 효과적인 안전관리는 영유아의 연령별 발달 특성을 고려해야 한다. 이 장에서는 영유아기 연령대별 신체, 인지, 사회·정서 영역의 발달 특성을 살펴보고, 그와 관련된 안전사고의 특징 및 안전사고 예방을 위한 안전수칙을 알아보고자 한다.

1. 0~1세 영아의 발달 특성과 안전관리

0~1세는 생후 2년의 기간으로 성장과 발달이 급속하게 이루어지는 시기이다. 생후 1년 즈음 몸무게가 출생 시의 3배가 될 정도로 성장하고 혼자 걸을 수 있게 된다. 출생 후 몇 달간은 주로 반사운동에 의존하는 시기로 빨기, 뒤집기 같은 행동이 삼킴사고나 질식사고로 이어질 수 있다. 영아돌연사 발생 가능성에 대해 각별한 주의가 필요하며 혼자 걷기 시작하면 활동 반경이 넓어지는데 자기조절력이 아직 발달하지 않아 안전사고 위험이 커진다.

1) 0세 영아의 발달 특성과 안전사고 위험성

0세아의 발달 특성에 따른 안전사고 위험성은 다음과 같다(어린이집안전공제회, 2017).

- 신체 조절 능력이 완전히 발달하지 않았고, 상황 판단력도 미숙하며, 시야가 좁고 낮기 때문에 성인의 신체 크기를 기준으로 만들어진 가구 등으로 구성된 물리적 환경에서 스스로 위험을 인식하고 그에 따라 스스로 보호하기 어렵다.
- 호기심이 강하고 새로운 것을 시도해 보려는 욕구가 크다.
- 운동 능력이 급속히 발달함에 따라 스스로 몸을 이동하려는 욕구가 강하고

새로 발달된 운동 능력을 연습하고 시험해 보려고 하기 때문에 안전사고 위험성이 크다.

- 감각적으로 환경과 상호 작용하려는 경향이 강하게 나타나는데 특히 보이는 것은 모두 입으로 가져가거나 모두 만져 보고 쥐어 보려고 하므로 안전사고 위험성이 크다.
- 충동적이고 활동적이며 환경 탐색 욕구가 큰데 위험 상황을 인지하거나 위험한 결과 발생을 예측하거나 위험한 상황에서 자신을 보호하는 데 필요한 인지적 능력은 미성숙하다.

2) 1세 영아의 발달 특성과 안전사고 위험성

1세 영아의 발달 특성에 따른 안전사고 위험성은 다음과 같다(어린이집안전공제회, 2017).

- 1세 영아는 호기심이 매우 강하고 걷기, 뛰기, 뛰어오르기, 미끄러지기 등을 시도하고 연습하며 스스로 신체를 이동하려는 욕구가 강하고 자신의 신체 능력을 시험하려는 충동이 강한 반면, 조절 능력은 미성숙하여 사고 가능성이 높다.
- 안전사고가 발생할 수 있는 위험한 상황에 대한 지식과 판단 능력, 위험한 결과를 예측할 수 있는 능력이 부족하여 사고 가능성이 상존한다.
- 신체적으로 작고 시야가 좁고 눈높이가 낮으므로 성인이 사용하도록 만들어진 주변 환경이나 가구 등 물리적 환경에서 스스로 안전하게 행동하는 데 한계가 있다.
- 감각적으로 주변을 탐색하는 감각운동기 특성상 눈에 보이는 것은 모두 만져보고 손에 쥐어 보고자 하기 때문에 안전사고 가능성이 높다.
- 행동이나 사물을 인지하는 데 있어서 감각적으로 지각되는 것만으로 판단하는 경향이 있다.

- 자기중심적으로 사고하므로 상황에 대한 판단도 자기중심적인 특징을 보인다.
- 인지적으로 중심화 경향이 있어서 관심이 가는 특정 측면 하나에만 집중함으로써 사물이나 사건의 일부만 보거나 피상적인 인상에 끌려 쉽게 판단하는 경향이 있다.
- 강하게 분노를 표출하거나 소리를 지르거나 공격성을 보이기도 하여 또래 간 다툼이 자주 일어난다.
- 자아인식이 생기고 소유욕이 강한데 타인의 관점을 이해하지 못하므로 자신의 것을 빼앗기거나 자신이 원하는 대로 할 수 없게 되면 정서표현을 폭발적으로 하게 되고 자신의 것을 지키기 위해 공격적 행동을 하기도 한다.

3) 0~1세 영아 안전사고의 특징과 안전사고 예방수칙

0~1세 영아에게 발생할 수 있는 안전사고 유형 및 특징과 이를 예방하기 위한 수칙은 다음과 같다(권혜진 외, 2018; 보건복지부, 어린이집안전공제회, 중앙육아종합지원센터, 2020).

- 영아돌연사
  - 사망 원인이 명확히 밝혀지지 않은 1세 미만아의 갑작스러운 사망
  - 미숙아나 건강 상태가 좋지 않았던 영아의 돌연사 위험이 높음
  - 사계절 중 겨울 및 환절기에 주로 발생함
  - 생후 6개월 이내에 가장 많이 발생하는데 특히 생후 2~3주 신생아기부터 2~4개월 영아에게서 가장 많이 발생함
  - 사고 원인이 명확히 확인되지는 않았으나 어린이집에서 발생한 영아돌연사는 모두 영아가 엎드려 자고 있던 상태에서 발견되었고, 영아가 감기 기운을 보이거나 평소 허약하여 병원에 자주 갔었고, 사고 당일 칭얼대는 등 건강 상태가 좋지 않았다는 공통점이 있었음

영아돌연사 안전사고 예방수칙

- 수유 후 트림을 시켜야 한다.
- 영아를 재울 때 등을 바닥에 대고 천장을 보도록 바로 눕힌다.
- 영아가 수면하는 바닥 면이 단단해야 한다.
- 실내 온도를 21~25℃로 덥지 않게 유지한다.
- 영아가 수면하는 곳이 어둡지 않아 영아의 얼굴을 살필 수 있어야 한다.
- 가벼운 이불을 영아의 가슴까지만 덮고, 머리와 얼굴을 덮지 않도록 한다.
- 영아의 상태를 수시로 확인한다.
- 응급 상황 발생 시 대처법을 숙지한다.
- 영아가 자고 있는 주변에 푹신한 물건을 두지 않는다.
- 영아와 같은 침대에서 자거나 영아 바로 옆에 눕지 않는다.
- 흡연과 간접 흡연을 금지/방지한다.
- 1세 이상 영유아의 경우에도 영아돌연사증후군 유사 사례가 발생하므로 수면 시 주의가 필요하다.

출처: 어린이집안전공제회(www.csia.or.kr).

[그림 2-2] 영아돌연사증후군 예방 및 발생 시 대처

- 질식

- 푹신한 요나 베개를 사용하는 경우 발생 위험이 있음
- 수유 후 바로 눕히거나 큰 덩어리로 된 음식을 섭취할 때 위험함
- 단추, 동전, 사탕, 구슬 등 작은 물체로 인한 기도폐쇄
- 냉장고, 세탁기, 옷장에 들어가 질식
- 비닐봉투, 지퍼백, 끈으로 인한 질식

질식 안전사고 예방수칙

- 푹신한 침구를 사용하지 않는다.
- 성인이 영아와 한 침대에서 자지 않는다.
- 비닐 등으로 매트리스나 베개를 씌우지 않는다.
- 베이비 파우더 등을 영아에게 직접 뿌리지 말고 손에 묻혀 발라 준다.
- 수유 후 바로 눕히지 않는다.
- 단추, 구슬 등 크기가 작아 삼킬 수 있는 물건을 영아 주변에 두지 않는다.
- 딱딱한 사탕, 견과류, 씨가 있는 음식을 먹이지 않는다.
- 비닐봉투, 끈 등은 영아 손이 닿지 않는 곳에 둔다.

- 추락 및 충돌

- 안전대 없는 침대, 소파, 의자, 보행기 등에서 추락
- 베란다, 계단, 창문 등에서 추락
- 보행기와 가구, 선반, 모서리 등 충돌
- 깨지기 쉬운 물건이 진열대에서 떨어져 충돌
- 욕실에서 미끄러짐
- 문틈, 서랍장 틈에 손가락 끼임

추락 및 충돌 안전사고 예방수칙

- 침대를 사용할 때는 안전가드를 올려놓는다.
- 영아는 가능하면 바닥에 있게 한다.
- 실내에서 추락 위험이 있는 곳에는 안전장치를 하고 점검한다.
- 계단 근처에서 보행기를 타지 않게 한다.
- 선반이나 진열대를 고정한다.
- 미끄러운 바닥에 미끄럼 방지장치를 한다.

• 화상

- 정수기 온수, 온수 수도꼭지, 가습기 등 뜨거운 물이나 증기로 인한 화상
- 뜨거운 음식으로 인한 화상(식탁보를 잡아당기거나 식탁 위에 있는 음식을 엎음)
- 다리미, 난로, 콘센트, 헤어스타일링 기구 등 전열기구에 의한 화상

화상 안전사고 예방수칙

- 목욕물 온도가 적정한지 확인한다.
- 영아 가까운 곳에 뜨거운 물이나 음식을 놓지 않는다.
- 전열기 근처에 보호대를 설치하여 영아의 접근을 막는다.
- 전기 콘센트에 안전장치를 부착하고, 전깃줄이 영아의 손에 닿지 않게 한다.
- 영아의 손이 닿는 위치에 식탁보가 늘어져 있지 않게 한다.

• 익사

- 영아는 10cm 정도 깊이의 물에서도 익사할 수 있음
- 목욕이나 물놀이 시 보호자 감독 소홀로 익사할 수 있음

익사 안전사고 예방수칙

- 목욕 시에는 영아 옆을 잠시도 떠나서는 안 된다.
- 물놀이를 할 때는 보호자가 밀착해서 관찰하고 감독한다.

- 중독

– 세제, 약품, 건전지 등 유해한 사물이나 약물을 입에 가져가 중독될 수 있음

중독 안전사고 예방수칙

- 세제, 약품 등은 영아 손이 닿지 않는 곳에 보관한다.
- 의사 처방 없이 약을 먹이지 않는다.

- 교통사고

– 어린이용 카시트를 사용하지 않은 채 사고 발생

– 자동차 문 오작동

교통 안전사고 예방수칙

- 자동차 주행 시 어린이용 카시트를 반드시 착용한다.
- 자동차 앞 좌석이나 성인 무릎에 앉히지 않는다.
- 영아가 타고 있는 유모차를 자동차 근처에 세워 두지 않는다.

- 놀이사고

– 날카롭거나 뾰족한 장난감에 의한 사고

– 유해 물질이 있는 장난감에 의한 피해

– 바퀴 등 굴러가는 장남감에 의한 사고

놀이 안전사고 예방수칙

- 안전하고 연령에 맞는 놀잇감을 제공한다.
- 놀잇감에 파손된 곳이 없는지 확인한다.
- 작은 부품이 없고 쉽게 부서지지 않는 재료로 만들어진 놀잇감을 준다.
- 실외놀이 시 성인이 가까이에서 감독하며 영아를 혼자 두지 않는다.

2. 2세 영아의 발달 특성과 안전관리

1) 2세 영아의 발달 특성과 안전사고 위험성

- 호기심이 많고 탐구 욕구가 강한데 신체 균형 능력이나 운동 기능이 충분히 발달되지 않아 사고 위험이 높다.
- 위험한 상황에 대한 지식과 상황 판단 능력, 위험한 결과를 예측할 수 있는 능력이 부족하므로 사고의 가능성이 항상 있다.
- 어떤 행위나 사물에 대하여 겉으로 보이는 대로만 생각하고 판단하는 경향이 있다.
- 자기중심적 사고로 인하여 상황 판단도 자기중심적으로 한다.
- 인지적으로 중심화 경향이 있어서 여러 요인을 함께 고려하지 못한다.
- 공격적 행동으로 감정표현을 하여 또래 간 다툼이 일어나기 쉽다.
- 친구와 함께 놀이하는 것을 좋아하지만 자기중심성으로 인하여 협력, 양보, 협상은 어렵다.
- 환상과 현실 간 구분이 불분명하여 만화영화 같은 상상의 세계에서 본 행동을 실제로 시도하기도 한다.

2) 2세 영아 안전사고의 특징과 안전사고 예방수칙

2세 영아에게 발생할 수 있는 안전사고 유형 및 특징과 이를 예방하기 위한 수칙은 다음과 같다(권혜진 외, 2018; 보건복지부, 어린이집안전공제회, 중앙육아종합지원센터, 2020).

- 추락 및 충돌

– 베란다, 계단, 창문, 가구 등에서 추락
– 걷고 뛰다가 가구나 선반 모서리에 충돌, 다른 아동과 충돌
– 문틈, 자동문, 무빙워크, 에스컬레이터에 끼임
– 욕실에서 미끄러짐

추락 및 충돌 안전사고 예방수칙

– 창문에는 추락 방지하는 이중창, 난간 등을 설치한다.
– 미끄럼틀, 그네, 목마, 시소 등 놀이기구를 즐기는 시기이므로 놀이 시 철저히 감독하고 추락 위험이 있는 지점에는 충격 완화장치를 설치한다.
– 계단 맨 아랫부분과 윗부분에 차단장치를 설치한다.
– 욕실 바닥에 미끄럼 방지장치를 한다.
– 계단을 내려갈 때 사고가 빈번하므로 계단에 미끄럼 방지장치를 하고 계단을 오르내리는 안전한 방법을 교육한다.
– 가구는 벽과 바닥에 고정시킨다.
– 영아끼리 부딪히는 사고를 예방하기 위해 한 반 인원이 모두 한꺼번에 뛰거나 모이도록 하지 않는다.

- 화상

– 뜨거운 물, 증기로 인한 화상
– 식탁에서 뜨거운 음식으로 인한 화상

– 가스레인지, 오븐 등 조리기구 및 다리미, 난방기기, 콘센트 등 전열기구에 의한 화상

화상 안전사고 예방수칙

– 불이나 뜨거운 물건 근처에 가지 못하게 한다.
– 조리할 때 조리기구 손잡이가 안쪽에 위치하여 영아의 손이 닿지 않게 한다.
– 조리기구, 전열기구, 냉온수 정수기 등이 영아 손에 닿지 않게 한다.
– 식탁보는 사용하지 않는다.
– 뜨거움의 의미, 뜨거운 것의 위험성을 설명하고 가까이 가지 못하게 한다.
– 전선이나 콘센트는 영아 손이 닿지 않도록 보이지 않게 두거나 덮개로 덮는다.
– 뜨거운 음식을 먹을 때 확인 후 먹게 한다.
– 전자레인지로 조리한 음식 등 겉과 속 온도 차이가 있는 음식을 먹을 때 주의하게 한다.

● 질식 및 익사
– 사물을 입에 가져가거나 호기심에 입이나 코에 넣어 질식
– 단추, 동전, 사탕, 구슬, 콩 등 작은 물체를 삼켜 기도폐쇄
– 떡이나 젤리 같은 음식물로 인해 질식
– 좁은 틈이나 밀폐된 공간(세탁기, 냉장고)에 들어가 질식
– 비닐, 끈, 풍선 등으로 인한 질식
– 욕조 물에 빠져 익사

질식 및 익사 안전사고 예방수칙

– 작은 물체(단추, 동전, 사탕, 구슬, 콩 등)를 주지 않는다.
– 음식물은 작은 크기로 잘라서 준다.
– 좁은 틈에 신체가 끼지 않도록 좁은 틈을 방치하지 않는다.
– 장롱, 냉장고, 세탁기 등 밀폐된 공간에 들어가지 않게 한다.
– 목욕하거나 물놀이 할 때 영아를 잠시라도 혼자 두지 않는다.

- 중독

– 세제, 약품, 건전지 등 유해한 사물이나 약물을 입에 가져가 중독될 수 있음

중독 안전사고 예방수칙

– 약이나 모르는 물건을 입에 넣지 않게 가르친다.
– 세제나 상비약, 크레파스, 시계 건전지 등은 영아 손이 닿지 않는 곳에 두고 보관함을 영아가 열 수 없도록 조치한다.
– 과자나 사탕처럼 씹어 먹는 약의 중독사고가 빈번히 발생하므로 영아 가까이 두지 않는다.
– 모든 약물은 안전 잠금장치가 있는 약병에 보관한다.
– 투약 시 복용량을 확인하고 투약한다

- 동식물 관련 사고

– 애완동물에게 물리거나 할퀌
– 야외활동 등에서 벌에 의한 사고
– 독성 및 가시가 있는 화초나 식물 등에 의한 사고

동식물 안전사고 예방수칙

– 동물들에게 너무 가까이 가거나 필요 이상으로 만지려 하지 않는다.
– 곤충을 직접 만지지 않도록 한다
– 영유아교육기관이나 가정에는 독성이나 가시가 있는 식물을 두지 않는다.
– 야외에 나갈 때 긴팔, 긴바지 옷을 입는다.

- 놀이사고

– 실외 놀이기구 등에 의한 사고
– 날카롭거나 뾰족한 놀잇감에 의한 사고

– 바퀴 달린 장난감에 의한 사고
– 불량 놀잇감 제품의 유해 물질로 인한 사고

놀이 안전사고 예방수칙

– 안전하고 연령에 맞는 놀잇감을 제공한다.
– 실외놀이 시 성인이 가까이에서 감독한다.

- 교통사고

– 카시트 미사용으로 인한 사고
– 자동차 문 오작동으로 인한 사고
– 등·하원 차량 사고

교통 안전사고 예방수칙

– 야외활동이 늘어나므로 자동차를 조심하도록 가르친다.
– 자동차 문을 열지 않도록 안전 잠금장치를 사용한다.
– 교통안전을 위해 필요한 교통규칙을 알고 실천하게 한다.
– 자동차 안에 영아를 혼자 두지 않는다.

3. 3~5세 유아의 발달 특성과 안전관리

1) 3~5세 유아의 발달 특성과 안전사고 위험성

- 운동과 신체조절 능력이 향상되어 낙상 위험이 영아기에 비해 줄어들지만 탐색욕구가 크고 운동능력이 발달하여 신체활동이 증가하므로 이동 중 사고가 일어날 가능성이 높다.
- 자기중심적 사고와 중심화 경향으로 인해 타인의 관점을 이해하거나 사물이나 상황의 여러 측면을 동시에 고려하는 데 한계가 있어서 사고의 위험성 판단이 제한적이다.
- 상상과 현실을 구분하지 못하여 사고가 일어날 수 있는 위험한 행동을 시도하기도 한다.
- 경쟁적이며 자기주장이 강하므로 또래 간 다툼이 발생할 가능성이 높다.
- 호기심이 강하여 적극적으로 주변을 탐색하는 과정에서 위험한 행동을 하거나 위험한 사물에 접촉하기도 한다.
- 착하고 좋은 행동을 하려고 하므로 도움을 요청하는 방식의 유괴 등 대인안전사고 피해를 입을 가능성이 있다.

2) 3~5세 유아 안전사고의 특징과 안전사고 예방수칙

3~5세에게 발생할 수 있는 안전사고 유형 및 특징과 이를 예방하기 위한 수칙은 다음과 같다(권혜진 외, 2018; 보건복지부, 어린이집안전공제회, 중앙육아종합지원센터, 2020).

- 추락 및 충돌

– 호기심이 많고 신체활동이 많아지면서 쓰레기 더미, 낡은 건물, 구석이나 후미진 곳 등 위험한 공간을 탐색하다가 부상

– 엘리베이터, 베란다, 계단, 창문에서 추락
– 에스컬레이터, 무빙워크, 자동문에 끼임

추락 및 충돌 안전사고 예방수칙

– 위험한 행동과 안전한 행동을 구분해서 알려 준다.
– 에스컬레이터, 무빙워크, 자동문을 안전하게 사용하는 방법을 가르친다.

- 미디어 관련 사고

– 미디어에 과다 노출
– 폭력적 게임 등에 노출
– 전자파에 과다 노출

미디어 안전사고 예방수칙

– 미디어, 게임 등의 활동 시간을 정하여 지나치게 사용하지 않게 한다.
– 미디어 이용, 게임활동 시 바른 자세를 습득하게 한다.

- 화상

– 불장난을 하다 화재 발생
– 뜨거운 물, 증기, 전열기로 인한 화상

화상 안전사고 예방수칙

– 불장난의 위험성을 알려 준다.
– 뜨거운 물이나 증기가 피부에 직접 닿지 않게 지도한다.
– 전열기에 관한 주의사항을 이해시킨다.

- 교통사고

– 통원 버스, 학원 차량 승하차 시 부주의로 사고 발생

– 안전벨트 미착용으로 급정거나 사고 시 부상

– 길이나 주차장에서 놀이나 활동 중 오토바이, 자전거, 자동차에 충돌

– 자동차 문 잠금장치를 사용하지 않거나 작동 불량으로 사고 발생

교통 안전사고 예방수칙

– 차량 승하차 시 규칙을 알려 주고 성인이 감독한다.
– 교통규칙을 알려 주고 교통사고 위험성을 주지시킨다.
– 카시트나 안전벨트를 꼭 착용하도록 한다.
– 보행 안전규칙을 교육하고 성인이 감독하고 지도한다.
– 길이나 주차장에서 놀지 않도록 한다.

- 익사사고

– 물놀이 중 성인 감독 소홀로 인한 익사사고

익사 안전사고 예방수칙

– 물놀이 시 수심이 얕아도 꼭 성인이 감독한다.
– 물놀이 전에 안전수칙을 설명한다.
– 수영장 이용 시 충분한 준비운동을 한 후 물에 들어가도록 한다.
– 수영장에 익숙하지 않은 유아는 자신의 가슴 높이 이상 깊이의 물에서 놀지 않도록 한다.

- 놀이사고

– 위험한 놀잇감, 위험한 장소에서 놀이 중 사고
– 실외 놀이기구 이용 중 사고
– 자전거나 인라인스케이트 등을 탈 때 보호장구 미착용으로 부상

놀이 안전사고 예방수칙

– 놀이시설에서 지켜야 할 규칙을 습득하게 한다.
– 자전거나 인라인트케이트 등을 탈 때 보호장구를 꼭 착용하게 한다.
– 놀이하기에 위험한 장소를 알려 주고 가지 않게 한다.

- 대인사고

– 장난감이나 간식으로 유인하거나 도움 요청을 가장하는 유괴 등 대인사고 가능성
– 사람이 많은 곳에서 실종사고 발생
– 성추행이나 성폭력 피해 가능성 있음

대인 안전사고 예방수칙

– 낯선 사람을 따라가지 않게 하고 낯선 사람이 접근할 때 대처 방법을 지도한다.
– 성추행이나 성폭력 위험성과 대처 방법을 알려 준다.

적용해 보기

- 다음 기사는 최근 아파트 욕조에서 일어난 1세 영아의 안전사고를 보도한 것입니다. 이와 같은 사고가 다시는 일어나지 않도록 하기 위해서는 어떤 조치가 필요한지 생각해 보고 이야기 나누어 보세요.

> 인천 한 아파트 화장실 욕조에서 혼자 놀던 1살 남자아이가 아기 의자에서 넘어진 뒤 물을 들이켜 중태에 빠졌다. 3일 인천 연수경찰서와 송도소방서에 따르면 전날 오전 11시 32분께 인천시 연수구 한 아파트 화장실 욕조에서 쓰러진 A(1)군을 그의 부모가 발견해 119에 신고했다. A군은 심정지 상태에서 119구급대에 의해 인근 병원으로 옮겨졌고, 이후 호흡은 되찾았으나 중태인 것으로 알려졌다. 사고 당시 A군은 12㎝ 높이의 물이 담긴 욕조 안에서 아기 의자에 앉아 혼자 놀고 있었으며 부모는 주방에 있었던 것으로 조사됐다. 경찰은 A군이 아기 의자에서 넘어진 뒤 욕조 물을 마셔 호흡 곤란을 일으킨 것으로 추정했다. 경찰 관계자는 "A군이 몸을 제대로 못 가눠 욕조에서 넘어진 뒤 사고가 난 것으로 보고 있다"며 "병원 이송 후 호흡은 되찾은 것으로 알고 있다"고 말했다(연합뉴스, 2020. 09. 03.).

Chapter 3

영유아교육기관의 안전관리

들어가기 전에

적응 기간에 이러한 사고가 많이 발생해요

신학기 적응 기간(3~4월)에 발생한 안전사고를 분석한 자료에 따르면 집중 발생한 안전사고 유형은 물림 25.2%, 꼬집음과 할큄 24.8%, 베임과 긁힘 23.9%, 화상 23.4%로 나타났다.

적응 기간을 잘 지내면 1년이 안전할 수 있으므로 3~4월에 안전사고가 발생하지 않도록 철저한 예방에 주의를 기울이고 만약 안전사고가 발생한다면 재빠르게 대처할 수 있도록 준비해야 한다.

출처: 어린이집안전공제회(www.csia.or.kr).

이 장에서는 영유아교육기관의 안전사고 현황과 실태에 대하여 알아보고 영유아교육기관의 시설 및 설비의 안전에 대하여 알아본다. 또한 영유아교육기관의 안전관리와 관련된 평가지표를 살펴본다.

1. 영유아교육기관의 안전사고 현황

영유아교육기관에서 발생하는 안전사고가 해마다 증가하고 있고 발생하는 장소도 보육실, 유희실, 강당, 놀이터뿐 아니라 복도·계단, 화장실, 현관, 조리실까지 다양하게 나타나고 있다. 여기에서는 영유아교육기관에서 발생하는 안전사고 현황을 알아보기로 한다.

1) 어린이집 안전사고 현황과 실태

2019년 한 해 동안 어린이집 안전공제시스템으로 총 2만 5,977건의 공제급여 청구사고가 접수되었고 그중 영유아 청구사고는 2만 2,802건으로 전체 사고 중 87.7%를 차지했다. 전체 어린이집 인가시설 수는 2018년에 비해서 2019년도는 1,800개소 감소했는데 공제회에 접수된 사고는 2018년도에 비해서 2019년도에는 2,819건(12.2%) 증가했다. 그만큼 어린이 안전사고는 더욱 많이 발생한다는 의미이므로 어린이집 안전사고에 항상 주의를 기울여야 한다.

2019년도 영유아 청구사고를 성별로 살펴보면 남아가 60.8%(1만 3,873건), 여아가 39.2%(8,929건)로 남아가 여아보다 1.6배 높았으며, 연령별로는 영아 36.7%(8,368건), 유아 54.7%(1만 2,482건)로 유아가 영아보다 1.5배 높게 나타났다.

월별 사고 발생률을 보면, 다른 계절보다 봄(3~5월), 가을(10월~11월)이 높게 나타났다. 요일 비교 시, 금요일이 다른 요일에 비해 비교적 높은 발생률을 보였다.

사고 유형을 살펴보면 넘어짐 사고가 30.3%(6,909건), 물체에 부딪힘 사고가 24.9%(5,687건)로 전체 사고의 절반 이상을 차지했으며 사람과 부딪힘 6.9%(1,567

건), 꼬집음·할큄 5.2%(1,194건), 긁힘 4.4%(1,005건) 등의 순으로 나타났다.

부상 유형은 찢어짐 27.5%(6,261건), 찰과상 16.6%(3,787건), 타박상 16.6%(3,780건)이 가장 빈번하게 나타났고, 그 밖에 골절 7.9%(1,793건), 치아손상 7.5%(1,700건), 탈구 5.7%(1,303건), 삠 4.2%(962건) 순이었으며 그 외의 부상은 2% 이하의 분포를 보였다.

〈표 3-1〉 안전사고 공제급여 연령별 청구 현황 (2019년, 단위: 건)

0세	1세	2세	3세	4세	5세	6세 이상	계
82	2,783	5,503	5,493	3,975	3,014	1,952	22,802

출처: 어린이집안전공제회(2020). 2019년도 어린이집 안전공제회 통계자료집.

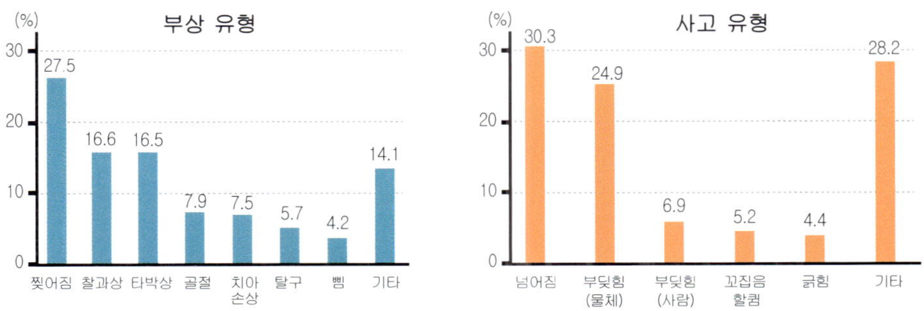

출처: 어린이집안전공제회(2020). 2019년도 어린이집 안전공제회 통계자료집.

[그림 3-1] 어린이집 부상 유형 및 사고 유형 현황

이러한 안전사고가 많이 발생하는 장소가 어디인지를 살펴본 결과 보육실을 비롯한 관내 공간이 84.6%, 인근 놀이터를 비롯한 관외 공간이 15.4%로 나타났다. 그중 관내에서도 영유아가 가장 많은 시간을 보내는 보육실이 65.1%로 가장 높았고 그 다음으로 영유아의 활동량이 많은 유희실 및 강당이 15.2%로 높

게 나타났다. 이러한 사실은 영유아의 활동이 빈번하고 더 많은 시간을 보내는 곳에서의 사고 위험이 더 높다는 것을 의미한다. 관외에서는 견학 장소 및 공원이 43.3%로 가장 높았고 인근 놀이터 및 운동장이 33.3%로 높게 나타났다. 그다음으로 등·하원 시 길에서 일어나는 사고 12.2%, 실내 놀이터에서 일어나는 사고 9.5% 순으로 나타났다.

출처: 어린이집 안전공제회(2019). 어린이집 안전가이드북.

[그림 3-2] 어린이집 사고 발생 장소별 현황 (2018년 기준)

관내에서 사고가 가장 많이 발생하는 보육실에서의 사고 유형을 살펴보면 물체에 부딪힘, 넘어짐, 꼬집음·할큄, 사람과 부딪힘, 긁힘 등의 순으로 높게 나타났고 사고 당시 활동 유형을 살펴보면 실내 자유선택활동, 식사 및 간식, 정리정돈 참여, 대소집단 활동, 등원 및 귀가 등의 순으로 높게 나타났다.

관외에서 사고가 가장 많이 발생하는 견학 장소 및 공원에서의 사고 유형을 살펴보면 넘어짐, 물체에 부딪힘, 물림(벌레 등), 찔림, 긁힘, 떨어짐 등의 순으로 높게 나타났으며, 사고 당시 활동 유형을 살펴보면, 현장학습, 식사 및 간식, 대소집단 활동 등의 순으로 높게 나타났다.

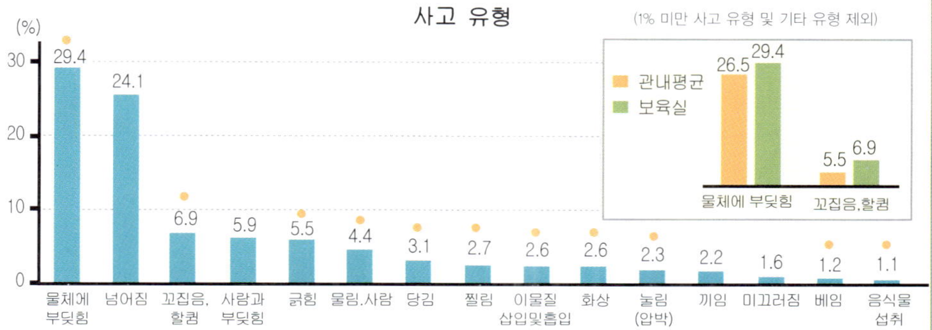

사고 당시 활동

관내	실내 자유선택활동	식사 및 간식	정리정돈전이	(대소)집단 활동	등원 및 귀가	낮잠	화장실 손씻기.양치	특별활동
관내평균	47.4	8.8	9.2	7.2	6.0	2.8	6.3	4.5
보육실	● 57.6	● 11.5	● 10.7	5.0	4.5	● 4.0	3.8	2.9

출처: 어린이집 안전공제회(2019). 어린이집 안전가이드북.

[그림 3-3] 어린이집 내부 사고 유형 및 사고 당시 활동

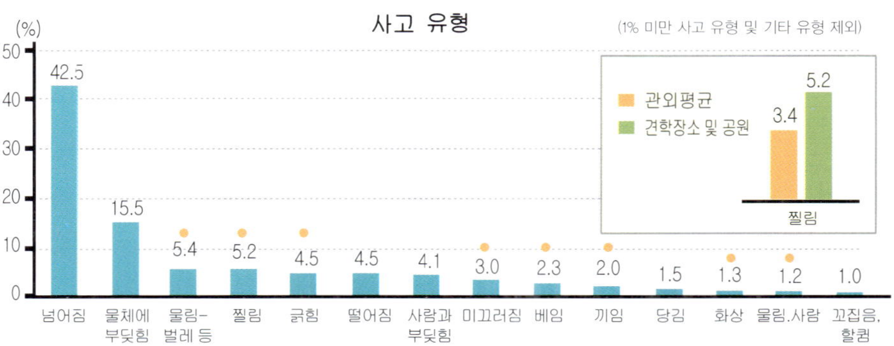

사고 당시 활동

관내	현장학습	식사 및 간식	(대소)집단 활동	실내 자유선택활동	정리정돈전이	특별활동	화장실 손씻기.양치	등원 및 귀가
관외평균	89.1	0.5	2.6	2.3	0.5	0.8	0.2	4.1
견학장소 및 공원	● 96.6	● 0.9	0.7	0.7	0.4	0.4	● 0.4	0.1

출처: 어린이집 안전공제회(2019). 어린이집 안전가이드북.

[그림 3-4] 어린이집 외부 사고 유형 및 사고 당시 활동

2) 유치원 안전사고 현황과 실태

학교안전공제중앙회 자료를 살펴보면, 최근 3년(2017~2019년도) 동안 유치원에서 발생한 사고는 7,707건, 7,484건, 8,768건으로 해마다 7~8,000건 이상의 사고가 발생하는 것으로 나타났다. 그중 수업 시간에 발생하는 안전사고가 전체 안전사고의 약 60% 이상으로 가장 높게 나타났고, 그다음으로 체육 수업, 점심시간, 등하교 순으로 안전사고의 발생이 높게 나타났다. 유치원에서도 역시 유아가 가장 많은 활동을 하는 수업 시간에 사고 빈도가 가장 높게 나타나므로 안전교육이 일상적으로 진행될 필요가 있으며, 신체적으로 가장 활발하게 신체활동에 열중하는 시기이기 때문에 유아의 체육활동 시 안전사고의 위험이 높을 수 있으므로 각별히 주의를 기울여야 한다.

안전사고 발생 장소는 전체 안전사고의 50% 이상이 교실로 나타났고 운동장, 부속시설, 통로 순으로 높게 나타났다. 사고 발생 장소로 교실이 가장 많다는 점을 고려할 때 유치원 내부에서의 안전에 특별히 주의를 기울일 필요가 있음을 알 수 있다.

사고 발생 유형을 살펴보면 물리적 힘에 노출된 사고가 가장 빈도가 높았으며 넘어짐, 사람과의 충돌, 미끄러짐, 떨어짐 순으로 사고가 발생했고, 사고 부위로는 머리가 46% 이상으로 가장 많았으며 치아, 손, 팔, 발 등의 순으로 나타났다.

유치원 교사의 안전사고 경험을 조사한 연구(이윤미, 2011)에 따르면 실외활동 시간, 자유선택활동 시간, 전이 시간, 등·하원 시간, 소풍 및 견학 시간의 순으로 안전사고가 자주 일어났다. 대부분 유치원에서의 안전사고는 움직임이 많고 유아-유아 상호 작용이 많은 실외활동 시간이나 자유선택활동 시간에 일어나며 대그룹활동 시간이나 점심시간 같이 교사의 통제 아래 있을 때는 안전사고의 확률이 적었다. 안전사고 발생 장소로는 교실, 실외놀이터, 전이 공간, 유희실, 화장실의 순으로 응답하여 대부분의 안전사고가 교실과 실외놀이터에서 일어나고 있음을 알 수 있다. 교사들은 안전사고 발생이 주로 유아의 방심, 유아 간 다툼에 의해 일어난다고 응답하였다. 유아들은 발달 특성상 사리 분별 판단 능력이 부족하기 때문에 유아 부주의에 의한 사고가 많고 유아 간의 사고가 많이 발생하기 때문에 교사의 안전사고 예방 지도가 더욱 필요하다.

〈표 3-2〉 유치원 안전사고 현황

■ 시간별

연도	수업 시간	체육 수업	점심 시간	석식 시간	휴식 시간 및 청소 시간	특별 활동	학교 행사	등하교	합계
2017	4,462	690	715	10	564	54	426	606	7,707
2018	4,579	738	680	6	440	49	424	568	7,484
2019	5,495	838	761	8	498	79	501	588	8,768

■ 장소별

연도	교실	운동장	통로	교외활동	부속시설	합계
2017	3,846	1,486	746	484	1,145	7,707
2018	3,926	1,211	713	445	1,189	7,485
2019	4,471	1,601	784	536	1,376	8,768

■ 형태별

연도	사람과의 충돌	물리적 힘 노출	낙상-넘어짐	낙상-미끄러짐	낙상-떨어짐	기타	합계
2017	956	3,208	1,827	422	272	1,022	7,707
2018	917	3,172	1,751	416	217	1,011	7,484
2019	1,033	3,715	2,005	463	314	1,238	8,768

■ 부위별

연도	머리 (두부)	치아 (구강)	흉복부	팔	손	다리	발	기타	합계
2017	3,577	1,357	54	768	834	276	660	181	7,707
2018	3,469	1,284	58	675	893	259	676	170	7,484
2019	4,032	1,505	73	848	994	303	824	189	8,768

출처: 학교안전공제중앙회(2018~2020). 통계자료.

어린이집과 유치원 안전사고 현황을 분석해 보면 영유아가 가장 많이 생활하는 일상 공간인 교실에서 안전사고가 많이 발생하며, 영유아의 신체활동량과 모험놀이가 이루어지는 실외놀이터와 유희실 같은 신체놀이 공간에서 안전사고가 많으며, 상대적으로 교사의 관리 감독과 통제가 덜 이루어지는 자유선택활동 시간에 안전사고가 많이 발생하였다. 이러한 결과는 영유아의 발달 특성상 영유아의 안전사고는 일상적으로 일어날 가능성이 매우 높고, 교사의 주의 감독이 덜 이루어질 경우 안전사고의 발생 가능성은 더 높아진다고 볼 수 있다.

2. 영유아교육기관의 시설 및 설비 안전

1) 영유아교육기관의 시설설비와 안전점검

영유아는 발달 특성상 호기심이 많고 활동적인데 판단력과 경험이 부족하기 때문에 위험한 상황에 빠질 수 있는 행동을 할 가능성이 높다. 따라서 영유아교육기관은 영유아의 이러한 특성에 맞게 안전시설과 설비를 갖추고 위험 요인이 없는지 매일 안전점검을 해야 하여 안전 사고를 예방하는 데 최선을 다해야 한다. 「영유아보육법 시행규칙」[별표1](개정 2019. 6. 12.) 어린이집 설치기준에 근거하여 어린이집 시설설비 및 안전점검에 대해서 살펴보면 다음과 같다.

(1) 어린이집 시설 및 설비 안전점검

① 보육실

보육실은 영유아가 주로 생활하는 실내 공간으로 반별 정원을 고려하여 별도로 구획된 공간을 의미한다. 보육실은 영유아가 주로 사용하는 시설이므로 시설 및 설비에 위험 요인이 없도록 수시로 점검해야 한다. 보육실 시설 및 설비에 대한 안전점검 사항은 다음과 같다.

- 영유아 1명당 2.64㎡ 이상의 공간을 확보하여야 함
- 침구, 놀이기구 및 다양한 활동에 필요한 교재, 교구를 갖추어야 함
- 환기, 채광, 조명, 온도, 습도가 적절히 유지 관리되도록 해야 함
- 바닥 난방시설을 갖추어야 함
- 출입문 안쪽에서 잠길 우려가 없어야 하고 밖에서 쉽게 열 수 있어야 함
- 출입문에는 영유아의 손이 끼지 않도록 손끼임 방지 고무패킹이나 완충장치를 설치해야 함
- 창문, 창틀, 방충망의 파손 상태를 수시로 확인해야 함
- 커튼이나 블라인드 줄이 짧게 정리되어 있는지 확인해야 함
- 영유아가 혼자 창문을 열고 닫지 않도록 관리해야 함
- 벽면에 돌출 부위 등 위험 요소가 없어야 함
- 전기 콘센트의 구멍은 덮개로 막아 안전하게 관리해야 함
- 게시물 부착 시 핀이나 압정 사용은 금지
- 벽면에 무거운 물건을 부착하지 않아야 함
- 벽면에 부착된 물품의 고정 여부를 확인해야 함
- 바닥 표면이 고르고 미끄러운 곳이 없는지 확인해야 함
- 움직임이 많은 영역의 바닥에는 충격 완화를 위한 카펫이나 매트를 설치함
- 전선줄이 바닥에 늘어지지 않도록 정리해야 함
- 교구장, 책상, 의자 등 가구의 모서리는 둥글고 표면이 매끄럽게 처리된 것이나 고무 등으로 모서리에 보호장치를 설치해야 함
- 영유아가 충분히 활동할 수 있는 공간을 확보하여 교구장 및 책상, 의자를 배치해야 하며 파손 여부를 수시로 확인해야 함
- 교구장, 수납장 등은 안전을 위하여 아랫부분에 무거운 비품을 보관해야 함
- 선반을 설치하는 경우에는 물건이 떨어지지 않도록 지지대를 설치하여야 하며, 무거운 물건은 너무 많이 쌓아 놓지 않도록 함

② 조리실

- 조리실은 채광이 잘 되어야 하고 기계 환기시설을 하여 청정한 실내 환경을 유지해야 함
- 창문에는 방충망을 설치해야 함
- 식기 소독과 위생적인 취사 및 조리설비를 갖추어야 함
- 조리실에 영유아가 들어가지 않도록 안전문 등을 설치하여 출입을 차단해야 함
- 조리실 내 수납장, 서랍, 냉장고 등에 잠금장치를 설치해서 관리하도록 함

③ 목욕실

- 목욕실은 보육실과 인접한 공간에 위치하도록 하고 난방 및 미끄럼 방지장치를 하여야 함
- 샤워설비, 세면설비 및 냉온수 공급을 위한 설비를 갖추어야 함
- 수도꼭지는 온수 사용 시 화상을 입지 아니하도록 온도를 조절 및 고정할 수 있어야 함

④ 화장실

- 화장실 바닥은 미끄럼 방지장치를 해야 하고 바닥의 물기를 수시로 제거해야 함
- 세정장치와 수도꼭지 등은 냉온수의 온도를 조절 및 고정할 수 있어야 함
- 수세식 유아용 변기를 설치[1)]하고 보육실과 같은 층의 인접한 공간에 설치해야 함
- 세면대에 발판이 필요한 경우 미끄러지지 않도록 고정해야 함
- 세면대나 변기 배수구 막힘을 확인해야 함

---

1) 다만, 가정어린이집의 경우 성인용 변기에 디딤판과 탈부착식 유아용 변기를 설치하고 이동식 유아용 변기를 갖춘 경우에는 유아용 변기를 설치하지 아니할 수 있다.

- 샤워기 선이 늘어져 있지 않도록 정리해야 함
- 위험한 물건(세제 및 청소도구 등) 등은 영유아의 손이 닿지 않도록 보관해야 함

⑤ 놀이터

정원 50인 이상의 어린이집은 영유아 1인당 3.5㎡ 이상 규모의 옥외놀이터를 설치해야 한다(12개월 미만의 영아만을 보육하는 시설은 제외). 옥외놀이터에는 모래밭, 천연 및 인공 잔디, 고무매트, 폐타이어 블록 등에 6세 미만 영유아가 이용할 수 있는 대근육활동 놀이기구 1종 이상을 포함하여 놀이기구 3종 이상을 설치하고 영유아가 안전하게 놀이할 수 있도록 다음의 사항을 항상 점검해야 한다.

- 바닥에 튀어나온 곳이나 파인 곳이 없는지 바닥 표면의 안전성을 확인하고 유리나 플라스틱 조각, 돌 조각 등 위험한 이물질이 없는지 수시로 확인해야 함
- 출입문은 항상 닫아 두고, 울타리를 안전하게 관리하여 영유아의 이탈을 방지하도록 함
- 놀이기구 파손 여부를 수시로 확인해야 함
- 놀이기구의 날카로운 부분이나 나사, 볼트와 같은 돌출 부분, 녹이 슬거나 칠이 벗겨진 부분에 대한 점검을 수시로 해야 함
- 하절기에는 금속으로 된 놀이기구가 뜨겁지 않은지 미리 점검하여 영유아의 화상 위험을 제거해야 하며 햇빛을 피해 잠시 쉴 수 있는 그늘과 휴식 장소를 확보해야 함
- 모래놀이터의 모래 안에 입에 넣을 수 있는 것, 뾰족한 물건 등 위험한 물건이 없는지 확인하고 모래놀이터의 덮개 관리, 주기적 살균 소독을 통한 위생 및 안전관리를 해야 함

(2) 유치원 시설 및 설비 안전점검

유치원을 설립하기 위해서는 유아들이 안전하게 교육받으며 생활할 수 있는 시설과 설비를 갖추어야 한다. 현행 유치원의 법적 시설 기준은 「고등학교 이하 각급학교 설립·운영 규정」, 「유아교육법」, 「학교보건법 시행규칙」에 규정되어 있으며 이러한 법적 근거에 따라 실제적인 적용을 하는 데 도움이 되도록 유치원 시설안전관리 매뉴얼(교육부, 2015)이 제시되어 있다. 유치원 시설안전관리 매뉴얼에 근거하여 유치원 시설설비 및 안전점검에 대해서 살펴보면 다음과 같다.

■ 실내 환경

실내는 유아들이 유치원에서 가장 많은 시간을 보내는 공간이므로 실내 환경을 안전하게 구성하고 잠재적 위험성을 수시로 점검해야 한다. 「고등학교 이하 각급학교 설립·운영 규정」과 「학교보건법 시행규칙」에 따라 유치원 시설안전관리 매뉴얼에서 제시하고 있는 점검사항은 다음과 같다.

① 교실 공간

- 교실은 화재 시 대피가 용이하도록 1층에 배치되는 것이 바람직하며 특히 만 3세반은 1층에 배치하도록 함
- 유아들이 손을 자주 씻을 수 있도록 교실 안 또는 가까운 곳에 세면대를 설치해야 함
- 세면대에는 온도 조절장치가 되어 있고 온수의 온도는 40℃ 이하로 설정함
- 교실에 환기를 위한 시설(기계환기설비[2])이 있어야 함
- 교실에는 창문을 열었을 때 교실 전체가 충분히 환기가 될 수 있도록 적정한 크기의 창문이 설치되어 있어야 함

---

2) 다기계환기란 송풍설비나 공조시설 등에 의한 환기이며 기계환기설비의 가동에 의하여 환기가 적절하게 되고 있는지 확인해야 한다.

- 교실에 온도계를 비치하여 적정 온도를 유지하도록 하며 유아들이 활동하기에 적당한 온도와 습도인지를 확인해야 함
- 실내 조명시설이 잘 갖추어져 있어야 함
- 교실은 교사에게 유아들이 한눈에 들어오도록 공간 배치를 해야 함
- 창문에 커튼이나 블라인드의 끈은 유아의 질식사고를 유발할 수 있으므로 유아의 손이 닿지 않도록 짧게 정리되어 있어야 함

② 비품

- 날카로운 물건(칼, 송곳, 가위 등)은 잠금장치가 있는 곳에 보관해야 함
- 미술도구는 안전성이 검증된 것을 사용해야 함
- 학용품을 구입할 때는 'K' 마크가 있는 제품을 구입해야 함
- 실내 공기를 오염시키는 화학 물질이 발생하지 않는 재료를 사용해야 함
- 화재 발생 시 유독가스에 의한 상해를 최소화하기 위하여 모든 카펫, 커튼, 벽지 등은 방염 처리된 것을 사용해야 함
- 교구장, 수납장 등에는 아랫부분에 무거운 비품을 보관하도록 함

③ 놀잇감

- 모든 놀잇감에는 날카로운 부분이나 모서리, 가시, 갈라진 곳, 삼킬 우려가 있는 작은 부속품이 없어야 하며, 삼킬 수 없는 안전한 크기는 3.2cm 이상임
- 장난감 상자 안에는 유아가 갇힐 우려가 있는 빗장 등의 장금장치가 없어야 함
- 놀잇감은 유아가 꺼내고 정리하기 알맞은 높이에 두어야 함
- 크거나 무거운 놀잇감은 교구장 아래에 위치하도록 배치함
- 놀잇감을 구입할 때 안전성이 검증된 것인지 확인한 후 구입해야 함

④ 가구

- 가구는 유아의 신체에 맞게 선택해야 하며, 의자는 25.4~30.4cm, 책상은 40.6~50.8cm 높이가 적당함

- 모든 가구의 볼트, 너트, 못 등이 튼튼하게 고정되어 있어야 하며 책상, 교구장 등의 가구는 바닥과 벽에 고정되어 있어야 함
- 모든 가구에는 돌출된 부분이 없어야 하며 모서리가 둥글고 표면은 매끄럽게 처리해야 함
- 뾰족한 모서리가 있는 경우에는 모서리 보호 덮개를 해야 함

⑤ 복도 및 문

- 복도 바닥에서 1.3m 높이까지는 벽체가 파손되어도 위험성이 없는 재료를 사용해야 하며, 유리 거울, 창문 등은 바닥에서부터 1.3m 높이 위에 부착해야 함
- 복도에 노출되는 벽 모서리나 기둥 모서리는 코너가드 등을 사용하거나 날카로운 부분을 없애고 둥글게 처리되어 있어야 함
- 복도는 유아들의 이동 동선이며 화재 시 피난 경로이므로 충분한 조명 또는 창문이 설치되어 어둡지 않아야 함
- 복도에는 충분한 자연채광을 확보할 수 있도록 1㎡ 이상의 유효면적을 갖는 창문이 설치되어 있어야 하며 정상적으로 작동하는 조명설비가 있어야 함
- 문턱에 걸려 넘어짐을 방지하기 위해 유치원 내에 설치되어 있는 문은 문턱이 없어야 함
- 교실 문이 복도 방향으로 열리는 여닫이문인 경우 열었을 때 복도 유효폭의 1/2 이상을 넘지 않아야 함
- 복도는 180cm 이상의 충분한 폭으로 설치되어 보행에 지장이 없어야 함

⑥ 계단

- 유아가 계단에서 안정적으로 보행할 수 있으려면 계단의 단 높이는 16cm 이하이며, 일정해야 하고, 계단의 단 너비는 26cm 이상이며, 일정해야 함
- 계단 너비는 150cm 이상이어야 함

- 계단의 경사도는 계단을 내려올 때 난간 등을 잡지 않아도 앞으로 넘어지려는 느낌 없이 안정된 자세로 내려올 수 있는 30°~35° 정도가 적당
- 계단 끝부분에 미끄럼을 방지하기 위해 논슬립을 견고하게 설치해야 함(청동제 철제 논슬립 제외)
- 계단에는 충분한 조명 또는 창문이 설치되어 어둡지 않아야 함
- 자연채광을 확보할 수 있는 창문과 조명설비를 통해 최소한 110럭스(lux) 이상의 조도가 확보되어야 하며 복도와 계단 구역 간에 조도의 차이가 크게 발생하지 않도록 해야 함
- 바닥재는 충격을 흡수할 수 있는 재료를 사용해야 함
- 계단의 끝선을 명확히 구분할 수 있도록 다른 책으로 채색되어 있어야 함

⑦ 난간

- 높이 1m를 초과하는 계단 등에는 난간을 설치해야 함
- 난간 손잡이는 유아의 신체 크기에 맞게 높이 84~86cm, 직경 3.2~3.8cm로 설치되어야 함
- 난간 살의 간격은 10cm 이하로 설치되어야 함

⑧ 화장실

- 화장실 바닥 표면은 물에 젖어도 미끄러지지 않도록 미끄럼 방지 타일 및 미끄럼 방지대가 설치되어야 함
- 욕실 바닥은 하수 구멍을 향해 경사가 이루어져 있고, 하수 구멍에 이물질이 없어 배수가 잘 되는 구조로 설비되어야 함
- 세면대는 유아의 신체에 맞도록 55.8~60.9cm 높이가 적당
- 높이 25~28cm의 유아용 변기와 30cm 이하의 유아용 소변기를 갖추어야 하며 유아 8~10명당 1개가 설치되어야 함
- 냉온수가 공급되고, 더운물의 온도는 40℃ 이하를 유지할 수 있도록 온도 조

절장치나 온수밸브 잠금장치, 온도계가 비치되어 있어야 함

- 락스, 세제 및 변기를 청소하는 솔 등은 유아의 손이 닿지 않는 곳에 뚜껑을 잠그고 별도로 관리해야 함
- 유아의 장난에 의한 사고를 예방하기 위하여 화장실 문에는 잠금장치가 설치되어 있지 않아야 함

⑨ 현관

- 현관 또는 출입구에는 외부인의 출입을 제한하기 위해 잠금장치와 인터폰을 설치하고 방범 카메라와 적외선 센서, 인터폰 등의 방범설비를 필요에 따라 현관 또는 출입구 주변에 설치할 수 있음
- 방문자는 신원을 확인한 후 유치원에 출입시키도록 내방 때는 반드시 교무실에 들러야 한다는 내용의 안내문을 현관문 등에 게시해야 함
- 현관문에는 도어클로저 등 손끼임 방지장치가 설치되어 있어야 하며 투명한 문일 경우 현관문임을 알리는 스티커를 문에 부착하도록 함

⑩ 조리실

- 조리실은 유아의 출입을 차단할 수 있는 문이나 안전문이 설치되어 있어야 함

■ 실외 환경

실외 환경은 실내에서 불가능한 다양한 놀이를 즐기고 탐험할 수 있는 기회를 제공하지만 안전사고가 발생할 가능성이 높으므로 유아의 신체 및 활동 특성을 면밀히 고려하여 안전한 환경이 되도록 노력을 기울여야 한다.

① 놀이시설

- 실외 놀이시설물은 매립 부분이 드러나 있지 않고 바닥에 잘 고정되어 흔들림이 없어야 함

- 실외 놀이시설물은 안전검사를 필한 제품을 사용해야 함
- 놀이시설물에 날카로운 부분, 모서리, 뾰족한 부분이 있는지 항상 확인해야 함
- 놀이시설물의 돌출 부분인 볼트와 너트는 위로 튀어나와 있지 않아야 하며 볼트의 나사선은 영구히 덮여야 함
- 놀이기구를 이용할 때 기구 간에 공간이 충분해야 함
- 고정 시설물들 사이의 간격은 최소 1.5m 이상이어야 하며, 미끄럼틀은 전방으로 2m, 측면으로 1m가 되어야 함
- 놀이기구의 높이는 2.5m를 넘지 않도록 함
- 놀이기구에는 유아의 몸이 빠지거나 낄 만한 틈이 있지 않도록 함
- 실외 놀이시설이 옥상에 설치되어 있는 경우에 추락 방지를 위한 견고한 안전망이 설치되어야 하며 옥상에는 추락사고의 위험이 높기 때문에 가급적 놀이 공간을 설치하지 않아야 함
- 실외놀이터 입구에서 보았을 때 교사의 시선이 미치지 않는 구석진 장소가 없어야 함
- 땅에 세워진 목재 구조물은 갈라진 틈이 없어야 하며, 부패되거나 파손된 부분이 없어야 함
- 금속 재료의 놀이기구는 유아의 중독사고를 예방하기 위해 철의 녹, 알루미늄의 부식이 없어야 하며 페인트칠이 벗겨져 있지 않아야 함
- 플라스틱 구조물은 방염성이 있는 재료를 사용해야 함
- 밧줄의 상태는 튼튼하게 연결되고 마무리가 깨끗하여 튀어나오거나 손상된 부분이 없어야 함
- 실외 환경과 놀이시설에 대한 일일 안전점검을 실시하고 기록·관리하도록 함
- 놀이시설물은 설치검사 후 2년에 1회 정기 시설검사를 받아야 함
- 어린이 놀이시설 안전관리교육은 2년마다 4시간씩 어린이 놀이시설 안전관리지원기관에서 받아야 함

② 바닥

- 유아가 추락할 가능성이 있는 놀이시설물 아래와 주변 공간에는 30cm 이상의 모래, 나무껍질, 나무 조각 등의 충격 흡수재를 설치해야 함
- 놀이시설 바닥에는 유아가 걸려 넘어지거나 부딪칠 수 있는 돌, 못, 나사, 유리 조각 같은 위험 물질이나 이물질이 없는지 확인해야 함
- 모래는 쉽게 유실될 수 있으므로 모래를 주기적으로 채워 넣어 주고, 최소 3년에 1번은 모래를 교체하도록 하며, 모래관리 시 정기적으로 아래쪽에 있는 모래가 위쪽으로 올 수 있도록 뒤집어 주거나 세척하도록 함
- 고무 바닥재의 경우에는 안전검사를 받은 제품('검'자 확인)인지를 확인하며 고무 바닥재가 바닥과 들뜨지 않았는지 확인해야 하며, 또한 전체 높이가 일률적인지 확인하고 고무가 너무 딱딱하지 않은지 확인해야 함

③ 실외놀이터 환경

- 실외놀이터는 위험 지역으로부터 보호할 수 있는 울타리 및 담이 설치되어 있어야 함
- 바깥과의 경계를 짓는 담장은 유아가 넘지 못하는 구조와 높이로 되어 있어야 함
- 실외놀이터에는 차량이 접근할 수 없도록 울타리나 담이 설치되고 차량이 인접해서 주차하지 않도록 해야 함
- 놀이터 안에 유아들에게 위험한 전기, 고압선, 유독 물질, 유리 조각, 돌부리 등이 존재하지 않도록 항상 확인해야 함
- 놀이터에는 표지판이 설치되고 안전수칙과 관리 주체의 연락처 등이 명시되어야 함
- 놀이터 표지판은 파손되거나 내용물이 지워진 곳이 없는지 확인해야 함

■ 화재 예방시설 및 설비

유치원은 화재 발생 시 가장 취약한 유아들이 사용하는 시설이므로 화재와 관련된 시설·설비를 철저히 갖추고 실제 상황에 대비한 정기적인 화재대피훈련을 실시해야 한다.

① 발화 방지

- 주방의 가스레인지 등 화기시설이 설치된 주변의 벽과 천장은 불에 타지 않는 벽돌, 타일, 콘크리트 등으로 구성해야 함
- 주방의 가스레인지에는 중간 밸브와 가스 누설 자동차단기가 설치되어야 하며 항상 가동될 수 있도록 전기 콘센트에 연결시켜 놓아야 함
- 건물 내 접근하기 용이한 장소에 누전차단기가 설치되어 있어야 함
- 사용하지 않는 전기 콘센트에는 감전사고를 방지하기 위한 안전덮개가 설치되어야 함

② 감지·경보 및 소화

- 교실, 복도, 계단 등에는 파손되지 않은 감지기가 설치되어 있어야 함
- 감지기가 설치된 경우 수신기는 사람이 상주하는 교무실 등 눈에 잘 띄고 관리가 용이한 장소에 설치되어 있어야 하며 사용법을 알고 있어야 함
- 화재경보벨은 잘 보이는 곳에 설치되어 있으며, 설치 높이는 바닥으로부터 0.8m 이상 1.5m 이하여야 함
- 주방의 가스레인지 상부에 자동확산 소화기가 설치되어 있어야 함
- 주방 출입구에는 화재 시 자동으로 작동하여 화재의 확산을 유효하게 방지할 수 있는 방화문 또는 셔터 등이 설치되어 있어야 함
- 교실, 복도, 계단 중 두 군데 이상에 스프링클러가 설치되어 있어야 함
- 소화기는 건물 접근이 용이한 복도, 계단, 주방 등에 각 층마다 최소한 2개 이상을 설치해야 하며 소화기 간격은 20m 이내로 설치하는 것이 바람직하고

습기나 직사광선은 피하는 것이 좋음
- 각 교실에는 교무실, 다른 교실과 상호 연결되는 인터폰 등 통신시설 또는 방송시설이 설치되어 있어야 함

③ 피난 안전성
- 대피할 수 있는 계단, 피난용 미끄럼대 등 피난 출구는 매 층마다 두 군데 이상 확보
- 화재 등 비상시 건물 내 어떠한 장소에서도 양방향 피난이 가능해야 함
- 피난 출구 등 안전한 장소로 가는 통로와 모든 피난 출구 상부에는 피난 유도등이나 유도 표지가 부착되어 있어야 함
- 각 교실과 복도에는 화재 시 이용 가능한 모든 대피 경로와 가장 짧은 대피 경로가 각각 제시되어 있어야 함
- 비상구, 계단 등 주요한 대피 경로 주변에 주방이 설치되어 있지 않아야 함
- 피난 출구에 설치된 문에는 신속한 탈출에 방해가 되는 자물쇠나 잠금장치가 없어야 함

3. 영유아교육기관의 안전 영역 평가

여기에서는 영유아보육기관의 안전 영역 평가와 관련된 어린이집 평가제 중 '건강·안전 영역'의 평가지표, 유치원 평가의 '안전하고 쾌적한 교육 환경 및 유아를 위한 건강·안전 영역'의 평가지표에 대해 살펴보기로 한다.

1) 어린이집 평가제

어린이집 평가인증제도 도입 후 저출산 및 양육 부담에 대한 사회적 책임 강화로 보육서비스에 투입되는 재정 규모가 크게 증가하였고 영유아 시기의 중요성 및

아동의 권리에 대한 부모와 사회적인 인식이 높아져 왔다. 기존의 평가인증제도는 어린이집의 자발적 신청에 따라 운영되어 미인증 어린이집으로 인한 질 관리의 사각지대가 존재했던 것이 사실이다. 또한 최근 아동권리 보호, 아동학대 예방 등 아동인권 및 안전관리 강화에 대한 사회적 요구 증가로 전체 어린이집의 평가 참여 필요성이 제기되어 왔다. 이에 2018년 12월 11일「영유아보육법」개정안이 공포됨에 따라 보육·양육에 대한 사회적 책임 강화 실현과 영유아의 건강한 성장 및 발달을 위하여 2019년 6월 12일부터 어린이집 평가제가 시행되고 있다. 평가제 시행으로 인하여 전국 모든 어린이의 질 관리가 가능해졌다.

어린이집 평가제 시행은 전체 어린이집 질 관리를 위하여 단순한 제도 변화로서의 평가 자체에 목적을 두기보다, 평가를 통해 어린이집이 보육의 질적 수준을 향상시키고 유지하게 함으로써 영유아의 안전과 건강, 조화로운 성장과 발달을 도모하여 부모가 믿고 맡길 수 있는 안심 보육 환경 조성에 기여하는 데 목적이 있다.

〈표 3-3〉 어린이집 평가제의 건강·안전 영역 평가지표

평가지표	
3-1	실내외 공간의 청결 및 안전
3-2	급·간식
3-3	건강 증진을 위한 교육 및 관리
3-4	등·하원의 안전
3-5	안전교육과 사고 예방

영역 등급기준	
우 수	5개의 평가지표 중 '우수' 지표가 4개 이상(필수 포함)
보 통	우수 및 개선필요 등급에 해당하지 않는 경우
개선필요	5개의 평가지표 중 '개선필요' 지표가 1개 이상

'건강·안전 영역'의 평가지표는 실내외 공간의 청결 및 안전, 급·간식, 건강 증진을 위한 교육 및 관리, 등·하원의 안전, 안전교육과 사고 예방의 5개 평가지표로 구성되어 있고 이 중 '우수' 지표가 4개 이상이면 '우수', '우수 및 개선 필요' 등급에 해당되지 않는 경우면 '보통', 5개의 평가지표 중 '개선필요' 지표가 1개 이상이면 '개선필요'로 등급이 구분된다.

(1) 평가지표 3-1: 실내외 공간의 청결 및 안전

<table>
<tr><th>평가지표</th><th>평가항목</th><th>평가내용</th><th>평정기준</th></tr>
<tr><td rowspan="12">1. 실내외 공간의 청결 및 안전</td><td rowspan="4">1. 실내외 공간을 청결하고 쾌적하게 관리한다.</td><td>실내외 공간을 청결하게 유지함</td><td rowspan="4">4개 중 3개 이상 충족해야 Y로 평정</td></tr>
<tr><td>실내외 놀잇감을 청결하게 유지함</td></tr>
<tr><td>개별 침구를 청결하게 유지함</td></tr>
<tr><td>실내외 공기 질, 온도, 습도, 채광, 조명을 적정하게 유지함</td></tr>
<tr><td rowspan="4">2. 실내외 공간과 설비를 위험 요인 없이 안전하게 관리한다.</td><td>현관문, 출입문, 창문, 천장, 바닥, 벽면을 위험 요인 없이 안전하게 관리함</td><td rowspan="4">4개 중 3개 이상 충족해야 Y로 평정</td></tr>
<tr><td>실내외 공간의 고정식 및 이동식 시설·설비, 전기설비 등을 위험 요인 없이 안전하게 관리함</td></tr>
<tr><td>세면대, 정수기의 온수 사용을 위험 요인 없이 안전하게 관리함</td></tr>
<tr><td>영유아가 성인이 주로 사용하는 실내외 공간에 출입하지 않도록 관리함</td></tr>
<tr><td rowspan="4">3. 실내외 공간의 놀잇감 및 활동자료와 위험한 물건을 안전하게 관리한다.</td><td>보육실 내 놀잇감 및 활동자료를 안전하게 관리함</td><td rowspan="4">4개 중 3개 이상 충족해야 Y로 평정</td></tr>
<tr><td>실내외 공간에 비치된 놀잇감 및 활동자료를 안전하게 관리함</td></tr>
<tr><td>보육실 내의 위험한 물건을 안전하게 보관·관리함</td></tr>
<tr><td>실내외 공간의 위험한 물건을 안전하게 보관·관리함</td></tr>
<tr><td>지표 평정기준</td><td colspan="3">우 수 : 3개의 평가항목 중 'Y' 개수가 3개
보 통 : 3개의 평가항목 중 'Y' 개수가 2개
개선필요 : 3개의 평가항목 중 'Y' 개수가 1개 이하</td></tr>
</table>

평가지표 3-1은 실내외 공간의 청결 및 안전이며 3개의 평가항목을 평가한 결과에 근거하여 평정한다. 어린이집이 쾌적하고 안전한 상태를 유지하는 것은 영유아의 신체적 건강과 전인적 발달을 지원하는 기본 조건이다. 영유아가 청결한 환경에서 생활해야 질병 감염을 예방할 수 있고 즐거운 기분으로 지낼 수 있으며 안전한 환경이 조성되어 있어야 자유로운 탐색과 탐구활동을 하면서 호기심을 충족하고 활발한 학습을 할 수 있다. 평가지표 3-1의 평가항목 3개와 평가내용 및 평정기준은 위의 표에 제시된 바와 같다.

(2) 평가지표 3-2: 급·간식

평가지표	평가항목	평가내용	평정기준
2. 급·간식	1. 영양의 균형을 고려한 급·간식을 제공하고 있다.	영양사가 작성한 식단에 따라 급·간식을 제공함	4개 중 3개 이상 충족해야 Y로 평정
		영유아의 연령 특성을 고려한 급·간식(양, 크기, 맛, 조리 형태 등)을 제공함	
		인스턴트 식품보다 자연식품 위주로 급·간식을 제공함	
		식품 알레르기 질환에 대한 지침을 마련하여 실행함	
	2. 식자재의 구입·보관 및 조리 공간을 위생적으로 관리하고 있다.	식자재는 신선한 것을 구입하고 이를 위생적으로 보관함(필수)	4개 중 3개 이상(필수 요소 포함) 충족해야 Y로 평정
		유통기한 경과 식품(식자재 등)이 없음(필수)	
		조리실 공간(바닥, 벽, 천장 등)과 조리실 내 시설·설비 개수대, 조리대, 식기수납장, 가스레인지, 후드, 환풍기, 주방가전 등)를 청결하게 유지함	
		식기류(컵 등)와 조리실 비품(조리도구, 행주 등)을 위생적으로 관리함	
	3. 조리 및 배식 과정을 청결하고 위생적으로 관리하고 있다.	조리가 위생적으로 이루어짐	4개 중 3개 이상(필수 요소 포함) 충족해야 Y로 평정 필수 요소 미충족 시 N 평정
		배식 과정이 위생적으로 이루어짐	
		1회 조리된 음식은 당일 소모하고 재배식하지 않음(필수)	
		마실 물, 우유 등을 위생적으로 관리함	
지표 평정기준	우 수 : 3개의 평가항목 중 'Y' 개수가 3개 보 통 : 3개의 평가항목 중 'Y' 개수가 2개 개선필요 : 3개의 평가항목 중 'Y' 개수가 1개 이하		

평가지표 3-2는 급·간식이며 3개의 평가항목을 평가한 결과에 근거하여 평정한다. 영유아의 영양의 균형을 고려한 급·간식 제공과 안전하고 위생적인 식자재 관리, 조리 및 배식 과정의 관리는 영유아의 건강 및 안전과 직접적으로 관련되므로 각별히 주의를 기울여야 한다. 평가지표 3-2의 평가항목 3개와 평가내용 및 평정기준은 위의 표에 제시된 바와 같다.

(3) 평가지표 3-3: 건강 증진을 위한 교육 및 관리

<table>
<tr><th>평가지표</th><th>평가항목</th><th>평가내용</th><th>평정기준</th></tr>
<tr><td rowspan="12">3. 건강 증진을 위한 교육 및 관리</td><td rowspan="4">1. 손 씻기, 양치질 등 청결한 위생습관을 실천한다.</td><td>교사는 손을 씻어야 하는 상황에서 반드시 손을 씻음</td><td rowspan="4">4개 중 3개 이상 충족해야 Y로 평정</td></tr>
<tr><td>영유아는 손을 씻어야 하는 상황에서 반드시 손을 씻음</td></tr>
<tr><td>식사 후 연령에 적합한 방법으로 이를 닦고 칫솔과 양치컵을 위생적으로 관리함</td></tr>
<tr><td>교사는 영유아의 배변 후 뒤처리를 위생적으로 함</td></tr>
<tr><td rowspan="4">2. 교사는 영유아의 건강 상태를 살펴보고 적절하게 지원한다.</td><td>아프거나 다친 영유아에 대한 지침을 구비함</td><td rowspan="4">4개 중 3개 이상 충족해야 Y로 평정</td></tr>
<tr><td>교사는 일과 중 영유아의 건강 상태를 주의 깊게 살펴보고, 적절히 조치함</td></tr>
<tr><td>투약의뢰서를 관리하고, 부모에게 투약보고를 함</td></tr>
<tr><td>비상약품을 용도별로 구비하여 유효기간 내로 관리함</td></tr>
<tr><td rowspan="4">3. 영유아와 보육교직원의 건강 증진을 위한 예방관리와 교육을 실시한다.</td><td>개별 영유아의 건강검진 서류, 응급처치동의서를 작성·관리함</td><td rowspan="4">4개 중 3개 이상 충족해야 Y로 평정</td></tr>
<tr><td>영유아와 보육교직원을 대상으로 다양한 건강 및 영양교육을 실시함</td></tr>
<tr><td>보육교직원의 건강검진이 정기적으로 이루어짐</td></tr>
<tr><td>영유아 및 보육교직원에 대한 감염병 관리수칙을 수립하여 실천함</td></tr>
<tr><td>지표 평정기준</td><td colspan="3">우 수 : 3개의 평가항목 중 'Y' 개수가 3개
보 통 : 3개의 평가항목 중 'Y' 개수가 2개
개선필요 : 3개의 평가항목 중 'Y' 개수가 1개 이하</td></tr>
</table>

평가지표 3-3은 건강 증진을 위한 교육 및 관리이며 3개의 평가항목을 평가한 결과에 근거하여 평정한다. 영유아가 청결한 위생습관을 기르는 것은 스스로 건강하게 살아갈 수 있도록 하는 기초가 된다. 또한 교사는 영유아의 건강 상태를 항상 살피고 적절한 방식으로 지원해야 하며 교사와 영유아 모두 지속적으로 건강 증진을 위한 교육을 받고 예방관리를 해야 한다. 평가지표 3-3의 평가항목 3개와 평가내용 및 평정기준은 위의 표에 제시된 바와 같다.

(4) 평가지표 3-4: 등·하원의 안전

평가지표	평가항목	평가내용	평정기준
4. 등·하원의 안전	1. 교사는 영유아의 출석을 확인하며 인계규정에 따라 귀가지도를 한다.	영유아의 인계 과정에 대한 체계적인 규정이 수립되어 있음	4개 중 3개 이상(필수요소 포함) 충족해야 Y로 평정
		영유아의 보호자에게 받은 귀가동의서를 구비하고 있음	
		교사는 매일 일과를 시작할 때 영유아의 등원 여부를 확인함	
		영유아의 인계 과정이 규정에 따라 안전하게 이루어짐(필수)	
	2. 영유아는 등원부터 하원까지 성인의 보호 하에 있다.	교사는 영유아의 안전을 위해 항상 전체 상황을 주시함	4개 중 3개 이상(필수요소 포함) 충족해야 Y로 평정
		교사는 일과나 장소가 바뀔 때마다 전체 영유아를 확인함	
		통합보육 시 통합반 또는 연장보육 전담교사는 담당 영유아의 인원과 특이사항을 파악함	
		영유아를 두고 자리를 비울 때에는 책임 있는 성인에게 인계함(필수)	
	3. 등·하원용 차량을 운행할 경우 안전 요건을 갖추어 관리한다.	차량에 안전수칙, 영아용 보호장구, 개별 안전띠, 차량용 소화기, 어린이 하차 확인장치, 비상약품을 구비함	등·하원용 차량을 운행하지 않는 경우 Y로 평정
		운전자는 매일 차량 안전점검을 실시함	
		운전자와 차량에 동승하는 모든 성인은 어린이통합버스 안전교육을 받음	
		운전자와 함께 차량에 동승한 성인은 영유아를 안전하게 보호함(필수)	
지표 평정기준	우 수 : 3개의 평가항목 중 'Y' 개수가 3개 보 통 : 3개의 평가항목 중 'Y' 개수가 2개 개선필요 : 3개의 평가항목 중 'Y' 개수가 1개 이하		

평가지표 3-4는 등·하원의 안전으로 3개의 평가항목을 평가한 결과에 근거하여 평정한다. 영유아는 등원부터 하원까지 성인의 보호 아래 있어야 하며 영유아의 출석 확인, 인계 과정에 대한 규정에 따른 등·하원 지도가 이루어져야 한다. 또한 등·하원용 차량을 운행할 경우 안전 요건을 갖추어 관리되어야 한다. 평가지표 3-4의 평가항목 3개와 평가내용 및 평정기준은 위의 표에 제시된 바와 같다.

(5) 평가지표 3-5: 안전교육과 사고 예방

<table>
<tr><th>평가지표</th><th>평가항목</th><th>평가내용</th><th>평정기준</th></tr>
<tr><td rowspan="12">5. 안전교육과 사고 예방</td><td rowspan="4">1. 영유아를 대상으로 안전교육을 지속적으로 실시하고 있다.</td><td>영유아를 대상으로 발달에 적합한 안전교육을 정기적으로 실시함</td><td rowspan="4">4개 중 3개 이상 충족해야 Y로 평정</td></tr>
<tr><td>영유아가 정기 소방대피훈련에 참여함</td></tr>
<tr><td>영유아가 놀잇감 및 활동자료, 놀이기구를 안전하게 사용하도록 지도함</td></tr>
<tr><td>계절 및 날씨 관련 놀이 안전수칙을 준수함</td></tr>
<tr><td rowspan="4">2. 보육교직원은 안전교육을 받고 영유아 학대 예방지침을 준수한다.</td><td>보육교직원을 대상으로 기본적인 안전교육을 정기적으로 실시함(영유아 학대 예방교육 포함)(필수)</td><td rowspan="4">4개 중 3개 이상(필수 요소 포함) 충족해야 Y로 평정</td></tr>
<tr><td>비상시 보육교직원의 대처 방안과 업무분장이 체계적으로 수립되어 있고, 보육교직원은 자신의 역할을 숙지하고 있음</td></tr>
<tr><td>응급처지(심폐소생술) 관련 교육에 참여한 보육교직원이 있음</td></tr>
<tr><td>영유아 학대 예방 지침(체벌 금지 포함)을 준수함(필수)</td></tr>
<tr><td rowspan="4">3. 안전설비를 비상시 효율적으로 사용할 수 있도록 관리하고 있다.</td><td>비상사태를 대비한 피난설비(비상구, 비상계단 또는 영유아용 미끄럼대, 피난구 유도등 등)를 비상시 원활하게 대피할 수 있도록 관리하고 있음</td><td rowspan="4">4개 중 3개 이상 충족해야 Y로 평정</td></tr>
<tr><td>비상사태를 대비한 소화설비(소화기 등)를 비상시 제대로 작동되도록 관리하고 있음</td></tr>
<tr><td>비상사태를 대비한 경보설비(단독경보형감지기, 가스누설경보기 등)를 비상시 제대로 작동되도록 관리하고 있음</td></tr>
<tr><td>보육교직원은 안전시설 및 설비(소화기 등)의 사용법을 숙지하고 있음</td></tr>
<tr><td>지표 평정기준</td><td colspan="3">우　수 : 3개의 평가항목 중 'Y' 개수가 3개
보　통 : 3개의 평가항목 중 'Y' 개수가 2개
개선필요 : 3개의 평가항목 중 'Y' 개수가 1개 이하</td></tr>
</table>

평가지표 3-5는 안전교육과 예방사고로 3개의 평가항목을 평가한 결과에 근거하여 평정한다. 어린이집에서는 영유아를 대상으로 안전교육을 지속적으로 실시해야 하고 교사 역시 안전교육을 받아야 하며 영유아 학대 예방 지침을 준수해야 한다. 또한 비상시 안전설비를 효율적으로 사용할 수 있도록 관리해야 한다. 평가지표 3-5의 평가항목 3개와 평가내용 및 평정기준은 위의 표에 제시된 바와 같다.

2) 유치원 평가

제5주기 유치원 평가(2020~2022년)에서는 자율적인 유치원 교육활동의 진단 및 개선을 통한 유아교육의 질을 향상시키고 교육공동체의 참여·소통·협력을 통한 자율과 책임의 유치원 자치문화를 조성하며 건강·안전 관리 강화를 통한 안전한 유치원 환경을 조성하고 단위유치원의 공공성 및 책무성 제고로 자율운영체제를 구축한다는 목적으로 평가를 실시하고 있다. 특히 건강·안전 관리 강화를 통한 안전한 유치원 환경을 조성하기 위하여 다른 영역은 자체 평가를 실시하지만 '안전하고 쾌적한 교육 환경 및 유아를 위한 건강·안전 영역'은 평가지표 및 평가문항을 서면 평가로 실시한다.

학부모의 유아교육 환경에 대한 불안 해소를 위해 유아의 건강·안전 관리에 관한 사항은 책임을 강화하여 문항을 구성하여 학부모가 안심할 수 있는 교육 환경 조성으로 유치원 평가의 신뢰도를 향상시키기 위하여 강화하였다. 여기에서는 서울시교육청 유아교육진흥원에서 제시한 '안전하고 쾌적한 교육 환경 및 유아를 위한 건강·안전 영역'의 평가지표와 평가문항을 살펴본다.

〈표 3-4〉 유치원 평가의 건강 · 안전 영역 평가지표 및 평가문항

영역Ⅲ	안전하고 쾌적한 교육환경 및 유아를 위한 건강·안전

평가지표	평가문항
안전한 시설설비와 쾌적한 공간	• 실내외 시설 설비와 공간은 유아에게 안전하며, 유아가 쉽게 사용할 수 있도록 갖추어져 있다. • 실내외 놀이공간, 놀이시설, 놀이자료의 안전관리 및 점검이 효율적으로 이루어지고 있다. • 유아를 위한 안전시설이 설비되어 있으며, 실내외 쾌적한 환경이 조성·유지되고 있다.
안심하고 믿을 수 있는 급·간식 환경	• 유아의 건강을 고려한 균형 있고 질 높은 급·간식을 제공하고 있다. • 유아가 안심하고 급·간식을 먹을 수 있도록 식자재가 위생적으로 관리되고 있다.
유아와 교사를 위한 건강 및 안전 증진	• 유아의 질병 및 상해 관리와 이를 위한 가정과의 소통이 이루어지고 있다. • 유아와 교직원의 건강 및 안전 증진을 위한 예방관리 지침이 마련되어 있다. • 유아와 교직원의 건강 및 안전 증진을 위한 교육이 이루어지고 있다.
안전한 등·하원	• 유치원은 교육과정 내에서 유아의 안전한 등·하원 환경 조성을 위한 안전교육을 계획–반영–실시하며 지속적으로 지원하고 있다. • 통학차량을 이용하는 유아를 위하여 통학차량의 지속적인 관리와 안전운행을 위한 노력이 이루어지고 있다.

※ 평가문항 충족 비율: 우수 80% 이상, 적합 60% 이상~80% 미만, 개선필요 60% 미만

(1) 평가지표 Ⅲ-1: 안전한 시설설비와 쾌적한 공간

평가지표	평가문항	평가요소	평정기준
1. 안전한 시설설비와 쾌적한 공간	1. 실내외 시설설비와 공간은 유아에게 안전하며, 유아가 쉽게 사용할 수 있도록 갖추어져 있다.	출입문, 창문, 천장, 바닥, 벽면, 비상사태를 대비한 설비 등이 안전하여 위험 요인이 없다.	3개의 평가요소를 모두 충족해야 Y로 평정
		위험 요소가 있는 공간에 유아의 출입을 제한하고 있으며 위험한 물건을 안전하게 보관·관리한다.	
		유아의 소지품이나 작품 등을 용이하게 보관할 수 있는 안전이 확보된 공간이 있고 유아 수에 맞게 마련되어 있다.	

<table>
<tr><th>평가지표</th><th>평가문항</th><th>평가요소</th><th>평정기준</th></tr>
<tr><td rowspan="5">1. 안전한 시설설비와 쾌적한 공간</td><td rowspan="3">2. 실내외 놀이 공간, 놀이시설, 놀이자료의 안전관리 및 공간과 설비를 위험 요인 없이 안전하게 관리한다.</td><td>유치원 건물을 안전하거 관리한다.</td><td rowspan="3">3개의 평가요소를 모두 충족해야 Y로 평정</td></tr>
<tr><td>고정식 및 이동식 시설설비가 안전하여 위험 요인이 없다.</td></tr>
<tr><td>실내외 시설 및 놀잇감을 안전하게 관리하고 있다.</td></tr>
<tr><td rowspan="2">3. 실내외 공간의 놀잇감 및 활동자료와 위험한 물건을 안전하게 관리한다.</td><td>환기를 자주하여 실내 공기를 적정 수준으로 유지되도록 관리한다.</td><td rowspan="2">2개의 평가요소를 모두 충족해야 Y로 평정</td></tr>
<tr><td>실내 공간의 온도, 습도, 채광, 조명을 적정 수준으로 유지되도록 관리한다.</td></tr>
</table>

평가지표 Ⅲ-1은 안전한 시설설비와 쾌적한 공간이며 3개의 평가문항을 평가한 결과에 근거하여 평정한다. 사고나 위험으로부터 유아를 보호할 수 있는 안전한 환경을 조성하여 유아가 활동에 자유롭게 참여하도록 하고, 건강한 신체와 심리적 안정감을 발달시킬 수 있도록 도와주며 안전한 놀이를 지원하는 것이 중요하다. 또한 유치원은 유아가 생활하는 실내외 시설과 설비, 놀잇감 등을 안전하게 설치하고, 상시 점검과 위험 요인 발견 즉시 수리 보완하여 위험 요인을 제거해야 한다. 유아의 놀이를 안전하고 편리하게 지원할 수 있는 공간을 마련하는 것도 중요하다. 이때 유아는 면역력이 약해 질병이나 감염에 취약할 수 있으므로 하루의 많은 시간을 보내는 실내외 공간 및 놀잇감의 청결에 주의를 기울여야 한다. 평가지표 Ⅲ-1의 평가문항 3개와 평가요소 및 평정기준은 위의 표에 제시되어 있다.

(2) 평가지표 Ⅲ-2: 안심하고 믿을 수 있는 급·간식 환경

평가지표	평가문항	평가요소	평정기준
2. 안심하고 믿을 수 있는 급·간식 환경	1. 유아의 건강을 고려한 균형 있고 질 높은 급·간식을 제공하고 있다.	유아의 연령 및 영양 균형을 고려한 식단을 수립하고 있으며, 식단에 따른 충분한 양의 급·간식을 제공한다.	3개의 평가요소를 모두 충족해야 Y로 평정
		전통 음식문화를 계승·발전하는 급·간식을 제공한다.	
		식품 알레르기 질환에 대한 지침을 마련하여 실행한다.	
	2. 유아가 안심하고 급·간식을 먹을 수 있도록 식자재가 위생적으로 관리되고 있다.	양질의 식자재를 구입하고 유통기한을 지킨다.	2개의 평가요소를 모두 충족해야 Y로 평정
		보존식 보관 규정에 다라 보존식을 보관한다.	

평가지표 Ⅲ-2는 안심하고 믿을 수 있는 급·간식 환경이며 2개의 평가문항을 평가한 결과에 근거하여 평정한다. 유아기는 급속한 성장과 발달이 이루어지는 시기이므로 신체발달 단계와 영양적 요구를 고려한 급·간식을 제공하여 유아의 원활한 성장을 도모하고 유지할 수 있도록 지원해야 한다. 또한 유아의 급·간식은 양질의 신선한 식자재를 사용하여 위생적으로 조리하고 제공되어야 한다. 평가지표 Ⅲ-2의 평가문항 2개와 평가요소 및 평정기준은 위의 표에 제시되어 있다.

(3) 평가지표 Ⅲ-3: 유아와 교사를 위한 건강 및 안전 증진

평가지표	평가문항	평가요소	평정기준
3. 유아와 교사를 위한 건강 및 안전 증진	1. 유아의 질병 및 상해 관리와 이를 위한 가정과의 소통이 이루어지고 있다.	교사는 일과 중 유아의 건강 상태를 주의 깊게 살펴보고 적절히 조치한다.	3개의 평가요소를 모두 충족해야 Y로 평정
		투약의뢰서를 관리하고, 부모에게 투약 보고를 한다.	
		구급상자를 구비하고 관리하고 있다.	

평가지표	평가문항	평가요소	평정기준
3. 유아와 교사를 위한 건강 및 안전 증진	2. 유아와 교직원의 건강 및 안전 증진을 위한 예방 관리 지침이 마련되어 있다.	교직원의 건강검진이 정기적으로 이루어진다.	3개의 평가요소를 모두 충족해야 Y로 평정
		유아 및 교직원에 대한 감염병 관리수칙을 준수한다.	
		유아의 건강 및 안전 관련 정보를 부모에게 제공한다.	
	3. 유아와 교직원의 건강 및 안전 증진을 위한 교육이 이루어지고 있다.	유아와 다양한 방법으로 건강 및 영양, 안전교육을 한다.	2개의 평가요소를 모두 충족해야 Y로 평정
		교직원을 대상으로 다양한 건강 및 영양, 안전교육을 실시한다.	

평가지표 Ⅲ-3은 유아와 교사를 위한 건강 및 안전 증진이며 3개의 평가문항을 평가한 결과에 근거하여 평정한다. 유아의 건강과 안전을 위한 예방 관리 지침을 마련하고 부모와 함께 소통하여 유아의 건강발달을 도모해야 하고 유아와 교직원 안전 및 영양 교육을 통하여 유아의 생활 태도를 형성하고 안전의식을 제고하여 안전 역량을 강화해야 한다. 평가지표 Ⅲ-3의 평가문항 3개와 평가요소 및 평정기준은 위의 표에 제시되어 있다.

(4) 평가지표 Ⅲ-4: 안전한 등·하원

평가지표	평가문항	평가요소	평정기준
4. 안전한 등·하원	1. 유치원은 교육과정 내에서 유아의 안전한 등·하원 환경 조성을 위한 안전교육을 계획-반영-실시하며 지속적으로 지원하고 있다.	유아를 대상으로 다양한 형태의 교통안전교육을 정기적으로 실시한다.	2개의 평가요소를 모두 충족해야 Y로 평정
		유아의 등·하원 시 보호자 인계절차와 방안이 수립된 귀가동의서를 구비하고 있다.	

평가지표	평가문항	평가요소	평정기준
4. 안전한 등·하원	2. 통학차량을 이용하는 유아를 위하여 통학차량의 지속적인 관리와 안전운행을 위한 노력이 이루어지고 있다.	차량 내부에 안전수칙을 게시하고 유아용 보호장구, 차량용 소화기, 구급상자를 구비하고 있다.	3개의 평가요소를 모두 충족해야 Y로 평정
		차량 안전점검을 매일 실시한다.	
		차량 기사와 차량에 동승한 성인은 유아를 안전하게 보호한다.	

평가지표 Ⅲ-4는 안전한 등·하원으로 2개의 평가문항을 평가한 결과에 근거하여 평정한다. 유치원에서는 등원부터 하원까지 유아를 안전하게 보호할 책임이 있다. 등·하원 시 유치원과 보호자 간의 안전한 인계 과정을 통해 실종, 유괴, 교통사고 등 각종 위험 요인으로부터 유아를 보호해야 한다. 항상 유아가 교사의 관리 감독 아래 안전한 생활을 할 수 있도록 유아의 건강과 안전을 위한 예방 관리 지침을 마련하고 부모와 함께 소통하여 유아의 건강발달을 도모해야 한다. 유아와 교직원 안전 및 영양 교육을 통하여 유아의 생활 태도를 형성하고 안전의식을 제고하여 안전 역량을 강화해야 한다. 평가지표 Ⅲ-4의 평가문항 2개와 평가요소 및 평정기준은 위의 표에 제시되어 있다.

적용해 보기

- 4명이 팀을 이루어서 영유아교육기관의 안전사고 관련 최근 기사를 검색해 보세요.
- 하나의 기사를 선택하여 어떠한 사고가 있었는지, 이러한 사고가 발생하지 않기 위해서는 어떠한 방법이 있을지에 대하여 논의해 보세요.

Part II

영유아 안전교육의 운영과 실제

Chapter 4

영유아 안전교육의 운영

들어가기 전에

[포항 지진] 평소 연습한 대로 침착히 지진 대피한 어린이집 꼬마들

부산의 한 어린이집이 15일 오후 낮잠을 자던 중 강한 지진이 발생했음에도 침착하게 대피한 사실이 뒤늦게 알려졌다.

이날 포항에서 지진이 발생했을 당시 어린이집 원생 20여 명은 낮잠을 자고 있었다. 회의 중에 심한 흔들림을 느낀 선생님들은 재빨리 아이들을 깨우고, 헬멧을 씌워 비상 통로를 통해 어린이집 옆 공터로 대피했다. 이 모든 과정이 불과 2~3분여 만에 벌어졌다.

경찰에 따르면 이 어린이집은 2016년 9월 경주 지진 이후 나름의 지진 대비 대책을 마련했다고 한다. 아이들의 머리 크기에 맞는 자전거 헬멧을 구입하고, 평소에도 정기적으로 대피훈련을 진행했다. 이날 낮잠을 자던 도중 깨어난 원생들이 바로 대피할 수 있었던 것 또한 이러한 훈련에 익숙해져 있었기 때문이었다. 이 어린이집의 사례는 평소 안전교육이 얼마나 중요한지를 잘 보여 준다고 하겠다.

출처: 부산일보(www.busan.com).

영유아의 발달적 특성과 사고로 인한 피해를 감안할 때 안전사고를 예방하기 위한 안전교육은 영유아기부터 시작하는 것이 효과적이다. 많은 연구자들은 영유아를 대상으로 한 안전교육의 목적으로 안전에 대한 지식과 문제해결 능력, 안전한 태도의 형성을 공통적으로 강조하고 있다(이수재, 2020). 이 장에서는 영유아를 대상으로 한 안전교육의 법적 근거와 국가수준 교육과정에 대한 이해를 바탕으로 안전교육의 계획 및 운영의 구체적인 방법들에 대해 살펴본다.

1. 영유아교육기관에서 안전교육의 법적 근거

영유아교육기관에서 실행되어야 할 안전교육의 중요성을 고려하여 어린이집과 유치원 등 영유아교육기관에서의 안전교육에 대해서는 「아동복지법」, 「영유아보육법」, 「유아교육법」에서 그 법적 근거를 찾아볼 수 있다.

1) 아동복지법 – 어린이집 안전교육 5대 표준안

「아동복지법」에서는 어린이집과 유치원의 체계적인 안전교육을 위해 영유아 대상의 안전교육 내용과 실시 방법 및 시행 시간(회수, 주기)을 법령으로 규정해 두고 있다. 「아동복지법」(시행 2020. 6. 4./법률 제16737호, 2019. 12. 3., 타법개정) 제31조 1항에서 「영유아보육법」에 따른 어린이집의 원장, 「유아교육법」에 따른 유치원의 원장은 교육 대상 아동의 연령을 고려하여 대통령령이 정하는 바에 따라 매년 성폭력 및 아동학대 예방, 실종·유괴의 예방과 방지, 감염병 및 약물의 오용·남용 예방 등 보건위생관리 교육안전, 재난대비 안전, 교통안전에 관한 교육 계획을 수립하여 교육을 실시하도록 하고 있다. 또한 2항과 3항에서는 「영유아보육법」에 따른 어린이집의 원장은 제1항에 따른 교육 계획 및 교육 실시 결과를 관할 시장·군수·구청장에게, 유치원의 원장은 관찰 교육감에게 매년 1회 보고하도록 규정하고 있다. 구체적인 안전교육 기준은 「아동복지법 시행령」 제28조와 [별표 6]에 제시하였다.

〈표 4-1〉「아동복지법」의 초등학교 취학 전 아동 안전교육 기준

(제28조 제1항 관련 / 개정 2018. 3. 6.)

구분	성폭력 및 아동학대 예방교육	실종·유괴의 예방·방지교육	감염병 및 약물의 오용·남용 예방 등 보건위생관리교육	재난대비 안전교육	교통안전 교육
실시 주기	6개월에 1회 이상(연간 8시간 이상)	3개월에 1회 이상(연간 10시간 이상)	3개월에 1회 이상 (연간 10시간 이상)	6개월에 1회 이상(연간 6시간 이상)	2개월에 1회 이상(연간 10시간 이상)
교육 내용	1. 내 몸의 소중함 2. 내 몸의 정확한 명칭 3. 좋은 느낌과 싫은 느낌 4. 성폭력 예방법과 대처법	1. 길을 잃을 수 있는 상황 이해하기 2. 미아 및 유괴 발생 시 대처방법 3. 유괴범에 대한 개념 4. 유인·유괴 행동에 대한 이해 및 유괴 예방법	1. 감염병 예방을 위한 개인위생 실천 습관 2. 예방접종의 이해 3. 몸에 해로운 약물 위험성 알기 4. 생활 주변의 해로운 약물·화학제품 그림으로 구별하기 5. 모르면 먼저 어른에게 물어보기 6. 가정용 화학제품 만지거나 먹지 않기 7. 어린이 약도 함부로 많이 먹지 않기	1. 화재의 원인과 예방법 2. 뜨거운 물건 이해하기 3. 옷에 불이 붙었을 때 대처법 4. 화재 시 대처법 5. 자연재난의 개념과 안전한 행동 알기	1. 차도, 보도 및 신호등의 의미 알기 2. 안전한 도로 횡단법 3. 안전한 통학버스 이용법 4. 날씨와 보행안전 5. 어른과 손잡고 걷기

구분	성폭력 및 아동학대 예방교육	실종·유괴의 예방·방지교육	감염병 및 약물의 오용·남용 예방 등 보건위생관리교육	재난대비 안전교육	교통안전 교육
교육 방법	1. 전문가 또는 담당자 강의 2. 장소·상황별 역할극 실시 3. 시청각 교육 4. 사례 분석	1. 전문가 또는 담당자 강의 2. 장소·상황별 역할극 실시 3. 시청각 교육 4. 사례 분석	1. 전문가 또는 담당자 강의 2. 시청각 교육 3. 사례 분석	1. 전문가 또는 담당자 강의 2. 시청각 교육 3. 실습교육 또는 현장학습 4. 사례 분석	1. 전문가 또는 담당자 강의 2. 시청각 교육 3. 실습교육 또는 현장학습 4. 일상생활을 통한 반복 지도 및 부모 교육

2) 학교안전교육 7대 표준안

교육부에서는 교육 분야 안전종합대책의 일환으로 2015년 2월 학교안전교육 7대 표준안(학교안전정보센터, www.schoolsafe.kr)을 발표하였다. 유치원, 초, 중고등학생의 발달 단계별로 체계적인 안전교육을 실시하기 위해 생활안전을 비롯한 7대 영역을 선정하고, 각 영역별로 내용체계를 마련하고, 세부활동까지 상세히 제시하고 있다. 각 영역별로 유치원에서 실시하여야 하는 교육 시간과 활동 요소는 〈표 4-2〉, 〈표 4-3〉과 같다.

〈표 4-2〉 유치원 안전교육 기준 (학교안전교육 7대 표준안)

구분	생활안전 교육	교통안전 교육	폭력예방 및 신변 보호교육	약물 및 사이버중독 예방교육	재난안전 교육	직업안전 교육	응급처치 교육
시간 (횟수)	13 (학기당 2회 이상)	10 (학기당 3회 이상)	8 (학기당 2회 이상)	10 (학기당 2회 이상)	6 (학기당 2회 이상)	2 (학기당 1회 이상)	2 (학기당 1회 이상)

〈표 4-3〉 학교안전교육 7대 영역의 내용체계[1)]

영역	중분류	소분류	활동 요소
생활 안전	시설 및 제품 이용 안전	시설 이용	실내 안전수칙(낙상 및 추락 예방 등) 다중 이용시설의 안전수칙/감전사고 대처
		제품안전	공산품 안전 식품 선택 및 보관 방법/식품 첨가물의 이해
	신체활동 안전	체육 및 여가활동 안전	체육 및 여가활동 안전 일반/놀이활동 안전 물놀이 안전/탈것 안전/현장체험학습 안전
	유괴·미아 사고 예방		유괴 예방 일반수칙/미아사고 대처 방안
교통 안전	보행자 안전	교통표지판 구별하기	신호등 보기/교통표지판 알기
		길을 건너는 방법	안전하게 길 건너기 횡단보도, 지하도, 육교 이용하기
		보행안전	안전하게 길 걷기/도로에서 놀지 않기 주차 중인 자동차 확인하기/보행사고의 사례 도로를 걸을 때 기본 자세
	자전거 안전	안전한 자전거 타기	자전거 탈 때 안전장구 갖추기 안전하게 자전거 탈 곳 알기
		안전한 자전거 관리	핸들, 페달, 바퀴, 브레이크 등의 구조 알기와 탑승 전 확인하기
	자동차 안전	자동차 사고의 원인·피해	자동차 특성의 이해 자동차 사고의 원인과 피해
		자동차 사고 예방법	안전띠를 매야 하는 이유 알기 안전띠의 올바른 착용 방법 통학버스의 안전한 이용
	대중교통 안전	대중교통 이용 안전수칙	대중교통 이용 방법/대중교통 승하차 방법 대중교통 이용 중 유의사항 버스 및 지하철 안에서 손잡이 잡기, 뛰지 않기

1) 유치원에 해당되는 내용으로만 구성하여 소분류 내용 중 관련 내용이 없는 내용은 포함시키지 않았다.

<table>
<tr><th>영역</th><th>중분류</th><th>소분류</th><th>활동 요소</th></tr>
<tr><td rowspan="8">폭력 예방 및 신변 보호 교육</td><td rowspan="4">학교폭력</td><td>학교폭력</td><td>학교폭력의 이해</td></tr>
<tr><td>언어/사이버 폭력</td><td>언어/사이버 폭력의 이해
언어/사이버 폭력의 유형 및 사례</td></tr>
<tr><td>물리적 폭력</td><td>신체폭력/금품 갈취, 강요</td></tr>
<tr><td>집단 따돌림</td><td>집단 따돌림의 의미 이해/관계자 이해
집단 따돌림 유형 및 사례</td></tr>
<tr><td>성폭력</td><td>성폭력 예방 및 대처 방법</td><td>성과 성 인식/성폭력의 정의 및 유형
성폭력 예방 및 대처 방법</td></tr>
<tr><td>아동학대</td><td>아동학대 예방 및 대처 방법</td><td>아동학대에 대해 인식하고 예방, 대처하기</td></tr>
<tr><td>자살</td><td>자살예방 및 대처 방법</td><td>생명 존중 교육</td></tr>
<tr><td>가정폭력</td><td>가정폭력 예방 및 대처 방법</td><td>가족의 이해/가정폭력(학대) 정의 및 유형
가정폭력 피해 시 증상 및 대처법
가정폭력(학대) 신고 및 대처 방법</td></tr>
<tr><td rowspan="5">약물 및 사이버 중독 예방</td><td rowspan="3">약물중독</td><td>마약류 폐해 및 예방</td><td>약물 오남용
마약 폐해 및 예방/마약에서 벗어나기</td></tr>
<tr><td>흡연 폐해 및 예방</td><td>담배의 유해성분/흡연의 중독과 폐해
청소년 흡연예방 대책</td></tr>
<tr><td>음주 폐해 및 예방</td><td>술의 물리화학적 특성/알코올의 중독과 폐해
청소년 음주예방 대책</td></tr>
<tr><td rowspan="2">사이버 중독</td><td>인터넷 게임 중독예방</td><td>인터넷 게임 중독의 개념 및 하위 요인
중독의 개념/특성
중독으로부터 벗어나는 법</td></tr>
<tr><td>스마트폰 중독예방</td><td>스마트폰 중독의 원인
스마트폰 중독이 미치는 영향
스마트폰 중독으로부터 벗어나는 방법</td></tr>
<tr><td rowspan="3">재난 안전</td><td rowspan="3">화재</td><td>화재 발생</td><td>화재의 개념/화재의 주요 발생 장소
화재의 발생 원인/화재의 주요 피해 사례</td></tr>
<tr><td>화재 발생 시 안전수칙</td><td>화재 발생 시 대피 방법/화재 발생 시 대피 장소
화재 발생 시 신고 방법/화재 발생 시 전파 방법
화재 유형별 대처 요령</td></tr>
<tr><td>소화기 사용 및 대처 방법</td><td>초기 진화의 중요성/소화기의 종류 및 작동 원리
소화기의 사용 방법/옥내 소화전의 사용 방법</td></tr>
</table>

영역	중분류	소분류	활동 요소
재난 안전	사회재난	폭발 및 붕괴의 원인과 대처법	폭발과 붕괴사고 원인/폭발과 붕괴사고 사례 폭발 및 붕괴사고 시 대처 요령/대피 장소
	자연재난	홍수 및 태풍 발생 시 대처 요령	홍수와 태풍의 발생 원인과 특징 홍수 및 태풍 발생 예보 청취 및 학습 홍수 및 태풍 발생 시 대처 요령
		지진·대설·한파·낙뢰 발생 시 대처 요령	자연재난 유형별 발생 원인과 특징 자연재난 발생 예보 청취와 학습 자연재난 발생 시 대처 요령
직업 안전	직업 안전의식	직업 안전의식의 중요성	직장에서의 안전의식 직장에서 안전관리의 중요성
		직업 안전문화	직업 안전문화의 필요성/직업 안전의식의 고취 직업 안전문화 운동의 전개
	산업재해의 이해와 예방	산업재해의 의미와 발생	산업재해의 의미와 특성 산업재해의 유형과 발생/산업재해 현황
응급 처치	응급처치의 이해와 필요성	응급처치의 목적과 일반 원칙	응급처치의 중요성 알기 응급 상황 알기
		응급 상황 시 행동 요령	119 신고와 주변에 알리기 응급 상황 시 행동수칙
		응급처치 전 유의사항 및 준비	감염예방
	상황별 응급처치	기도폐쇄	기도폐쇄의 원인과 증상 알기
		지혈 및 상처 처치	상처의 종류와 응급처치 알기 출혈이 심한 상처의 지혈법 알기
		화상 응급처치	화상의 종류와 증상
		갑작스런 상황에서 응급처치	생활 속 사고 상황별 응급처치 방법 알기 야외활동 시 응급처치 방법 알기

2. 안전교육의 목표와 내용

국가수준 교육과정의 안전과 관련된 영역은 안전교육의 총괄적인 방향과 교육과정에서 다루어야 할 안전교육의 내용에 대한 지침을 제공한다. 어린이집 표준보육과정, 어린이집과 유치원의 3~5세 유아의 공통 교육과정인 누리과정에서 제시하는 안전교육 관련 목표 및 내용을 살펴보면 다음과 같다.

1) 0~2세 영아의 안전교육의 목표와 내용

0~2세 표준보육과정은 기본생활, 신체운동, 사회관계, 의사소통, 자연탐구, 예술경험 등 6개 영역으로 되어 있고, 안전교육의 목표와 내용은 기본생활 영역에 제시되어 있다(보건복지부 고시 제2013—8호).

0~2세의 기본생활 영역의 목표는 〈표 4-4〉와 같다. 0~1세에서는 건강하고 안전한 일상생활을 경험하는 것을 목표로 한다. 영아가 신체의 청결과 위생, 식사(수유 및 이유식 등), 편안한 휴식과 배변을 통해 건강한 생활을 경험하며 놀이를 하고 교통수단을 이용하는 등 일상에서 안전한 생활을 경험하는 것을 목표로 한다. 2세에서는 건강하고 안전한 생활습관의 기초를 형성하는 것을 목표로 한다. 2세 영아가 신체의 청결과 위생, 즐거운 식사, 배변습관의 형성, 안전한 놀이와 생활, 위험한 상황에서의 대처 등 일상생활에서 건강하고 안전한 생활습관의 기초를 형성하는 것을 목표로 한다.

〈표 4-4〉 0~2세 표준보육과정의 기본생활 영역 목표

영역	0~1세	2세
기본생활	• 건강하고 안전한 일상생활을 경험한다. 1) 건강한 일상생활을 경험한다. 2) 안전한 일상생활을 경험한다.	• 건강하고 안전한 생활습관의 기초를 형성한다. 1) 건강한 생활습관의 기초를 형성한다. 2) 안전한 생활습관의 기초를 형성한다.

0~2세 영아가 안전과 관련하여 경험해야 할 내용은 기본생활 영역의 내용범주인 '건강하게 생활하기'와 '안전하게 생활하기'에 제시되어 있다.

〈표 4-5〉 0~2세 영아의 안전교육 내용

내용범주	내용	
	0~1세	2세
건강하게 생활하기	• 도움을 받아 몸을 깨끗이 한다. • 음식을 즐겁게 먹는다. • 하루 일과를 편안하게 경험한다. • 배변 의사를 표현한다.	• 자신의 몸을 깨끗이 해 본다. • 음식에 관심을 가지고 즐겁게 먹는다. • 하루 일과를 즐겁게 경험한다. • 건강한 배변습관을 갖는다.
안전하게 생활하기	• 안전한 상황에서 놀이하고 생활한다. • 안전한 상황에서 교통수단을 이용해 본다. • 위험하다는 말에 주의한다.	• 일상에서 안전하게 놀이하고 생활한다. • 교통수단을 안전하게 이용해 본다. • 위험한 상황에 대처하는 방법을 경험한다.

0~1세 '건강하게 생활하기'에는 영아가 건강한 일상생활을 경험하기 위해 필요한 신체의 청결과 위생, 즐거운 식사, 편안한 수면, 휴식과 배변 경험 등에 대한 내용이 포함되어 있으며, '안전하게 생활하기'에는 안전한 상황에서 놀이하고 생활하며, 교통수단을 이용해 보기, 위험하다고 알려 주면 주의하기 등 안전한 일상생활을 경험하기 위해 필요한 내용이 포함되어 있다.

0~1세아는 놀잇감이나 주변 사물을 입으로 가져가 먹어 보는 방식으로 탐색하기 때문에 청결하고 안전한 놀잇감을 제공하여 안전한 상황에서 놀이하고 생활하도록 해야 한다. 0~1세 영아가 차량으로 이동할 경우 안전장구를 착용하고 안전하게 이용하는 경험을 하도록 해야 하며, 위험하다는 말을 듣고 이에 반응을 보이며 주의할 수 있도록 해야 한다.

2세 '건강하게 생활하기'에는 신체의 청결과 위생, 급·간식, 배변습관의 형성, 즐거운 하루 일과 등을 통해 건강한 생활습관의 기초를 형성하는 내용이 포함되어 있으며, '안전하게 생활하기'에는 일상에서 안전하게 지내고, 교통수단을 안전하게 이용해 보며, 위험한 상황에서 어른의 지시에 따라 자신의 안전을 지키는 경험을 해 보는 내용이 포함되어 있다.

〈표 4-6〉 영아 안전교육 프로그램의 세부 내용

구분	0세	1세	2세
생활 안전	• 신체 마사지를 한 후에 물에 들어가요. • 높은 곳에 올라가면 위험해요. • 놀잇감을 던지면 위험해요. • 친구를 깨물면 아파요	• 움직일 때 조심해요. • 긴 손톱 싫어요 • 내가 잘 자는가 봐주세요 • 앗! 뜨거워	• 올라가지 않아요/모서리는 위험해요/장난감을 밟지 않아요 • 물면 안 돼!/그대로 멈춰라!/살살 깨워주세요. • 위험한 표시에요.
교통 안전	• 유모차를 탈 때는 안전벨트를 매요 • 빵빵 자동차가 지나가요	• 밝은 색 옷을 입어요 • 손잡고 안전하게 걸어요	• 멈춘다! 살핀다! 건너간다!/차에서 내릴 때 차례차례 • 따르릉 따르릉 비켜나세요/탈 때는 아이먼저, 내릴 때는 어른먼저
감염병 및 약물의 오용·남용 예방 및 보건위생 관리교육	• 선생님이 주는 약만 먹어요 • 아무거나 입에 넣지 않아요.	• 먹을 수 있는 것과 없는 것 • 선생님이 주는 약만 먹어요 • 약은 사탕이 아니에요.	• 옛날에 먹던 약을 먹으면 안 돼요./친구 약을 먹으면 안 돼요 • 맛있는 냄새가 나도 먹으면 안 되요/실외놀이 후 손을 깨끗이 씻어요
재난 대비	• 비가 와요.	• 땅이 흔들려요. • 전기 콘센트 안전덮개 • 빗물 웅덩이 • 떨어지는 물건은 위험해요	• 땅이 흔들흔들/무서운 바람 • 인형이 물에 떠내려가요/안전한 곳으로 대피해요 • 소방대피훈련: 불이야!불이야!
실종·유괴의 예방·방지	• 우리반에서 놀아요. • 낯선 사람을 따라가지 않아요.	• 선생님과 손을 잡아요 • 낯선 사람을 따라가지 않아요	• 선생님과 함께 다녀요/아무도 없는 곳에 가지 않아요 • 아무 차나 타지 않아요/모르는 사람이 데려가요 • 큰 소리로 도움을 청해요
성폭력·아동학대 예방	• 기저귀를 갈 때 좋은 느낌 • 선생님 손을 꼭 잡아요. • '사랑해' 표현해요.	• 좋은 느낌, 나쁜 느낌 • 팬티를 입어요 • 느낌이 달라요	• 느낌이 달라요 / '싫어요'라고 말해요 • 나는 소중해요.

출처: 어린이집안전공제회(2018). 연령별로 알아보는 영아안전교육프로그램.

2세 영아에게는 안전한 놀이 환경을 제공해 주는 것과 더불어 놀잇감이나 놀이기구의 올바른 사용 방법, 안전한 놀이 방법에 대한 교육이 이루어지도록 해야 한다. 2세 영아는 이동 능력이 발달하고 탐색 범위가 넓어지는 만큼 안전한 보행 방법과 더불어 교통수단을 안전하게 이용해 보는 경험을 통해 교통수단의 위험을 인식하고 사고 위험으로부터 자신을 보호하는 안전습관의 기초를 형성할 수 있도록 해야 한다. 더불어 영아가 사고, 화재, 재난 등 위험한 상황에서 어른의 지시에 따라 대피하거나 대처하는 방법을 경험해 보도록 함으로써 비상시 대처 능력의 기초를 형성하도록 해야 한다. 0~2세 영아를 대상으로 한 안전교육 내용을 연령별로 구분해 보면 〈표 4-6〉과 같다.

2) 3~5세 유아의 안전교육의 목표와 내용

유치원과 어린이집의 3~5세 유아를 위한 공통 교육과정인 '2019 개정 누리과정'은 신체운동·건강, 의사소통, 사회관계, 예술경험, 자연탐구 등 5개 영역으로 구성되어 있으며, 안전교육의 목표와 내용은 신체운동·건강 영역에 제시되어 있다(교육부 고시 제2019-18호).

3~5세의 신체운동·건강 영역의 목표는 〈표 4-7〉과 같다. 이 영역의 목표에는 '건강한 생활습관을 기른다'와 '안전한 생활습관을 기른다'가 포함되어 있다. 3~5세 유아는 몸을 움직여 놀이하는 것을 좋아하며, 자신의 몸을 건강하고 안전하게 지키고자 하는 힘을 가지고 있다. 이에 3~5세에서는 유아가 일상에서 건강한 생활을 실천하는 한편, 다양한 위험 상황을 인식하고 이에 잘 대처할 수 있게 하기 위해 안전한 생활습관을 기르는 것을 목표로 한다.

〈표 4-7〉 2019 개정 누리과정의 신체운동·건강 영역 목표

영역	목표
신체운동·건강	• 실내외에서 신체활동을 즐기고, 건강하고 안전한 생활을 한다. 1) 신체활동에 즐겁게 참여한다. 2) 건강한 생활습관을 기른다. 3) 안전한 생활습관을 기른다.

신체운동·건강 영역은 '신체활동 즐기기', '건강하게 생활하기', '안전하게 생활하기'의 세 개의 내용범주와 내용으로 되어 있다. 이 중 안전교육과 직접 관련되는 내용범주는 '건강하게 생활하기'와 '안전하게 생활하기'이며, 각 범주별로 3~5세 유아의 안전교육 내용은 〈표 4-8〉과 같다.

'건강하게 생활하기'에는 유아가 스스로 몸과 주변을 깨끗이 하고, 즐겁게 식사하며 자신의 신체 리듬에 맞게 휴식을 취하고, 질병을 예방하는 다양한 방법을 실천하는 내용이 포함되어 있다. '안전하게 생활하기'에는 영아 안전교육에도 포함된 놀이안전과 교통안전 외에 TV, 컴퓨터, 스마트폰을 바르게 사용하는 미디어안전에 대한 내용과 안전사고, 화재, 재난, 학대와 유괴 등의 위험 상황에 대처하는 방법을 경험하는 내용이 포함되어 있다.

〈표 4-8〉 3~5세 유아의 안전교육 내용

내용범주	내용
건강하게 생활하기	• 자신의 몸과 주변을 깨끗이 한다. • 몸에 좋은 음식에 관심을 가지고 바른 태도로 즐겁게 먹는다. • 하루 일과에서 적당한 휴식을 취한다. • 질병을 예방하는 방법을 알고 실천한다.
안전하게 생활하기	• 일상에서 안전하게 놀이하고 생활한다. • TV, 컴퓨터, 스마트폰 등을 바르게 사용한다. • 교통안전 규칙을 지킨다. • 안전사고, 화재, 재난, 학대, 유괴 등에 대처하는 방법을 경험한다.

3~5세 유아를 위한 안전교육에서는 일상에서 일어날 수 있는 다양한 위험 상황들을 인식하고, 상황에 맞게 적절하게 대처하는 경험을 강조하고 있다. 이에 따라 안전교육 계획에서 유아 자신은 물론 다른 사람을 보호하는 능력을 기를 수 있는 내용을 포함시키고, 유아들이 적극적으로 참여할 수 있도록 도와야 한다.

3세경의 유아는 신체를 조절할 줄 아는 능력이 생기면서 가만히 있지 못하고, 활발하게 움직이지만, 신체의 균형 잡기와 조절 능력은 아직까지 불안정하며 민첩성이 부족하고 세련된 동작을 기대하기 어렵다. 따라서 주변의 위험한 상황을 알아보고, 유아가 처할 수 있는 위험 요소들을 미리 제거하고 대비할 수 있도록 지원해 주어야 한다.

4세 이후의 유아는 신체운동 기능의 발달로 활동 범위가 확대되고 모험적인 놀이를 선호하게 되면서 각종 안전사고의 가능성이 높아지게 된다. 한편 이 시기 유아들은 원인과 결과의 관계를 연결하여 사고할 수 있으므로 자신의 행동이 가져올 수 있는 결과에 대해 생각해 보고 이를 예방할 수 있는 대안들을 찾아볼 수 있도록 지원해야 한다.

또한 이 시기 유아들은 다양한 사람들과의 사회적 관계를 점차 확장시켜 나가게 된다. 가정, 또래, 사회 속에 존재하는 사회적 제도를 배우면서 자신을 비롯한 타인이 안전하고 건강하게 생활하는 데 필요한 안전한 규칙을 익혀 나가야 한다. 안전에 대한 지식, 기능, 태도에 대한 경험을 바탕으로 다양한 위험 상황에서 유아가 스스로의 안전을 위해 적절하게 대처할 수 있도록 지원해야 한다.

3) 안전교육의 영역과 주요 내용

안전교육의 법적 근거인 「아동복지법」의 5대 안전교육 기준안과 교육부의 '학교안전교육 7대 영역 표준안' 및 국가수준 교육과정에서 제시하는 교육 내용을 바탕으로 안전교육의 영역을 정리하면 보건위생 안전, 놀이안전, 교통안전, 미디어안전[2], 대인안전, 재난안전 영역으로 구분된다. 이에 근거하여 Ⅱ부 안전교육 실제(5장~11장) 내용을 구성하였다. 내용의 순서는 영유아기에 자주 발생하는 안전사고를 우선 배치하였으며, 각 영역별로 살펴보게 될 안전교육의 주요 내용은 [그림 4-1]과 같다.

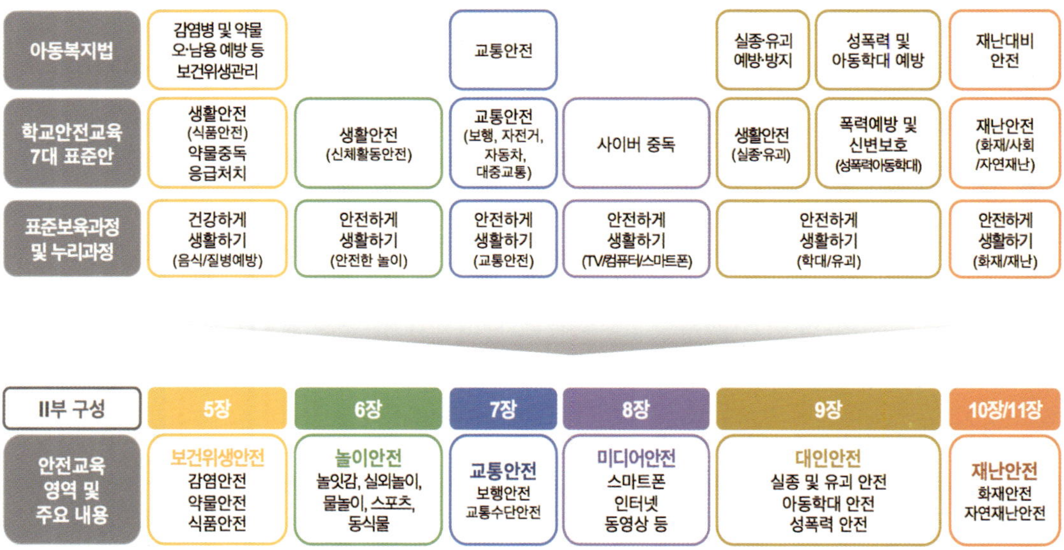

[그림 4-1] 영유아 안전교육의 내용

2) 「국가정보화기본법」(영유아교육기관에서 연 1회씩 미디어 안전교육을 의무적으로 실시해야 함)에 따라 미디어 중독 예방을 별도 영역으로 구성함

첫째, 보건위생안전 영역에는 감염안전, 약물안전, 식품안전 등의 내용이 포함되도록 하며, 이와 관련된 내용은 5장에서 다루고 있다.

둘째, 놀이안전 영역에는 놀잇감 안전, 실외놀이 안전, 물놀이 안전, 스포츠 안전, 동식물 안전의 내용이 포함되도록 한다. 이와 관련해서 6장에서 다루고 있다.

셋째, 교통안전 영역에는 보행안전, 교통수단안전의 내용이 포함되도록 하며, 7장에서 관련 내용을 다루고 있다.

넷째, 미디어안전 영역에는 스마트폰, 인터넷, 동영상 등의 바른 사용에 대한 내용이 포함되도록 하며, 8장에서 관련 내용을 다루고 있다.

다섯째, 대인안전 영역에는 실종 및 유괴예방, 아동학대 예방, 성폭력 예방 등에 대한 내용이 포함되도록 하며, 관련 내용은 9장에서 다루고 있다.

여섯째, 화재안전 영역에는 화재예방과 화재대피 방법에 대한 내용이 포함되도록 하며, 관련 내용은 10장에서 다루고 있다.

일곱째, 자연재난안전 영역에서는 황사 및 미세먼지, 지진, 태풍, 폭염 등 다양한 자연재해에 대한 내용이 포함되도록 하며, 11장에서 관련 내용을 다루고 있다.

3. 안전교육의 운영 원리와 계획

개정 누리과정에서 교사는 유아중심·놀이중심 교육과정을 계획할 수 있어야 하며, 놀이, 일상생활, 활동 등에서 적절하게 교육과정을 실천할 수 있어야 한다. 교육과정 운영에서 사전 계획을 최소화하고 유아의 주도적 놀이를 지원하는 교사의 역할이 강조됨에 따라 안전교육 계획 및 실행에 대해서도 다양한 고민이 있을 수 있다. 안전교육 운영 시 고려해야 할 주요 원리와 이를 토대로 하여 안전교육 계획의 실제에 대해 살펴보기로 한다.

[그림 4-2] 영유아 안전교육 운영에 대한 고민

1) 영유아 안전교육과정의 운영 원리

영유아 안전교육은 기본적으로 영유아가 즐겁게 놀이하며 배우는 과정을 통해 지식, 기능, 태도 및 가치를 자연스럽게 경험하며 형성하는 것을 원칙으로 한다. 다만 안전 관련 내용이 영유아의 건강한 성장과 발달에 중요할 뿐만 아니라, 안전교육에서 경험되어야 할 내용이 미처 경험하지 못한 위험한 상황에 대처하는 방법이기 때문에 교사는 필요에 따라 안전교육의 내용을 사전에 계획하여 운영하여야 한다. 교사는 우선 영유아들의 경험과 발달 특성에 맞게 안전교육에서 다루어야 할 내용들의 범위와 깊이를 결정하고, 각각의 내용을 가장 효과적으로 전달할 수 있는 교육활동을 선택하며, 교육활동의 수행을 도와줄 수 있는 교육 자료나 교수 매체를 선택할 필요가 있다. 효과적으로 영유아 안전교육과정을 운영하기 위해 고려해야 할 원리는 다음과 같다.

(1) 포괄적 계획에 바탕한 반복적인 운영

안전교육은 영유아가 안전에 대한 지식과 기능을 경험하고 이를 습관화하는 것을 목표로 하고 있기에 연간 계획을 통해 정기적이고 지속적으로 행해져야 하며, 공식적·의도적 교육과정과 잠재적 교육과정이 조화롭게 구성되어야 한다. 안전교육을 계획할 때에는 교통안전, 소방훈련, 재난대비훈련, 대인안전 등 법적 필요 교육이 모두 포함될 수 있도록 하여, 영유아가 1년 동안 다양한 안전교육을 경험할 수 있도록 해야 한다.

또한 공식적으로 계획하지는 않았지만, 놀이나 일상활동, 현장학습 등의 하루 일과 안에서 학급의 규칙을 지키거나 교사의 행동을 모방하는 과정을 통해서도 안전교육의 내용을 경험할 수 있어야 한다. 이를 위해 영유아와 교사는 쉽고 적합한 방법으로 상호 작용하며 다양한 활동 방법을 사용하여 반복함으로써 영유아의 안전의식과 태도가 습관화될 수 있도록 해야 한다.

더 알아보기

안전교육 계획해도 되나요?

다. 영유아가 놀이를 통해 배우도록 한다.

교사는 영유아의 건강과 안전을 위해 필수적으로 요구되는 일상생활 습관 지도나 안전교육을 계획하여 운영할 수 있다. 영유아는 실제 생활 속 경험을 통해 의미 있게 배우므로 교사는 일과 중 적절한 개입을 통해 영유아를 지원할 수 있다. 어린이집에서는 영유아가 놀이안전과 생활안전을 지키고, 위험한 일이 발생하였을 때 도움을 받아 대처할 수 있는 능력을 기를 수 있도록 안전교육을 실시해야 한다. 안전교육이 필요한 항목으로는 화재안전, 교통안전, 약물안전, 유괴에 대처하는 방법 등이 있으며, 이는 안전교육 관련 법령 및 지침 등에서 제안하는 내용을 바탕으로 영유아들이 이해하기 쉬운 방식으로 지도한다. 영아의 경우 대집단 형태의 교육이 아니라 놀이와 연계하거나 전이 시간을 이용하여 자연스럽게 안전교육이 이루어지도록 한다.

출처: 보건복지부(2020). 제4차 어린이집 표준보육과정 해설서.

(2) 영유아의 의미 있는 경험과 연계하여 운영

영유아 안전교육은 영유아의 생활, 흥미와 관심 등 영유아의 일상에서 의미 있는 경험과 연계되어 실행해야 한다. 통합적인 접근 방법은 일상생활이나 놀이, 계절, 주제, 그림책 등 다양한 방식의 통합이 가능하며, 안전교육의 대상이나 영역에 따라 적합한 방식을 찾아 일과 활동 중에서 자연스럽게 반복적으로 이루어지는 것이 바람직하다. 이를 위해 〈표 4-9〉와 같이 하루 일과와 통합할 수 있는 안전교육 내용은 무엇인지를 예상해 보는 노력이 필요하다.

〈표 4-9〉 하루 일과 시간대별 안전교육의 내용

등·하원 시간	실내외 활동	전이 시간	점심 및 간식 시간/요리활동	소풍 및 현장학습
• 교통안전 (보행, 교통수단) • 대인안전 (실종·유괴) • 자연재난안전 (황사 및 미세먼지)	• 놀이안전 (놀잇감, 실외놀이, 물놀이, 스포츠, 동식물) • 보건위생안전 (감염안전) • 자연재난안전 (황사 및 미세먼지, 태풍, 폭염)	• 생활안전 (시설·설비, 위험한 물건 및 장소 안전)	• 화재안전 • 보건위생안전 (식품안전) • 생활안전 (위험한 물건 안전)	• 놀이안전 (실외놀이, 동식물안전) • 교통안전 (보행, 교통수단) • 대인안전 (실종·유괴, 성폭력 예방)

위험 상황에 대한 경험이 상대적으로 적은 영아의 경우 [그림 4-3]와 같은 그림책을 활용한 통합이 유용할 수 있으며, 재난안전 및 응급처치 교육은 〈표 4-10〉과 같이 계절과 연계하여 실행하는 것이 적절하다. 이러한 통합적 접근을 통해 영유아는 안전교육의 내용을 다양한 상황이나 장면과 연결시키고, 실제 상황에서의 적용 방안에 대한 지식과 문제해결 방안 및 안전 태도를 배울 수 있다.

그림책 명	펭귄나라 달리기 대회	

연령별 안전 내용	0~1세	• 재난대비 〉 자연재난의 개념과 안전한 행동 알기 〉 날씨(폭염, 폭설, 미세먼지 등)의 변화를 느껴 본다. • 실종·유괴의 예방·방지 〉 길을 잃을 수 있는 상황 이해하기 〉 외출 시 보호자의 돌봄 속에서 함께 다닌다. • 실종·유괴의 예방·방지 〉 미아 및 유괴 발생 시 대처 방법 〉 보호자가 보이지 않을 때 표정, 몸짓, 말소리로 주변에 의사 표현을 한다.

출처: 어린이집안전공제회(2019). 제3회 아이사랑 안심보육 공모전 수상작품 자료집.

[그림 4-3] 그림책을 활용한 통합적 안전교육(0~1세 영아)

〈표 4-10〉 계절에 따른 통합적 안전교육(3~5세 유아)

계절	활동명	안전 영역	안전학습 요소
봄	• 봄동산에서 색을 찾아요 • 봄과 나 • 꿀벌이 꿀을 모아요 • 황사가 왔어요	생활안전 재난안전 응급처치 재난안전	• 여러 가지 도구 안전한 사용 • 황사 발생 시 대처 요령 알아보기 • 벌에 물렸을 때 대처 방법 알아보기 • 황사의 발생 원인과 특징 알아보기
여름	• 물놀이 준비운동 • 여름에는 음식이 상하기 쉬워요 • 태풍이 오면/천둥아 번개야	생활안전 생활안전 재난안전	• 물놀이 안전 • 식품 선택 및 보관 방법 • 태풍의 발생 원인과 특징 알아보기
가을	• 날씨를 알려 주세요 • 낙엽·열매 콜라주 • 가을 동산에서 간식 먹기	재난안전 생활안전 응급처치	• 홍수와 태풍의 발생 원인과 특징 • 미술도구 안전한 사용 방법 알기 • 병을 예방하기 위한 방법 알기
겨울	• 다양한 겨울 날씨 • 나라면 어떻게 할까? • 눈은 좋을 수도 해로울 수도 있어요	재난안전 재난안전 재난안전	• 대설·한파 발생 시 대처 요령 알기 • 겨울철 자연재난 대처 방법 알아보기 • 폭설의 발생 원인과 특징 알아보기

출처: 교육부, 학교안전공제회, 한국교원대학교 안전교육센터(2018). 학교 교육과정과 연계한 안전교육 모델 개발 연구(유치원).

(3) 영유아의 발달 및 이해 수준에 맞게 운영

안전교육과정의 내용은 영유아의 발달 수준에 맞도록 운영해야 한다. 연령별로 비슷한 주제를 다루지만, 영유아의 이해 수준과 실행 능력을 고려하여 영유아에게 의미 있는 경험이 되도록 각 상황에 맞게 융통성 있는 교육 방법을 적용해야 한다(교육과학기술부, 2009). 교사는 영유아의 발달 수준에 대한 이해를 바탕으로 위험할 수 있는 상황에 대해 행동이나 언어적·비언어적인 표현을 함께 사용하여 알릴 수 있다. 연령이 증가함에 따라 행동보다는 설명이나 토의하기 등 스스로 생각하고 판단할 수 있는 경험을 많이 제공하는 것이 적절하다. 또한 같은 맥락의 활동도 연령에 따라 지속적이고 반복적으로 경험함으로써 안전생활을 습관화할 수 있도록 해야 한다.

더 알아보기

위험한 상황에 대한 연령별 인식과 대처 양상의 차이

개정 누리과정 적용에 따른 보육교사의 안전교육 방식에 대한 조사에서 '놀이 중 위험한 상황에 대한 인식과 그 이후 양상'이 유아의 연령에 따라 다른 양상을 보이는 것으로 나타났다. 만 3세반의 경우 유아가 스스로 위험한 상황을 인식하여 학습했던 사례가 적었고, 만 4세반에서는 교사가 직접 위험한 상황을 목격하거나 교사의 발문이 있고 나서야 상황을 인식하였고, 만 5세는 위험한 상황이 연출되어도 교사가 잠시 지켜보자 유아가 스스로 규칙을 만드는 모습을 보인 것으로 보고되었다.

우산을 피는데 친구를 향해서 핀다던지 하는거죠… (중략). 아이들이 경험이 많지 않아서 그런지 왜 그런지까지 생각하진 못하더라구요. 아이들이 스스로 위험한 상황을 인식하거나 규칙을 만든 적은 없는 거 같아요. (만 3세반 교사)

놀이를 할 때 제가 소개를 하지 않아도 스스로 안전하게 우리가 부딪히지 않으려면 어떻게 해야할까 방향을 정하고 이런 것들이 신기했어요. 놀이를 하면서 다칠 거 같은데, 위태위태한데, 조금만 더 지켜보자 이러면 그 전에 아이들끼리 조율이 되더라구요. (만 5세반 교사)

출처: 어린이집안전공제회(2020). 2019 개정 누리과정 적용에 따른 보육교사의 안전인식.

(4) 경험중심, 상황중심 활동으로 구성

안전교육과정은 영유아들의 경험중심, 상황중심 교육활동으로 구성되어야 한다. 경험을 통한 안전교육은 언어 중심적 교수법이 아닌 영유아가 일상생활 속에서 경험할 수 있는 내용을 중심으로 안전교육을 실시하는 것을 말하며, 상황중심 접근은 영유아들의 실제 상황에 기인하여 영유아가 구체적 상황에서 직접 체험을 통하여 안전을 학습하는 것을 말한다(한국산업안전공단, 2002).

상황중심 활동 방법으로는 일상생활 중에서 안전과 관계되는 특별한 기관을 방문하거나 실제 기관에서 발생된 다양한 사건과 사고 등 영유아가 직접 경험한 상황에 대한 내용을 교육하는 것이다. 예를 들면, 바깥놀이를 나가기 전에 그네나 미끄럼틀의 안전한 사용법에 대해 교육을 하거나 물놀이 활동을 앞두고 안전한 물놀이 방법이나 준비체조에 대한 안전교육이 이루어질 수 있다. 황사나 미세먼지가 심한 날에 적절한 대처 방법에 대해 교육하는 것도 상황중심 활동이라 할 수 있다. 이러한 접근 방법은 영유아들이 직접, 간접적으로 경험한 혹은 경험하게 될 상황을 근거로 하므로 동기 유발이 용이하다는 장점이 있으며, 위험한 상황으로부터 자신을 보호할 수 있는 문제해결 능력과 안전한 행동을 향상시키는 데도 효과적이다.

물놀이 활동에 앞서 물놀이 안전교육 실시하기

물놀이 활동을 앞두고 동글동글체조를 한다.
오른쪽으로 손을 동글동글
왼쪽으로 손을 동글동글
허리를 오른쪽으로(왼쪽으로도) 동글동글
머리를 오른쪽으로(왼쪽으로도) 동글동글
발목을 오른쪽으로(왼쪽으로도) 동글동글
자! 준비운동도 잘했으니까 우리 신나게 안전하게 물놀이 하자!

(5) 가정 및 지역사회와의 연계 운영

영유아가 속해 있는 가정, 기관, 지역사회 등은 모두 교육과정의 주체이므로, 상호 연계하고 협력해야 한다(교육부, 보건복지부, 2019). 특히 영유아 안전교육은 안전한 일상 경험을 바탕으로 안전한 생활습관을 기르는 것을 목표로 하고 있기에 가정 및 지역사회와 연계하여 운영될 필요가 있다.

유아교육기관에서는 가정통신문이나 게시판, 알림장 등 다양한 방법을 활용하여 안전교육 관련 정보를 가정에 전달해 줄 필요가 있다. 정보 공유를 통해 영유아는 기관에서 경험한 내용을 가정까지 확장하여 경험할 수 있게 된다. 지역사회 또한 영유아가 안전하게 생활하기 위해 필요한 안전지식, 안전기술 및 태도를 익히고 습관화하는 데 다양한 경험과 정보를 제공해 줄 수 있는 자원이다. 지역사회 자원을 활용한 안전교육을 통해 영유아들은 지역사회 안에서 함께 안전하게 살아가는 공동체 의식과 안전에 관한 가치관을 가질 수 있게 된다. 특히 인적자원 활용은 영유아들이 안전한 생활에 대한 주의와 예방을 할 수 있도록 하는 데 효과적이다. 예를 들어, 부모 일일교사, 소방관, 경찰관 등을 안전교육 전문가로서 활용하여 영유아들이 안전에 대한 관심과 흥미, 실천에 관심을 갖도록 할 수 있다.

2) 영유아 안전교육과정의 계획

안전교육 연간계획안은 한 해 동안 유아교육기관에서 실행해야 할 안전교육의 목표와 내용을 한눈에 파악할 수 있도록 제시한 것으로, 체계적이고 지속적인 안전교육을 실시하기 위한 근간이라 할 수 있다. 안전교육 연간계획안은 일반적으로 「아동복지법」에서 정한 법적인 요인과 보건복지부 지침(보육사업 안내), 어린이집 평가제 지표를 따르며, 세부 내용은 표준보육과정 및 누리과정, 관련 연구 자료들을 참고하여 계획할 수 있다.

교사는 학급의 연간 주요 일정과 예상 주제를 고려하여 안전교육을 계획하고, 영유아의 발달 특성과 흥미, 상황적 맥락 등을 고려하여 교육 장소(실내, 실외, 현장학습 등)와 교수 방법을 계획할 수 있다. 안전교육 혹은 활동의 횟수 및 시간은

「아동복지법」에서 제시하는 실시 주기와 시간을 참고하여야 하나 한 번의 활동으로는 교육의 효과를 기대하기 어려우므로 일상생활 속에서 자주 반복될 수 있도록 계획하는 것이 바람직하다.

어린이집의 경우 소방대피, 지진대피, 폭설대피훈련을 포함한 다양한 유형의 재난대비훈련을 월 1회 이상 실시해야 하므로(2020년 보육사업안내 추가), 연간계획안에 이 내용도 함께 포함시켜 두는 것이 바람직하다. 〈표 4-11〉과 같이 비상대응계획이란 소방, 지진, 폭설, 수해, 영유아돌연사 등 어린이집에서 일어날 수 있는 다양한 유형의 비상 사태와 재난에 대비하기 위하여 세우는 계획으로, 어린이집에서는 발생 가능한 재난에 대해 다양한 시나리오를 준비하여 실제 또는 도상훈련을 시행함으로써 영유아가 다양한 위험 상황에 대처하는 경험을 제공해 주어야 한다.

〈표 4-11〉 보육사업안내의 비상대응 관련 내용

<table>
<tr><th colspan="2">영유아에 대한 안전교육</th></tr>
<tr><td colspan="2">• 어린이집의 장은 비상대응 계획을 작성하고, 소방대피, 지진대피, 폭설대비훈련을 포함한 다양한 유형의 재난대비훈련을 월 1회 실시
– 비상대피훈련은 「어린이집 비상대피훈련 표준 안내」를 표준으로 시행하되 어린이집의 실정에 따라 변경 운영 가능
※ 비상대응 계획 : 소방, 지진, 폭설, 수해, 영유아돌연사 등 어린이집에서 일어날 수 있는 다양한 유형의 비상 사태와 재난에 대비하기 위해 세우는 계획</td></tr>
<tr><th>비상 상황별</th><th>시나리오 예시</th></tr>
<tr><td>화재</td><td>• 조리실 화재, 누전으로 인한 화재, 보일러 가스 누출, 콘센트 과부하 등</td></tr>
<tr><td>지진</td><td>• 어린이집 등원 시간 내 강도 4.5의 지진 발생으로 어린이집 건물 붕괴 발생 등</td></tr>
<tr><td>폭설·결빙</td><td>• 등원 후 눈이 내려 5cm 두께의 눈이 쌓이고 하원 시까지 눈이 오는 상황
• 도로 결빙 후 영하의 날씨가 지속되는 상황 등</td></tr>
<tr><td>영유아돌연사</td><td>• 영유아돌연사 발생 후 부모와 지역사회의 시위 또는 항의로 휴원하게 될 경우 등</td></tr>
</table>

※ 훈련 종류: 어린이집에서 발생 가능한 재난에 대해 다양한 시나리오를 준비하여 실제 또는 도상훈련을 시행
출처: 보건복지부(2020). 보육사업안내.

연간계획안의 형식은 유아교육기관의 운영 방침 및 상황에 따라 융통성 있게 사용할 수 있으며, [그림 4-4]는 안전교육 연간계획안의 예시이다.

구분	교통 안전교육	실종·유괴 방지교육	재난대비 안전교육	성폭력·아동학대 예방	약물오용·남용 예방	보건 및 식품위생	놀이안전	기타 교육
실시 주기	2개월 1회 이상 (연간 10시간 이상)	3개월 1회 이상 (연간 10시간 이상)	6개월 1회 이상 (연간 8시간 이상)	6개월 1회 이상 (연간 8시간 이상)	3개월 1회 이상 (연간 10시간 이상)	감염병 식품위생	실내놀이 실외놀이	미디어
1분기 (3~5월)	횡단보도는 어떻게 건너야 할까요? (4월 3주)	따라가면 안돼요 (5월 1주)	황사와 미세먼지가 몰려와요 (4월 2주)	나는 소중해요 (5월 2주)	친구의 약을 먹으면 안돼요 (4월 4주)	감염병 예방 손씻기 교육 (4월 5주)		스마트폰 중독 예방교육 (5월 4주)
	차 안에서는 어떻게 해야 할까요? (5월 3주)					올바른 양치질 (5월 4주)		
2분기 (6~8월)	찻길은 위험해요 (7월 2주)	혼자가면 안돼요 (7월 1주)	여름에 자주 발생하는 자연재해 (7월 3주)	남자와 여자는 서로 달라요 (6월 3주)	위험한 약품과 세제 (6월 1주)	컬러푸드 (7월 4주)	물놀이 안전수칙 (7월 5주)	장애인식 개선교육 (6월 2주)
				좋은 느낌, 싫은느낌 (8월 2주)		저당/저염교육 (8월 3주)		
3분기 (9~11월)	교통 표지판에 대해 알아요 (9월 2주)	현장학습시 약속해요 (9월 1주)	지진대피 교육 (9월 3주)		약을 바르게 보관해요 (8월 1주)	예방접종의 중요성 (10월 1주)		
		길을 잃었어요 (11월 2주)				담배는 해로워요 (11월 4주)		
4분기 (12~2월)	눈, 비 올 때는 조심해요 (12월 2주)	누가 나쁜 사람일까요 (1월 2주)				식품군 이해하기 (1월 3주)		
	보호장구가 필요해요 (1월 4주)					뼈튼튼음식 알고 먹기 (2월 1주)		

[그림 4-4] 안전교육 연간계획안 예시

연간계획안은 안전교육 운영의 기초를 제공하지만 영유아의 발달 특성과 흥미, 상황에 따라 세부 내용은 융통성 있게 조정될 수 있다. 안전교육을 운영하는 과정에서 교사는 안전이라는 이유로 놀이를 불필요하게 제한했는지 검토해 보고, 유아 스스로 위험한 요소를 살펴볼 시간과 기회를 제공하며, 기관 내 구성원이나 학부모와 더불어 소통하는 과정을 통해 놀이와 안전에 대한 고민을 개선해 나가야 한다.

4. 안전교육의 교수학습 방법

유아교육기관에서 안전교육은 등·하원, 식사 및 낮잠 시간 등 일상생활은 물론 자유놀이나 대소집단활동, 실외놀이나 현장견학 등 다양한 장면에서 이루어질 수 있기 때문에, 교육 내용을 전달하는 교수학습 방법도 장면이나 상황에 따라 적절하게 사용될 필요가 있다.

1) 이야기 나누기와 토의

이야기 나누기와 토의하기는 유아 대상 안전교육 시 대집단 또는 소집단 형태로 모여 특정 주제에 대해 서로의 의견을 교환해 가면서 사고의 원인과 대책을 토의해 보는 방법이다. 토의할 때는 교사가 이미 제시한 것을 반복하는 것이 아니라 영유아가 주어진 주제에 대해 스스로 사고하고 자신의 의견을 표현할 수 있도록 해야 한다. 이 방법은 영유아가 다른 사람으로부터 새로운 정보를 획득하고 배우는 기회를 제공하며, 개인마다 다양한 의견을 가짐을 이해할 수 있는 장점이 있다. 다만 토의는 언어적 의사소통을 수반하므로 주제에 대해 관심이 없는 영유아의 경우 토의에 참여하지 않을 수 있고, 언어적으로 발달이 늦은 영유아의 경우에도 자신의 의견을 표현하는 데 어려움이 있다는 단점이 있다.

실내외 안전규칙 이야기 나누기

스마트폰 사용에 대한 토의 장면

2) 문학활동

영유아들에게 위기 상황에 대한 이해를 돕고, 말로 설명하기 힘든 상황을 전달하기 위해 안전교육에서 문학활동을 활용할 수 있다. 영유아는 동화 내용에 나오는 인물의 역할을 맡아 동극을 해 봄으로써 안전의식을 높일 수 있다. 또한 안전 관련 동시를 듣거나 동시를 직접 지어 봄으로써 안전에 관한 의식을 향상시킬 수 있다. 영아의 경우 동화를 듣고 동화 속 캐릭터들이 어떻게 안전에 대처하는지 교사가 동화의 내용을 되짚어 주며 회상해 보거나 동화 속 등장인물을 따라 영아가 동작으로 표현해 보는 활동을 해 볼 수 있다.

유아들과 함께 그림책을 읽는 모습

동화 속 등장인물의 상황을 표현하는 모습

3) 설명 및 시연하기

설명 및 시연하기는 지시적인 안전교육의 교수 방법으로, 교사가 영유아에게 직접 설명하거나 시범을 보여 영유아에게 요구되는 행동의 방향을 정확하고 구체적으로 설명하는 형태로 이루어진다. 이 방법은 새로운 주제나 단원을 도입하는 데 효과적이며 영유아의 생활 주변에서 다루어지지 않은 사실을 전달하거나, 이해하기 어려운 사항을 보충하는 데 유용하다(곽은복, 2000). 시연하기는 특히 안전 태도 및 기술을 훈련시키는 데 큰 효과가 있다. 예를 들면, 횡단보도를 건널 때 바람직한 자세를 교사가 시범 보이고, 이를 영유아가 정확하게 반복해 보도록 할 수 있다.

약물의 안전한 사용과 위험성을 설명하는 교사

아동안전지킴이집 활용을 시연하는 모습

4) 역할놀이

역할놀이는 영유아가 흥미 있어 하는 주제를 중심으로 가상적인 상황에서 역할을 경험해 보는 것으로 역할 속 인물을 이해하는 데 도움을 준다. 또한 영유아가 다양한 역할 수행을 통해 구체적인 문제 상황을 경험할 수 있는 기회를 제공하며, 자신의 행동과 태도를 재조정할 수 있다. 역할놀이는 영유아의 관찰력, 의사 결정, 문제해결 능력, 의사소통 기술 등을 기르는 데 효과적인 방법으로 영유아는 역할놀이를 통하여 대인관계에 필요한 느낌, 태도, 기능 등을 학습하기에 적합하며 특히 낯선 사람에 대한 안전 태도나 성학대 예방을 위한 안전기술을 습득하는 데 유용하다. 특이 영유아기는 역할놀이가 가장 활발하게 이루어지는 시기이므로 안전교육의 교수 방법으로 역할놀이를 적용하는 것은 의미 있는 일이다. 교사가 영유아의 친숙한 놀이에 안전과 관련된 내용을 접목시켜 유아교육기관과 가정 및 사회에서 발생할 수 있는 위험 요인을 강조하여 놀이로 확장시킬 수 있다.

실종, 유괴 관련 역할놀이

스마트폰 과의존 예방교육 역할놀이

5) 현장견학 또는 시뮬레이션

현장견학 활동은 학습의 장을 학습자료가 있는 현장으로 옮겨서 학습의 목표를 효율적으로 달성하려는 학습 방법으로 실제의 사건이나 사물을 관찰함으로써 구체적이고 직접적인 경험을 통해 추상적 사고와 활동을 위한 기초를 마련해 준다.

실제 상황에서 경험해 볼 수 없는 교통안전, 소방안전, 재난대피 안전교육은 각 지역의 어린이교통공원, 소방서, 시민안전체험관, 어린이안전체험관 등을 방문하여 구체적인 상황을 직접 시뮬레이션해 봄으로써 지진, 풍수해, 연기 피난, 소화기 사용법 등 다양한 경험이 이루어질 수 있도록 할 수 있다. 이러한 현장견학의 효과를 높이기 위해서는 견학을 가기 전에 사전활동으로 견학 장소에 대한 사전지식을 습득하고, 다녀 온 뒤에 사후활동을 통해 견학에서 얻은 경험을 재구성해 볼 수 있도록 한다.

재난안전체험관 현장견학

적용해 보기

- 안전교육을 운영할 때 하루 일과에 따라 연계할 수 있는 구체적인 상황을 가정해 보고, 이때 다룰 수 있는 안전교육의 영역 및 내용, 교수 방법에 대해 생각해 보세요(안전교육의 영역과 활동 내용은 〈표 4-1〉, 〈표 4-3〉, 〈표 4-6〉 등 참고).

하루 일과	연계 상황	안전교육 영역 및 내용	교수 방법
등·하원 시간			
실내활동			
실외활동 (소풍·현장학습 포함)			
전이 시간			
점심 및 간식 시간			
요리활동			

Chapter 5

보건위생안전

들어가기 전에

코로나 19 '마스크와 손 청결이 최고의 백신'

서울에 소재한 한 어린이집 교사 A씨가 코로나19 확진 판정을 받았음에도 불구하고 해당 어린이집의 원내 감염은 없는 것으로 나타났다. 방역 당국의 역학조사 결과 이 어린이집은 보건복지부가 내려 보낸 '코로나19 유행 대비 어린이집용 대응지침'을 충실히 잘 따른 것으로 나타났다. 이 어린이집은 0세인 영아를 제외하면 모든 원생들이 밥 먹을 때와 낮잠 잘 때를 제외하곤 항상 마스크를 끼고 다녔다. 발열 체크를 하루에 2회 이상 실시했고, 교사와 함께 수시로 손도 씻고 물품에 대한 소독을 실시했다. 또한 영유아 간 접촉을 최소화하기 위해 마스크를 벗고 밥을 먹을 땐 2m 이상 떨어지고 놀이를 할 때도 멀찍이 떨어져 앉도록 지도하는 등 감염병 예방을 위한 대응을 잘한 것으로 나타났다.

경북에 소재한 한 유치원에서도 코로나19 확진자가 나왔지만 원아와 교사 등 204명이 전원 음성 판정을 받았다. 이 유치원은 교사와 영유아가 보육 중 마스크를 착용하였으며, 식탁가림막 설치를 통해 식사 시간에 발생할 수 있는 집단감염을 예방하고자 하였다. 또한 '안전길'을 바닥에 그려서 원아들이 이동할 때 거리 두기를 하도록 지도하는 방식으로 감염병 예방을 위한 대응을 하였다.

이와 같이 모범 방역으로 영유아들의 집단감염을 예방한 사례는 이후에도 여러 차례 보고되었는데 공통적으로 영유아교육기관에서 마스크 착용과 손 씻기 등의 방역 수칙을 철저히 지켰으며 정부의 코로나19 대응지침을 잘 따른 것으로 나타났다.

출처: 동아일보(2020. 09. 09). 코로나19 '마스크와 손 청결이 최고의 백신'.

보건위생 안전교육은 영유아들이 생활 속에서 노출되어 있는 감염병, 약물, 식품과 관련된 안전사고로부터 자신과 타인을 보호하고 건강을 증진할 수 있도록 관련 지식, 기술, 태도를 익히는 교육이다. 면역력이 약한 영유아 시기에 생활 속 안전사고에 노출되면 더욱 위험한 결과를 초래할 수 있으므로 이를 예방하기 위한 보건위생 안전교육이 필요하다. 이 장에서는 영유아의 보건위생 안전교육에 대해 필요한 내용을 다루고자 한다. 보건위생 안전교육의 개념 및 필요성에 대해 알아보고 보건위생 안전교육의 내용과 방법 및 실제를 살펴본다.

1. 보건위생 안전교육의 이해

1) 보건위생 안전교육의 필요성

최근 우리 사회는 코로나19의 대유행으로 감염병 예방 및 관리에 관심을 모으고 있다. 특히 영유아는 체내에 세균이나 바이러스와 같은 병원체가 침입하지 못하도록 하거나 침입을 하더라도 저항할 수 있는 면역력이 성인에 비해 약하기 때문에 코로나19와 같은 감염병에 쉽게 노출될 수 있다. 또한 영유아의 경우 어린이집이나 유치원에서 공동생활을 하기 때문에 질병예방 관리를 소홀히 할 경우 감염병이 빠르게 전파될 수 있다. 따라서 가정과 영유아교육기관에서는 감염병 관리를 철저히 해야 하며, 영유아가 예방접종과 개인위생 관리를 통해 감염병을 예방할 수 있도록 하는 안전교육이 필요하다.

한편, 영유아는 발달 특성상 주변 세계에 대해 호기심이 많으며 끊임없이 사물을 탐색하고자 하는 욕구가 강하기 때문에 다양한 약물과 식품에 노출될 가능성이 높다. 그런데 영유아는 약물과 식품의 안전성에 대한 이해와 위험을 인식하는 능력이 부족하기 때문에 중금속, 가정용 화학제품 등 심각한 부작용을 발생시킬 위험이 있는 약물이나 안전성이 확보되지 않은 식품을 섭취하게 될 수 있다. 아직 신체기능이 완전히 발달되지 않은 영유아의 경우 소량의 섭취만으로도 치명적인 손상을 입을 수 있으며, 신체발달이 급격하게 이루어지는 영유아기에 건강한 식품을 섭취하는 것은 매우 중요하기 때문에 약물 및 식품안전교육을 통해 영유아가 건강을 증진할 수 있도록 해야 한다.

영유아기에 형성된 건강하고 안전한 생활습관은 일생의 전반적인 건강 상태를 결정하는 중요한 요인이다(De Cosmi, Scaglioni, & Agostoni, 2017). 영유아교육기관은 보건위생 안전교육을 통해서 영유아가 감염병을 예방하고 안전한 약물을 적절히 복용하며 건강에 좋은 식품을 섭취할 수 있도록 해야 한다.

2) 보건위생 안전교육의 내용

영유아기 안전사고 예방을 보장하고 있는 「아동복지법」 제31조 및 동법 시행령 제28조에서는 감염병 및 약물의 오용·남용 예방 등 보건위생 관리교육과 관련된 내용을 규정하여 보건위생 안전교육의 필요성에 대해 명확히 밝히고 있다. 「아동복지법 시행령」 제28조에 규정되어 있는 감염병 및 약물의 오용·남용 예방 등 보건위생 관리교육의 시간과 교육 내용은 아래 표와 같다.

〈표 5-1〉「아동복지법」에 규정된 보건위생 안전교육의 기준

구분	교육 시간	교육 내용	교육 방법
감염병 및 약물의 오용·남용 예방 등 보건위생 관리교육	3개월에 1회 이상 (연간 10시간 이상)	• 감염병 예방을 위한 개인 위생 실천습관 • 예방접종의 이해 • 몸에 해로운 약물 위험성 알기 • 생활 주변의 해로운 약물 • 화학제품 그림으로 구별하기 • 모르면 먼저 어른에게 물어보기 • 가정용 화학제품 만지거나 먹지 않기 • 어린이 약도 함부로 많이 먹지 않기	1. 전문가 또는 담당자 강의 2. 시청각 교육 3. 사례 분석

다음으로는 보건위생 안전교육을 위해 감염, 약물, 식품안전의 개념과 현황에 대해 살펴보고, 감염예방을 위한 위생 및 청결, 약물의 올바른 사용과 관리, 안전한 식품 섭취에 관한 내용을 다루고자 한다.

2. 감염안전교육의 내용과 실제

1) 감염안전의 개념과 현황

감염병은 세균, 바이러스, 진균, 기생충 등의 병원체가 인간이나 동물에 침입하여 증식함으로써 발생하는 질병이다. 감염된 사람이나 동물에 의해 직접적으로 전파되거나 병원체가 손잡이, 침구 등 무생물을 통해 전파되기도 한다. 또한 모기나 벼룩과 같은 곤충에 물려서 곤충이 가지고 있던 병원체를 통해 사람에게 전파되기도 한다. 보육기관 내 감염병 예방 등에 관한 법적 근거는 「영유아보육법」과 감염병 예방과 확산 방지를 위해 2020년 개정 및 공포된 코로나 3법(「감염병의 예방 및 관리에 관한 법률」, 「검역법」, 「의료법」)에서 찾을 수 있다.

질병관리본부(2020)가 「감염병의 예방 및 관리에 관한 법률」 제11조 내지 제13조의 규정에 의거하여 의료기관의 장(의사, 한의사), 부대장 및 그 밖의 신고자 등이 신고·보고한 '감염병발생(사망) 신고' 내용을 기초로 작성한 법정감염병 발생 현황에 따르면 2010년부터 법정감염병 발생은 증가 추세를 보이고 있으며, 2019년도 법정감염병 환자 수는 18만 4,322명으로 전년도 19만 7,921명 대비 1만 3,599명 감소한 것으로 나타났다. 2020년 법정감염병 환자 수는 코로나19 대유행으로 2019년도 대비 급격히 증가할 것으로 예측할 수 있다. 2010년부터 연도별 법정감염병 발생 현황은 [그림 5-1]과 같다.

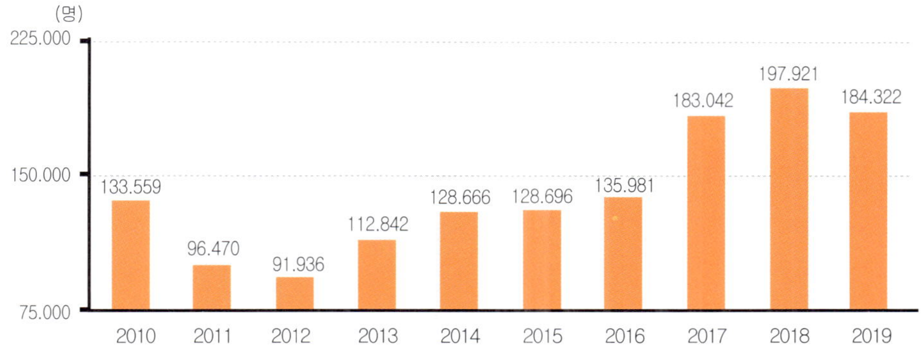

출처: 질병관리본부(2020). 2019년 감염병 감시연보.

[그림 5-1] 연도별 법정감염병 발생 현황 (2010~2019년)

2020년에 전세계적으로 유행한 코로나19는 신종감염병증후군으로서 법정감염병 중 제1급 감염병에 속하므로 영유아나 보육교직원이 코로나19 증상을 보이는 경우 어린이집 원장은 즉시 1339 질병관리본부나 보건소에 전화하여 상담을 통해 진료 절차 및 방법에 대해 안내를 받고 조치를 취해야 한다.

감염병은 영유아를 둘러싼 환경적 요인이 감염병의 원인이 되는 병원체에 이롭게 작용하거나 면역력이 약해진 경우에 발생한다. 따라서 감염병 발병을 근본적으로 예방하기 위해서는 병원체가 존재하는 환경을 청결하게 관리하고 예방접종과 개인위생 관리를 통해 면역력을 높여 병원체에 감염되지 않도록 예방하는 것이 중요하다.

예방접종은 체내에 항원을 주입하여 항체를 생성시키는 것이기 때문에 병원체가 침투하여도 항체가 병원체를 제거하여 질병을 예방할 수 있다. 이처럼 개인의 건강을 보호하는 데 효과적인 예방접종은 일정 수준의 접종률을 달성할 경우 집단 면역력을 형성하여 감염병 전파를 차단함으로써 감염병 유행을 예방할 수 있다. 영유아의 경우 성인과 같은 병원체에 감염되더라도 더 치명적일 수 있으므로 질병을 효과적으로 예방하기 위해서는 적절한 시기에 예방접종을 철저히 하는 것이 중요하다. 국가는 「감염병의 예방 및 관리에 관한 법률」 제24조 및 제25조에 의거하여 예방접종의 대상이 되는 감염병과 예방접종 실시 기준 및 방법에 관한 권장사항을 정하고 있다. 또한 어린이 국가예방접종 지원사업을 통해 어린이의 감염병 예방을 위해 반드시 필요한 예방접종을 가까운 지정 의료기관에서 비용 부담 없이 무료로 받을 수 있도록 국가에서 예방접종 비용을 지원하고 있다. 이에 따라 영유아는 보건소 및 지정 의료기관에서 총 17종의 백신을 비용 부담 없이 접종받을 수 있다.

출처: 의약품안전나라(nedrug.mfds.go.kr).

[그림 5-2] 예방접종의 원리

올바른 손 씻기와 같은 개인위생 관리를 통해 예방할 수 있는 대표적 감염병으로는 오염된 물이나 식품, 감염자의 대변을 통해 감염될 수 있는 장관 감염증, 환자의 기침이나 재채기 등을 통해 감염될 수 있는 급성 감염성 호흡기 질환 등이 있다. 특히 공동생활을 하는 영유아의 경우에는 감염병이 전파되는 것을 예방하기 위해서 손 씻기를 생활화해야 한다.

2) 감염안전교육의 실제

영유아가 감염병에 대해 이해하고 예방접종과 개인위생 관리를 통해 감염병을 예방하기 위한 방법과 실제 감염병 발생 시 대처하는 방안에 대해 인지하여 피해가 발생하지 않도록 안전교육을 실시해야 한다. 또한 감염안전교육은 영유아를 보호하고 있는 교사에게도 꼭 필요하므로 여기에서는 감염안전교육의 내용을 영유아와 교사의 측면으로 나누어 살펴보고자 한다.

(1) 영유아 측면

- 예방접종이 자신과 친구의 건강을 지킬 수 있는 확실한 방법임을 알고 실천한다.
- 흐르는 물에 비누로 30초 이상 손을 씻는다.
- 일상생활에서 손을 씻어야 하는 경우에 대해 알고 실천한다.

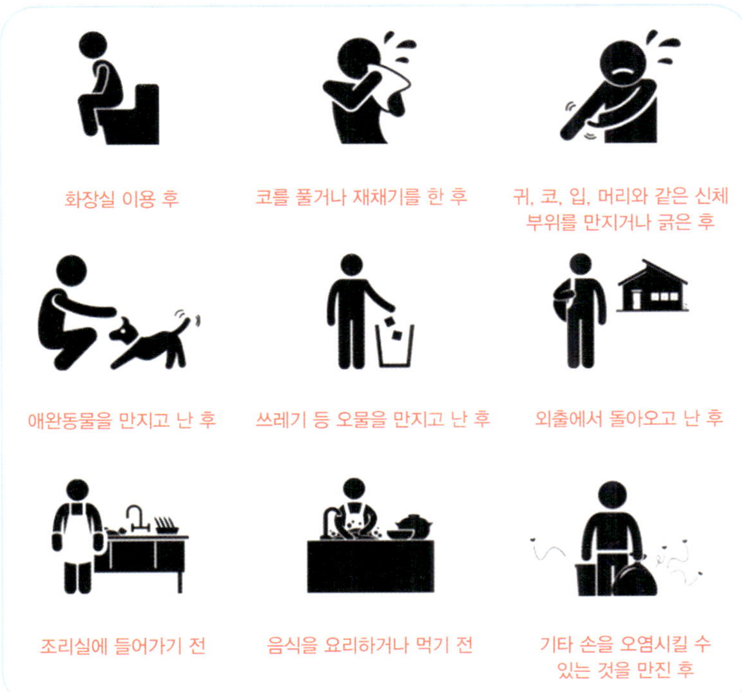

출처: 의약품안전나라(nedrug.mfds.go.kr).

[그림 5-3] 일상에서 손을 씻어야 하는 경우

- 급성 호흡기 감염병 및 신종 코로나19 예방을 위해서는
- 기침을 할 때에는 휴지나 옷소매 위쪽으로 입과 코를 가리고 한다.
- 기침 후에는 손을 씻는다.
- 급성 호흡기 증상(발열, 콧물, 인후통, 기침)이 있는 경우에는 마스크를 착용한다.
- 씻지 않은 손으로 눈, 입, 코를 만지지 않는다.
- 감염병이 의심되거나 질병과 관련된 정보를 얻기 위해서는 질병관리본부 콜센터 1339 또는 관할 보건소로 문의한다.
- 감염증 의심 증상이 있는 경우에는 의사의 진료를 받는다.
- 감염증 증상이 있는 기간 동안에는 다른 사람과의 접촉을 제한하고 휴식한다.

(2) 교사 측면

- 영유아가 표준 예방접종 일정에 따라 접종을 이어 나갈 수 있도록 한다.
- 실내 환경을 청결하게 유지하고 환기를 자주 시킨다.
- 기본적인 방역수칙을 숙지하고, 방역물품(예: 마스크)을 준비한다.
- 감염병 검사와 진단을 위한 보건소, 인근 선별진료소, 콜센터(지역번호+120 또는 1339)등 관련 기관 정보와 감염병 치료에 도움을 받을 수 있는 지정 의료기관을 미리 알아 둔다.
- 코로나19와 같은 감염병 재난 상황에서 영유아의 발달 특성에 따른 스트레스 반응을 이해하고 대응한다.
- 동료들과 협력하여 기관의 안전관리지침과 감염병 예방수칙을 잘 지켜 감염 위험을 줄이기 위해 노력한다.

더 알아보기

코로나19 유행 대비 어린이집용 대응지침 V-2

- 보육교직원, 재원아동 등 감염병 예방교육 및 홍보
- 등원 및 출근에 관한 관리 강화
- 어린이집 마스크 사용 기준
  - 보육교직원은 보육 시간 내 마스크 착용 의무
  - 유아는 마스크 착용이 의무는 아니나 노래·율동 등 집단활동 및 차량 이용 시 마스크 착용 권고
- 환경위생 관리
  - 감염예방을 위한 필수물품(마스크, 체온계 등) 충분히 비치
  - 주기적 환기 실시
- 어린이집 방역 관리
  - 어린이집은 매일 소독, 아동 및 보육교직원이 빈번히 접촉하는 물건 수시 소독
  - (어린이집 내 감염병 환자 및 접촉자 발생 시) 어린이집 일시 폐쇄 또는 휴원 후 즉시 소독 실시
- 접촉의 최소화
  - 보육활동 시 개별 놀이중심 원칙
  - 급·간식 시 일정 거리 유지, 가능한 일렬 식사 권장
  - 집단 행사·교육 가급적 자제
- 발열 체크 등 건강 상태 확인
  - 1일 2회 이상의 발열, 호흡기 증상 확인 및 기록 관리
  - (37.5℃ 이상의 발열, 기침, 호흡기 등의 증상이 나타나는 경우) 보육교직원은 즉시 귀가 조치, 아동은 보호자 인계 및 귀가 조치

출처: 보건복지부(2020). 코로나19 유행 대비 어린이집용 대응지침 V-2.

더 알아보기

가정과의 연계 : 감염병 재난 극복을 위한 영유아 심리방역 매뉴얼

- 아이들에게 감염병 재난을 설명해 주는 것은 막연한 두려움을 줄이고 적응을 돕기 위해 꼭 필요한 일입니다. 아이들이 감염병에 대해 배우고 감염병 재난 상황을 잘 극복할 수 있도록 함께 이야기를 나누어 보세요.

– 아이들은 어른들의 반응을 통해 재난 상황을 이해합니다. 아이들과 감염병에 대해 이야기 나눌 때 차분하게 전달해 주세요.
– 아이들이 감염병에 대해 느끼는 정서를 인정하고 충분히 표현하도록 해 주세요.
– 영유아들에게 나타나는 재난 관련 스트레스에 대한 비언어적 행동(예: 공격성, 퇴행행동, 수면장애, 위축 등)에 주목해 주세요.
– 영유아들은 자기중심성으로 인해 감염병에 대해 죄책감을 경험할 수 있으므로 불필요한 오해를 하지 않도록 설명해 주세요.
– 아이들이 감염병에 대해 알고 있는 것을 먼저 확인하고 잘못된 정보(예: 나쁜 아이들이 걸리는 병)를 알고 있지 않은지를 살펴보세요.
– 아이의 눈높이에 맞는 쉬운 언어로 감염병에 대해 설명해 주세요.
– 감염병을 예방하는 방법을 구체적인 방법이나 예시를 들어 설명해 주세요.
– 감염병에 대한 아이들의 질문을 무시하지 말고 인정해 주세요.
– 감염병에 대한 아이들의 오해를 바로잡아 주세요.
– 감염병으로 인한 부모-자녀 분리 시 아이에게 부모의 상황을 설명해 주세요.
– 감염병에 대해 아이들과 대화할 때 아이를 무시하는 말, 비난하는 말 등 부정적 표현은 사용하지 마세요.

출처: 육아정책연구소(2020). 감염병 재난극복을 위한 영유아심리방역 매뉴얼.

영유아 안전 경험의 실제

손을 씻어야 코로나 바이러스가 우리한테 들어오지 못해요

유아들이 코로나19 바이러스에 대해 이야기를 나눈다.

유　주 : 코로나 바이러스는 정말 위험해요. 뉴스에서 봤는데 코로나 바이러스에 걸린 사람을 치료해 주는 약이 아직 없다고 해요.
이　한 : 손을 잘 씻어야 해요.
원　표 : 마스크도 잘 써야 해요.
서　현 : 기침할 때도 이렇게 해야 돼. 에취!(팔을 입에 갖다 대고 기침하는 시늉을 한다.)
현　우 : 코로나 바이러스가 지금 유행하고 있잖아요. 손을 씻어야 코로나 바이러스가 우리한테 들어오지 못해요.

코로나19 확산 방지를 위하여 유아들이 마주 보지 않고 일렬로 일정 거리를 두고 식사를 한다.

이　한 : (시무룩한 표정으로) 친구들이랑 보고 밥 먹고 싶은데……. 같이 밥도 못 먹고. 우리가 로봇도 아니고. 빨리 코로나 바이러스가 없어졌으면 좋겠다.
유아들 : 그래. 코로나가 빨리 멀리멀리 사라져서, 지구 끝까지 사라져서 이제 안 왔으면 좋겠다.

3. 약물안전교육의 내용과 실제

1) 약물안전의 개념과 현황

약물이란 협의의 의미에서는 의약품에 국한하여 약국에서 판매되는 질병의 진단·치료·예방의 목적으로 사용되는 물질을 의미하며, 의사의 처방에 의해 사용할 수 있는 전문의약품과 의사의 처방이 없이도 약사나 소비자가 임의로 선택할 수 있는 일반의약품이 이에 해당된다. 그러나 약물안전에서 다루는 약물은 보다 광의의 의미에서의 약물로, 의약품을 비롯하여 생활 속에서 일반적으로 사용되는 가정용 세제, 살충제, 살균제 등의 가정용 화학제품과 수은, 납 등의 중금속류를 포함한다.

약물오남용은 약물을 본래의 목적과는 다르게 사용하거나 의사의 처방 없이 또는 권장량이나 용법을 지키지 않고 사용하는 것을 의미한다. 약물을 본래의 용도와는 다르게 사용하는 것이 약물오용(drug misuse)이며, 감정이나 인식, 행동에 인위적인 변화를 일으키기 위해 약물을 부적절하게 사용하는 것이 약물남용(drug abuse)이다. 다이어트를 위해 변비약을 사용하거나 단순한 열을 내리기 위해 항생제를 사용하는 것이 오용에 해당되는 예이며, 질병을 치료하기 위한 목적이 아니라 쾌락을 목적으로 약물을 사용하는 것이 남용에 해당되는 예이다. 약물안전은 이러한 약물 오용과 남용으로부터 영유아를 보호하기 위한 것이며, 약물안전교육이란 영유아가 약물오남용의 위험성을 인식하고 피해를 예방하며, 약물을 안전하게 사용할 수 있는 능력을 기르는 것이다.

연도별 어린이 중독사고 현황을 살펴보면 2015년 89건에서 2019년 41건으로 감소하는 추세를 보인다.

〈표 5-2〉 연도별 어린이 중독사고 현황

	2015년	2016년	2017년	2018년	2019년
중독사고 건수	89	62	59	55	41

출처: 한국소비자원(2019). 어린이 중독사고 위해사례 동향분석.

2015~2019년까지 발달 단계별 중독사고는 걸음마기가 181건으로 59.2%를 차지하였으며 학령기 52건(17.0%), 영아기 43건(14.0%), 유아기 30건(9.8%) 순으로 나타났다.

〈표 5-3〉 발달 단계별 중독사고 현황 (단위: 건, %)

	영아기 (0세)	걸음마기 (1-3세)	유아기 (4-6세)	학령기 (7-14세)	합계
남아	18	100	12	29	159(52.0)
여아	25	81	18	23	147(48.0)
합계	43(14.0)	181(59.2)	30(9.8)	52(17.0)	306(100.0)

출처: 한국소비자원(2019). 어린이 중독사고 위해사례 동향분석.

중독사고를 일으킨 위해품목별 사고 발생 현황을 살펴보면 '의약품'에 의한 중독사고 발생 건수는 119건으로 38.9%를 차지해 가장 많았고, 의약외품 40건(13.1%), 가정용 청소 및 세탁용품은 30건(9.8%)으로 세 가지 품목이 전체 중독사고 발생의 61.8%를 차지한다. 이와 함께 주방세제나 화장품 등 가정에서 자주 접하는 화학제품이 아동 중독사고를 발생시킨 요인으로 나타났다. 가정에서 흔히 사용하는 가구광택제, 배수관클리너, 구강청결제, 접착제와 같은 화학제품은 섭취할 경우 심각한 위험을 초래할 수 있으며 특히 내용물을 영유아가 일정량 이상 섭취할 경우 치명적 손상을 입거나 사망에 이를 수 있다. 따라서 입으로 무엇이든 탐색하려는 특성이 있는 만 3세 이하의 영아가 있는 가정에서는 화학제품의 보관에 주의를 하고 철저하게 관리할 필요가 있다.

〈표 5-4〉 어린이 중독사고 주요 위해품목 (단위: 건, %)

주요 위해품목	중독사고 건수
의약품	119(38.9)
의약외품	40(13.1)
가정용 청소 및 세탁용품	30(9.8)
주방용구 및 용품	9(2.9)
인체 세정용 화장품	8(2.6)
가정용 난방·환기용품	7(2.3)
손발톱용 화장품	7(2.3)
빵(떡) 및 과자류	6(2.0)
외식·양식	5(1.6)
의료용구	5(1.6)

출처: 한국소비자원(2019). 어린이 중독사고 위해사례 동향분석.

2) 약물안전교육의 실제

영유아가 약물에 대해 정확히 이해하고 약물의 올바른 사용과 복용 방법을 인지하여 약물 안전사고로 인한 피해가 발생하지 않도록 안전교육을 실시해야 한다. 약물안전교육은 실제로 약물을 관리하는 교사에게도 꼭 필요하므로 여기에서는 약물안전교육의 내용을 영유아와 교사의 측면으로 나누어 살펴보고자 한다.

(1) 영유아 측면

- 주변에는 여러 가지 종류의 약물이 있다.
- 약물에는 먹을 수 있는 것과 먹을 수 없는 것이 있다.
- 가정용 화학제품은 만지거나 먹지 않는다.
- 어른들의 도움 없이 혼자서 약을 복용하지 않는다.

영유아 안전 경험의 실제

약은 간식이 아니야

4세 유아들이 등원하여 가방을 정리한다. 민주가 가방에서 약을 꺼내는 모습을 보고 유아들이 서로 말한다.

지 유 : 약은 간식이 아니야. 그래서 함부로 먹으면 안 되는 거야!
도 윤 : 약을 먹을 때 의사 선생님이 먹으라고 하는 약만 먹어야 해.
민 주 : 나도 알아! 이거 의사 선생님이 먹으라고 준 거야. 그리고 우리는 어른들이 도와주어야 약을 먹을 수 있어.

민주는 가져온 약을 교사에게 건네 준다.

(2) 교사 측면

- 영유아에게 약을 먹이기 전에 약의 효능과 효과를 확인하고 정해진 용량과 용법을 지켜야 하며, 필요한 기간만큼 복용할 수 있도록 한다.
- 영유아가 혼자서 약을 복용하지 않도록 한다.
- 약 설명서에 있는 사용상 주의사항을 확인한다.
- 복용 중에 이상 증상이 나타나면 의사나 약사와 상의를 한다.
- 2세 미만의 영유아가 감기에 걸리면 반드시 의사의 진료를 받도록 한다.
- 다른 약과 함께 주어야 하는 경우 복용 전에 의사나 약사와 상의한다.
- 영유아는 어른의 행동을 모방하는 경우가 많기 때문에 영유아가 보는 앞에서 약을 복용하거나 사탕과 같은 간식거리로 착각을 일으킬 수 있는 행동은 하지 않는다.
- 의약품은 반드시 영유아의 손에 닿지 않는 곳에 보관한다.
- 약물의 효능이 유지될 수 있는 적절한 보관 방법을 확인한다.

- 복용 전에 약물의 유통기한을 반드시 확인하고 유통기한이 지난 약은 약국에 있는 폐의약품 수거함에 버리도록 한다.
- 영유아가 실수로 신체에 해가 되는 약물이나 독극물을 섭취한 경우 복용한 약물이나 물질을 가지고 병원으로 즉시 이송한다.

더 알아보기

가정과의 연계 : 약물안전교육 가정통신문

- 약물오남용 교육으로 어린이집에 비치된 약품의 종류와 쓰임새에 대해 살펴보는 시간을 가졌습니다. 아이들이 진지하게 약품들을 살펴보았는데, 매우 신기해하였답니다. 가정에서도 가정에 비치된 의약품에 대해 함께 살펴볼 수 있는 시간을 가져 주세요.

- 아이들과 함께 간접 흡연의 해로움과 우리 주변에서 담배를 접하게 되었을 때의 대응 방법에 대해 알아보았습니다. 그리고 유아반은 금연 구역 포스터를 만들어 어린이집 옆 테니스장 울타리에 게시하였습니다. 아이들은 자신에 대해 매우 대견스러워하고 정의로움이 가득 차 있는 듯했답니다.

4. 식품안전교육의 내용과 실제

1) 식품안전의 개념과 현황

식품안전은 식품, 식품첨가물, 기구 또는 용기, 포장을 대상으로 하는 음식에 관한 위생으로(「식품위생법」 제2조), 세계보건기구(WHO)는 식품안전을 "식품의 원료인 농수산물의 재배, 수확, 저장, 제조를 포함하는 생산 단계를 비롯해 유통과 판매, 조리, 섭취까지의 전 과정에서 식품의 안전성, 건전성 및 완전성을 달성하기 위한 수단이 확보된 상태"로 정의하고 있다.

식품의약품안전처는 「식품위생법」 제4조에서 규정하고 있는 인체의 건강을 해할 우려가 있는 생물학적, 화학적 인자를 위해 요소로 정의하고 있다. 즉, 식품안전을 위협할 수 있는 위해 요인을 생물학적 요인과 화학적 요인으로 구분하고 있다. 생물학적 요인은 식품의 생산 단계부터 유통과 판매, 조리, 섭취까지의 전 과정에서 생존할 수 있는 미생물, 기생충, 바이러스 등이 체내로 들어와 번식함으로써 건강을 위협하는 것으로 대표적으로 식중독이 있다. 화학적 요인은 중금속, 잔류 농약, 식품첨가물, 기타 공정에서 생성되는 화학물질이 체내로 들어와 독성을 일으키는 것으로 체내에 누적되었을 경우 건강에 심각한 문제를 초래할 수 있다. 특히 면역력이 약하고 신체기능 발달이 아직 완전히 이루어지지 않은 영유아에게 위해 요소는 심각한 손상을 일으킬 수 있으며, 체내에 누적되었을 때 이후의 성장과 발달에 부정적 영향을 미칠 수 있다.

식품 안전사고의 유형을 식중독, 식품첨가물, 식품알레르기로 구분하여 그 실태를 살펴보고자 한다.

(1) 식중독

식중독은 식품의 섭취로 인하여 인체에 유해한 미생물 또는 유독물질에 의하여 발생하였거나 발생한 것으로 판단되는 감염성 또는 독소형 질환을 말한다(「식품위생법」 제2조 제14항). 식중독은 5~9월 사이에 발생률이 높지만 사계절 내내 발생할 수 있으며 계절별로 주의가 필요한 식중독 원인균이 달라 사계절 내내 주의가 필요한 질환이다. 일반적으로 구토, 설사, 복통, 발열 등의 증상을 나타내며 원인물질에 따라 잠복기와 증상의 정도가 다르게 나타난다.

2015~2019년 식중독 발생 현황에 따르면 노로바이러스, 병원성 대장균, 살모넬라, 캠필로박터, 장염비브리오가 식중독 발생 주요 원인균으로 확인되었다. 주요 원인균의 발생 원인 및 특징은 다음과 같다.

〈표 5-5〉 식중독 주요 원인균 발생 원인 및 특징

미생물	오염원	증상	예방법
노로바이러스 • 사람 장관에서만 증식 • 자연 환경에서 장기간 생존가능	▶사람의 분변에 오염된 물이나 식품 ▶노로바이러스에 감염된 사람에 의한 2차 감염 ▶겨울철에 많이 발생	발병시기 24~48시간 증상 오심, 구토, 설사 복통, 두통	▶오염된 해역에서 생산된 굴 등 패류 생식 자제 ▶어패류는 가급적 가열 후 섭취(85℃, 1분 이상) ▶개인 위생관리 철저 ▶채소류 전처리시 수돗물 사용 ▶지하수 사용 시설은 주변 오염원(화장실 등) 관리 철저
살모넬라 • 토양이나 물에서 장기간 생존가능 • 건조한 상태에서도 생존	▶사람·가축 분변, 곤충 등에 널리 분포 ▶계란, 식육류와 그 가공품 ▶분변에 직·간접적으로 오염된 식품	발병시기 8~48시간 (균종에 따라 다양) 증상 복통, 설사, 구토, 발열	▶계란, 생육은 5℃ 이하로 저온에서 보관 ▶조리에 사용된 기구 등은 세척·소독하여 2차 오염 방지 ▶육류의 생식을 자제하고, 74℃, 1분 이상 가열조리
병원성대장균 O157 • 소량(10~100마리)으로 식중독 유발 • 베로독소를 생산하여 식중독 유발 • 심한 경우 용혈성요독증으로 사망 유발	▶환자나 동물의 분변에 직·간접적으로 오염된 식품 ▶오염된 칼·도마 등에 의해 다져진 음식물	발병시기 12~72 시간 (균종에 따라 다양) 증상 설사, 복통, 발열, 구토	▶조리기구(칼, 도마 등)를 구분 사용하여 2차 오염 방지 ▶생육과 조리된 음식물 구분 보관 ▶다진 고기류는 중심부까지 74℃, 1분 이상 가열
장염비브리오 • 해수온도 15℃ 이상에서 증식 • 2~5% 의 염도에서 잘 자라고, 열에 약함 • 주로 6~10월 사이에 급증	▶여름철 연안에서 채취한 어패류 및 생선회 등 ▶오염된 어패류를 취급한 칼, 도마 등 기구류	발병시기 평균 12 시간 증상 복통, 설사, 발열, 구토	▶어패류는 수돗물로 잘 씻기 ▶횟감용 칼, 도마 구분 사용 ▶오염된 조리기구는 10분간 세척·소독하여 2차 오염 방지
캠필로박터 • 산소가 적은 환경(5%)에서 증식 • 30℃ 이상에서 증식 활발 • 소량으로 식중독 유발	▶가축, 애완동물 등 ▶닭고기와 관련된 식품 ▶도축·도계과정에서 오염된 생육 ▶소독되지 않은 물	발병시기 평균 2~3일 증상 복통, 설사, 발열, 구토, 근육통	▶생육을 만진 경우 손을 깨끗하게 씻고 소독하여 2차 오염 방지(개인 위생관리 철저) ▶생육과 조리된 식품은 구분하여 보관 ▶74℃, 1분 이상 가열조리 ▶가급적 수돗물 사용

출처: 식품안전나라(www.foodsafetykorea.go.kr).

(2) 식품첨가물

식품첨가물은 식품을 제조·가공·조리 또는 보존하는 과정에 감미, 착색, 표백 또는 산화방지 목적으로 식품에 사용되는 물질을 의미하며, 기구·용기·포장을 살균·소독하는 데에 사용되어 간접적으로 식품으로 옮아갈 수 있는 물질을 포함한다(「식품위생법」 제2조 제2호). 식품첨가물은 식품의 보존성을 향상시켜 식중독을 예방할 수 있다. 또한 가공식품의 제조 과정에서 손실된 영양을 보충하거나 강화하기 위해 사용되고 있으며, 가공식품의 원료가 되는 식품의 색, 맛, 향, 식감을 보정하여 가공식품의 품질을 향상시키기 때문에 가공식품을 만드는 데 반드시 필요한 물질이다. 식품에 사용된 식품첨가물은 식품의약품안전처의 엄격한 기준에 따라 그 물질이 필요하고 사람에게 안전하다는 것이 입증된 것이며, 국제기구인 식품첨가물전문가위원회(JECFA)가 설정한 '사람이 평생 매일 섭취하더라도 안전한 양'인 1일 섭취허용량(Acceptable Daily Intake: ADI)의 기준 내에서 사용되고 있다. 그러나 빙초산, 염산, 수산화나트륨과 같이 취급 시 주의를 요하는 식품첨가물이 포함된 식품이거나 자신에게 맞지 않는 성분이 포함되어 있을 수 있기 때문에 식품을 구매할 때는 가공식품에 사용되는 식품첨가물에서 표시된 식품첨가물의 기능과 주의사항에 관한 정보를 정확히 확인하는 것이 바람직하다. 또한 어린이기호식품 품질인증을 받기 위해서는 식품첨가물 사용 기준으로 식용타르색소 14종의 사용이 금지되며, 합성보존료를 비롯한 기타 식품첨가물 사용이 금지되어 있으므로 어린이가 식품을 섭취할 때 식용타르색소나 합성보존료가 식품에 포함되어 있는지를 확인해야 한다.

(3) 식품알레르기

식품알레르기란 일반인에게는 무해한 식품을 특정인이 섭취하였을 때 해당 식품에 과도한 면역 반응이 일어나는 것으로 두드러기, 홍반, 가려움증, 기침, 재채기, 호흡곤란, 복통, 구토, 빠른맥 혈압저하, 의식저하 등의 증상이 나타나며 심한 경우, 전신 과민 반응 쇼크로 사망에 이를 수 있다. 성인이 되면서 자연적으로 치유되는 경우가 많지만 제대로 관리를 하지 않으면 성인이 되어서도 특정 식품에 대해 알레르기가 나타날 수 있으므로 의사의 정확한 진단을 받고 알레르기 유발 식품의 섭취를 피해야 한다. 특히, 식품 알레르기는 영유아의 건강에 심각한 문제를 초래할 수 있으므로 각별한 주의와 대처가 필요하다. 식품의약품안전처에서는 쇠고기, 닭고기, 돼지고기, 난류(가금류에 한함), 우유, 대두, 메밀, 밀, 고등어, 오징어, 게, 새우, 조개류(굴, 전복, 홍합 포함), 복숭아, 토마토, 땅콩, 호두, 잣, 아황산류(이를 첨가하여 최종제품에 SO_2로 10mg/kg 이상 함유)를 알레르기 유발물질 표시대상식품 21개로 지정하여 관리하고 있다.

한국소비자원에 따르면 2015년부터 2017년까지 3년간 소비자위해감시시스템에 접수된 식품알레르기 위해사고는 총 1,853건으로, 2016년 총 835건이 접수되어 2015년 419건 대비 2배 늘어난 것으로 나타났다. 특히 26.6%에 달하는 451건은 '10세 미만'의 어린이·영유아 안전사고로 확인됐다.

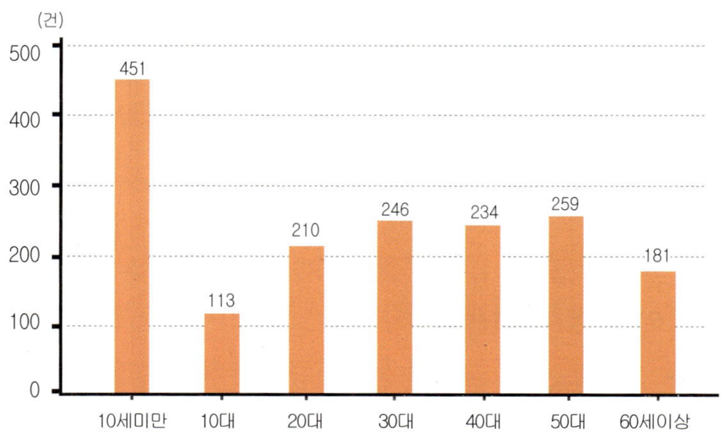

출처: 한국소비자원(2018). 어린이 안전사고 동향분석.

[그림 5-4] 연령별 식품알레르기 발생 현황

2) 식품안전교육의 실제

영유아가 식품안전 및 영양지식을 습득하고 건강한 식품을 섭취하는 방법을 인지하며, 식품안전사고 발생 시 대처하는 방법에 대해 알 수 있도록 안전교육을 실시해야 한다. 또한 식품안전과 관련된 교육은 영유아를 대상으로 하는 것도 필요하지만 영유아가 섭취하는 식품은 대부분 영유아를 돌보는 부모나 교사에 의해 제공된다는 점을 고려할 때, 교사나 부모를 대상으로 하는 식품안전교육이 매우 중요하다.

(1) 식중독

- 일상생활에서 손 씻기를 생활화해야 하며, 식품을 조리하기 전이나 배식 전과 후, 용변 후, 외출 후 돌아와서는 반드시 손을 씻는다.
- 식품을 섭취하기 전에 유통기한을 반드시 확인한다.
- 육류는 75℃, 어패류는 85℃에서 충분히 가열한 후 섭취하고 물도 끓여 마신다.
- 식품의 적당량을 조리한 후 즉시 음식을 섭취해야 한다.
- 남은 음식은 저온 상태에서 보관한다.
- 저온 상태에서 보관한 음식물도 유통기한과 상태를 확인해야 하며, 유통기한이 경과하였거나 불확실한 식품, 상온에 일정 기간 방치하여 부패나 변질이 우려되는 식품은 폐기하는 것이 안전하다.
- 육류나 어패류 등을 취급한 칼·도마는 구분하여 사용하여야 하며, 별도로 사용할 수 있는 칼·도마가 없는 경우에는 과일 및 채소류에 먼저 사용한 후 육류나 어패류에 사용하여 교차 오염을 예방해야 한다.
- 식품을 조리한 후에는 세척·소독을 하여 2차 오염을 방지한다.

- 식품 원재료에는 포자가 있을 가능성이 높으므로 채소와 곡물을 반드시 깨끗이 세척하고 생선 등 어류는 신선한 것으로 조리해야 한다.
- 집단으로 식중독 환자가 발생하면 시장, 군수, 구청장에게 신고하여 식중독 확산을 예방하고 피해를 최소화해야 한다.
- 복통, 구토, 발열, 설사 등의 식중독 의심 증상이 나타나면 가까운 의료기관을 방문하여 의료진의 지시에 따라야 한다.

출처: 식품의약품안전처(www.mfds.go.kr).

[그림 5-5] 식중독 예방 3대 요령

영유아 안전 경험의 실제

손을 꼭 씻어요

요리활동 시간이다. 도아가 "오늘 '과일 샐러드' 만들죠? 나 샐러드 좋아해요!"라고 말한다. 이한이가 "나는 딸기가 들어간 샐러드를 먹어 봤어요. 그냥 먹었을 때랑 샐러드해서 먹었을 때 맛은 정말 달랐어요."라고 말한다. 교사는 도아와 이한이의 말에 즐겁게 대응한 후 말한다.

교 사 : 요리활동을 시작하기 전에 꼭 해야 할 것이 있어요. 무엇일까요?
유아들 : 손 씻기!
교 사 : 맞아요. 손을 씻는 것은 중요해요. 손을 씻지 않고 요리를 하면 어떻게 될까요?
유아들 : 손에 있는 병균들이 음식으로 들어가서 우리를 아프게 할 거예요.

교사는 유아들에게 손을 깨끗하게 씻는 방법에 대해 한 번 더 알려 준 후, 유아들이 손을 씻는다. 이후 유아들과 샐러드를 어떻게 만들어야 하는지, 재료가 무엇인지 함께 살펴본다. 유아들이 오이, 사과를 자르며 "난 얇게 썰 수 있다. 동생들이 잘 먹을 수 있겠지?"라고 말하며 뿌듯한 표정을 짓는다.

식중독은 우리 몸을 아프게 하는 거예요

서 현 : 선생님. 인천에 있는 유치원에서 식중독이 생겨서 아이들이 많이 아프데요.
교 사 : 응. 선생님도 어제 뉴스 봤어. 아휴, 여름철엔 먹는 걸 참 조심해야겠다. 그치?
서 현 : 식중독은 우리 몸을 아프게 해요.
이 한 : 맞아. 설사도 하고 토도 하고 열도 나고.
현 우 : 식중독균은 다섯 가지나 있어. 손을 정말 깨끗하게 씻어야 해.
준 명 : (새수건을 꺼내 고리에 걸며) 그래서 이제 수건은 매일매일 갈아 줘야 해. 여름에는 식중독에 걸릴 수 있으니까.

유아들이 한 명씩 손을 깨끗하게 씻으며 식중독 예방법에 대해 이야기를 나눈다.

(2) 식품첨가물

식품을 구매할 때는 가공식품에 표시된 식품첨가물의 기능과 주의사항에 관한 정보를 정확히 확인한다. 영유아가 되도록 가공식품의 섭취를 줄이고 자연식품을 섭취할 수 있도록 한다.

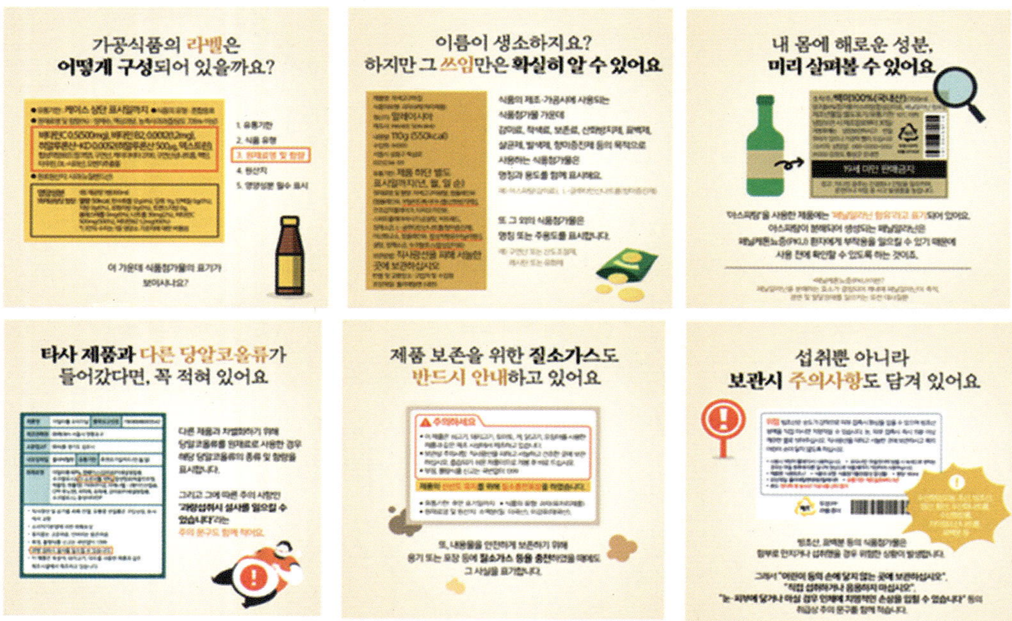

출처: 식품안전나라(www.foodsafetykorea.go.kr).

[그림 5-6] 식품첨가물 안전표시제

더 알아보기

건강하고 안전한 식품 선택하기

어린이기호식품 품질인증제도나 어린이 건강지킴이 신호등 표시를 확인하여 건강하고 안전한 식품을 선택할 수 있도록 한다.

어린이기호식품 품질인증제도	안전하고 영양을 고루 갖춘 어린이 기호식품의 제조·가공·유통판매를 권장하기 위하여 안전·영양·식품첨가물 사용기준에 적합한 어린이 기호식품에 대해 품질인증을 해주는 제도이다. 어린이 기호식품 품질인증을 받은 제품은 '식품안전관리 인증업체에서 생산한', '당류, 포화지방, 열량이 적은', '단백질, 식이섬유, 무기질, 비타민 등의 영양성분을 강화한', '식용타르색소, 합성보존료를 사용하지 않은' 제품이다.

 어린이 건강지킴이 신호등 표시	어린이 건강지킴이 신호등 표시제는 어린이나 보호자가 영양정보를 쉽게 이해할 수 있도록 어린이 기호식품에 들어있는 영양성분의 높고 낮음을 표시하는 제도이다.

출처: 식품안전나라(www.foodsafetykorea.go.kr).

(3) 식품알레르기

식품알레르기의 경우 진단과 치료에 한계가 있기 때문에 식품알레르기를 예방하는 것이 중요하다. 식품알레르기를 예방하는 가장 좋은 방법은 알레르기를 유발하는 물질이 포함된 식품을 섭취하지 않는 것이다. 특히 영유아는 성장하면서 소화 기능이 강화되고 알레르기를 유발하는 성분에 대한 면역 시스템이 작동하면서 알레르기가 자연적으로 소실되는 경우가 많다.

- 알레르기를 유발하는 물질이 포함된 식품을 섭취하지 않는다.
- 식품을 구매할 때 반드시 알레르기 유발물질이 포함되었는지 원재료명을 표시한 정보를 확인 후 구매한다.

출처: 식품안전나라(www.foodsafetykorea.go.kr).

[그림 5-7] 식품알레르기 예방법

- 식품알레르기를 지닌 영유아와 원인식품을 파악하고 영양 결핍으로 이어지지 않도록 식품안전정보원에서 알려 주는 대체식품을 통해 영양을 보충하면서 관리를 해야 한다.
- 어린이집에서는 식품알레르기에 대한 지침을 마련하여 보호자에게 안내한다. 이때, 알레르기 유발식품 관련 정보 안내와 유병 어린이 조사 및 특별관리, 응급 대처 등 실질적인 관리 방안을 함께 안내한다. 어린이집에서는 식품알레르기가 있는 영유아에 대해서 아래와 같은 조치를 취해야 한다.

– 식품알레르기 사전조사 실시
– 식단표에 식품알레르기 대체식품 계획·제공 또는 가정에서 가져오는 개별식 제공
– 제공된 대체식품 또는 개별식은 운영일지 또는 급식일지에 기록
– 부모에게 조치사항 공지

- 식품알레르기 발생 시 대처할 수 있는 의약품을 항상 구비하고, 증세가 심각한 경우에는 즉시 병원을 방문한다.

〈표 5-6〉 식품알레르기 조사서 예시

식품알레르기 조사서

식품알레르기는 영유아의 건강에 심각한 문제를 초래할 수도 있습니다. 이에 식품알레르기에 대한 사전 조사를 통해 식품 알레르기가 있는 영유아에 대해서는 대체식품 또는 가정에서 가져오는 개별식을 제공하려고 합니다. 식품알레르기가 있는 영유아는 빠짐없이 기록하여 ___월 ___일까지 보내 주시기 바라며 부모님의 협조를 부탁드립니다.

반　　명 :
연　　령 : 만　　세
영유아명 :

1. 식품알레르기 원인식품 및 증상
   - 원인식품 :
   - 진단 시기 :
   - 진단 병원 :
   - 진단 방법
     □ 과거의 명백한 증상　□ 식품 유발 검사　□ 혈액 검사　□ 피부 반응 검사
   - 원인식품을 먹었을 경우 나타나는 증상

증상 부위	주요 증상	V 표시
입	가려움, 따가움 및 부풀어 오름(입술, 혀, 입안)	□
피부	가려움, 붉어짐, 두드러기, 얼굴이나 피부가 부풀어 오름	□
소화기	구토, 설사, 메스꺼움, 복부 경련	□
목	목이 조여옴, 목이 쉼, 기침	□
폐	숨이 가쁨, 기침, 천식	□
심장	저혈압, 기절, 창백해짐, 얼굴과 피부가 푸르게 변함	□
기타 증상	(직접 기재)	

2. 가장 최근 식품 알레르기 증상이 발생한 때는 언제입니까?
3. 식품알레르기 질환 치료를 위해 진료를 받고 있습니까? (예 □　아니오 □)
4. 영유아 스스로 식품알레르기 원인식품을 알고 먹지 않습니까? (예 □　아니오 □)

20　　년　　월　　일

보호자　　　　　(인)

○ ○ 어린이집

출처: 중앙육아종합지원센터(central.childcare.go.kr).

적용해 보기

- 영유아의 감염병 재난 스트레스 극복을 도울 수 있는 부모와 교사의 바람직한 대응 방법에 대해 이야기해 보세요.

– 영유아가 어린이집에서 "선생님, 코로나 바이러스가 뭐예요? 그거 걸리면 어떻게 돼요?"라고 물어보아요.

– 영유아가 "코로나 바이러스에 왜 걸리는 거예요? 나쁜 아이들만 걸리는 거예요?"라고 물어보아요.

– 영유아가 TV에서 코로나 바이러스에 관한 뉴스기사를 접하고는 "선생님, 코로나 바이러스에 걸리면 어떻게 해요. 혹시 죽는 거예요?"라고 물어보아요. 영유아가 코로나 바이러스와 같은 감염병 때문에 매우 불안해해요.

Chapter 6

놀이안전

들어가기 전에

놀이터 안전에 대해 알아볼까요?

우리친구들이 놀이터에서 재미있게 놀고 있군요. 그럼 우리 친구들이 놀이터에서 지켜야 할 안전에 대해서 안심이 선생님과 알아볼까요? 놀이터에는 여러 가지 재미있는 놀이기구들이 많아요. 그런 만큼 조심해야 할 곳이기도 하답니다. 우리 친구들 어떻게 놀이기구를 타는지 지켜볼까요?

안심이 : 저런! 큰일 날 뻔 했네요. 친구가 그네를 탈 때는 멀리 물러나 있어야 한답니다. 이번엔 우리 친구들이 자주 타는 미끄럼틀에 대해 알아볼까요?

안심이 : 저런! 미끄럼틀에서는 절대로 장난을 치면 안돼요. 그리고 미끄럼틀에서는 차례로 타야 한답니다.

안심이 : 우리 친구들 시소를 탈 때는 손잡이를 꼭 잡고 타야 한답니다. 혼자서 시소를 타다가는 넘어질 수 있어요. 항상 주의하는 습관을 들여서 언제나 즐겁고 건강하게 뛰어노는 우리 친구들이 되세요.

[문제] 놀이터에서 주의해야 할 사항은 무엇일까요?

1. 그네를 타는 친구 앞에서 장난을 친다.
2. 시소를 탈 때 손잡이를 잡지 않는다.
3. 놀이기구를 탈 때는 차례를 지킨다.

출처: 한국소비자원 어린이 안전넷(isafe.go.kr).

놀이는 영유아의 생활에서 가장 중심이 되는 활동이며 건강한 신체발달뿐 아니라 인지발달, 사회성 발달을 위해서도 매우 중요한 활동이다. 영유아에게 발생하는 안전사고의 상당 부분이 놀이 과정에서 발생하므로 영유아가 안전하게 놀이할 수 있도록 교육하는 것이 매우 중요하다. 이 장에서는 영유아 놀이안전교육의 이해 및 놀이안전교육의 내용과 실제를 중심으로 살펴보기로 한다.

1. 놀이안전교육의 이해

1) 놀이안전교육의 필요성

영유아는 발달적으로 호기심이 많고 탐구하려는 욕구가 강하고 신체활동이 활발한 반면, 신체기능이 완전하게 발달하지 못하여 신체균형을 유지하는 능력이나 운동기능이 불충분하고 경험이 부족하므로 안전사고의 위험이 높다. 신체발달 측면에서 성인에 비해 신체조절 능력과 운동기능이 숙달되지 않았기 때문에 놀이를 하면서 넘어짐, 부딪힘, 추락 등의 사고 위험이 크다. 영유아기는 자기조절 능력과 상황 판단에 대한 인식의 부족으로 어느 시기보다 안전사고에 노출되기 쉽다(최원희, 2015). 영유아의 자기중심성과 중심화 경향으로 인해 위험한 상황에 대한 판단과 결과 예측이 미숙하기 때문이다. 이러한 발달적 특성과 더불어 영유아는 일상생활에서 가장 큰 비중을 차지하는 활동이 놀이이므로 놀이 안전사고에 대한 예방이 더욱 요구되어진다.

2019년 한국소비자보호원 소비자위해감시시스템(CISS)을 통해 접수된 어린이 안전사고 건수는 2만 4,971건으로 전체 안전사고 건수의 34.2%를 차지하며, 해마다 어린이 안전사고의 건수가 증가하고 있음을 보고하고 있다. 또한 최근 5년간 어린이 안전사고 비율은 매년 30% 이상으로 우리나라 총인구 대비 어린이 인구 비중(12.5%)에 비해 매우 높아 어린이는 안전사고에 취약한 계층임을 알 수 있다.

〈표 6-1〉 한국소비자보호원 CISS에 접수된 어린이 안전사고 현황 (단위: 건, %)

구분	2015년	2016년	2017년	2018년	2019년
전체 안전사고 건수	68,002	69,018	71,000	72,013	73,007
어린이 안전사고 건수	25,152	22,545	25,699	24,097	24,971
전년대비 증감률	–	△10.4	14.0	△6.2	3.6
어린이 안전사고 비율 *	37.0	32.7	36.2	33.5	34.2

*전체 안전사고 중에서 어린이 안전사고가 차지하는 비율
출처: 한국소비자원(2020). 2019년 어린이 안전사고 동향분석.

영유아에게 발생한 놀이 관련 안전사고는 부주의나 방심에 의한 사고가 대부분으로 나타나서 교사나 부모는 영유아의 인지, 심리, 행동 등 발달적 특성을 이해하고, 영유아의 놀이 상황에서 안전과 관련한 위험 요인을 파악하여 안전사고 발생 가능성을 낮추어야 한다. 그러나 영유아에게 발생한 놀이 관련 안전사고의 대부분이 영유아 또는 부모 및 교사의 관리 소홀이나 부주의에 기인하므로 이들에 대한 교육이 절실함을 알 수 있다. 또한 영유아에게는 놀잇감이나 놀이기구를 올바르게 사용하도록 지도하고, 놀이 행동에 따라 나타날 수 있는 안전사고에 대해 인지하고 안전한 행동을 익히도록 교육해야 한다. 또한 놀이의 규칙을 지키는 것을 생활화하여 놀이활동 시 다툼이 나타나지 않도록 지도하는 것도 중요하다. 따라서 놀이안전교육의 대상은 교사, 부모, 영유아 모두를 포함해야 한다.

2) 놀이안전교육의 내용

놀이안전교육에서는 놀잇감 안전교육, 실외놀이 안전교육, 물놀이 안전교육, 스포츠 안전교육, 동식물 안전교육 등의 내용을 다룬다. 놀잇감은 영유아가 매우 좋아하는 놀이도구이므로 안전하게 놀이할 수 있도록 놀잇감 선택부터 관리까지의 내용을 숙지하고 있어야 한다. 또한 안전한 실외놀이, 스포츠 놀이를 위해서 수시로 안전수칙에 대한 내용과 안전사고를 예방할 수 있는 교육을 진행해야 한다. 여

름철에는 빈번하게 물놀이를 하게 되므로 물놀이 장소에 따른 안전수칙 교육이 이루어질 필요가 있다. 동식물 안전과 관련해서는 계절에 따라 내용들이 달라질 수 있다는 점을 고려하여 안전교육의 내용을 선정할 필요가 있다.

2. 놀잇감 안전교육의 내용과 실제

1) 놀잇감 안전교육의 내용

영유아가 놀다가 사고가 나는 경우에 놀잇감이 매개가 되는 경우가 많은데 최근에 특히 놀잇감 무기류에 의한 사고가 증가하는 추세이다. 한국소비자원이 2015년부터 2019년까지 소비자위해감시시스템(CISS)에 접수된 완구 및 게임용품의 안전사고의 건수가 1,405건, 1,356건, 1,881건, 1,937건, 2,473건으로 점차 증가하고 있다고 보고하고 있다. 또한 도서 및 문구용품에 의한 사고도 5년간 2,508건으로 나타났다. 영유아의 놀이를 위해 만들어진 제품이 영유아의 안전을 위협하는 경우가 발생하므로 영유아의 놀잇감을 선택하는 성인의 각별한 주의가 필요하며 영유아에게도 놀잇감에 의해 발생할 수 있는 위험한 상황을 인지시키고 올바르게 사용하는 방법을 교육해야 한다. 여기에서는 2019년 개정한 어린이집 안전관리백과(실내외 보육 환경)에서 제시하는 놀잇감 선택 및 관리에 대한 내용을 제시하기로 한다.

(1) 놀잇감 선택

영유아는 놀잇감을 이용한 놀이를 가장 빈번하게 하므로 안전하게 놀이하기 위해서는 안전한 놀잇감을 선택하고 관리하는 것이 중요하다. 영유아가 흥미를 갖고 놀고 싶은 마음이 들게 하는 놀잇감의 선택이 필요한데 이때 디자인과 구조, 사용되는 자료의 견고성과 손쉬운 조작 등의 다양한 기준이 놀잇감의 교육적인 가치와 안전성에 영향을 주게 된다. 비교육적이며 비위생적이고 위험한 놀잇감은 영유아의 발달을 저해할 수 있으므로 놀잇감을 선택할 때는 다음과 같은 사항을 고려하여 선택하여 영유아가 안전한 물리적 환경 안에서 놀이할 수 있도록 해야 한다.

〈표 6-2〉 안전한 놀잇감 선택

구분	고려할 사항
재질	• 안전검사에 합격한 제품이어야 한다(건전지를 이용하는 놀잇감은 반드시 확인). • 무독성 페인트를 사용한 것이어야 한다. • 빨거나 만질 때 표면이 쉽게 벗겨지지 않아야 한다(유해 중금속, 착색료 위험). • 헝겊으로 만든 놀잇감은 불연성이어야 한다. • 나무로 만든 놀잇감은 쉽게 가시가 일어나거나 마모되지 않아야 한다. • 화학섬유로 만든 것이나 합성 머리카락이 달린 인형은 좋지 않다. • 유리나 깨어지기 쉬운 금속의 놀잇감은 사용하지 않는다.
구조	• 내구성이 강하고, 조립 상태가 견고한 놀잇감이어야 한다. • 만 0~1세 영아에게 제공되는 놀잇감은 직경이 3.5cm 이상이어야 한다. • 너무 무겁거나 복잡하지 않은 놀잇감이어야 한다. • 질식, 목졸림 등의 위험이 있거나 뾰족한 모서리, 깨짐, 균열, 헐거운 나사나 볼트, 끝이 깨진 사기그릇, 안전 처리되지 않은 깡통, 화상 및 화재의 위험이 있는 총, 화약을 이용한 불꽃놀이 놀잇감, 장시간 현란한 빛을 발생하는 놀잇감 등은 제공하지 않는다.

(2) 놀잇감 관리

놀잇감을 안전하게 관리하기 위해서는 지속적으로 놀잇감을 세척하는 것이 매우 중요하다. 또한 안전하게 놀잇감을 보관하여 영유아가 필요할 때 놀잇감을 갖고 놀이할 수 있도록 위생적이며 체계적으로 놀잇감 관리를 잘 유지해야 한다.

- 놀잇감 보관

– 놀잇감 바구니는 영유아가 교구장에서 쉽게 꺼낼 수 있는 크기와 가볍고 튼튼한 것으로 사용한다.

– 사용하지 않는 놀잇감은 세척 후 유형별로 분류하여 속이 비치는 투명한 박스나 비닐에 넣어 보관한다.

– 공이나 물놀이 놀잇감은 그물 주머니를 이용하여 보관한다.

〈표 6-3〉 놀잇감 세척

구분	세척 방법
플라스틱 소재	• 유아용 세제를 손수건에 묻혀 표면을 닦고, 젖은 수건으로 깨끗이 닦아 낸 다음 바람이 잘 통하는 그늘에 말린다. • 크기가 큰 것은 젖은 수건이나 알코올로 닦을 수 있다. • 솔을 이용하여 더러운 부분을 유아용 세제로 닦을 수 있다.
털로 만든 봉제인형	• 먼지를 털어 주고 물세탁을 한다. • 세탁할 때는 미지근한 물에 샴푸나 유아용 세제를 푼 다음 가제 수건과 같은 부드러운 천에 묻혀 살살 주무르듯 때를 닦아 낸다. • 헹굴 때는 미지근한 물을 부드러운 천에 묻혀 꾹꾹 눌러 물기와 비눗기를 뺀 다음 물기를 털고 드라이기로 말린다. • 봉제인형은 물에 담그면 모양이 망가지고 천의 질감이 달라질 수 있으므로 주의한다.
타월 재질	• 세탁기에 넣기보다는 손으로 조물조물 주물러 때를 빼는 게 손상을 줄일 수 있다. • 세탁 후 그늘에서 말린다.
나무 재질	• 물로 씻지 않고 마른 수건으로 닦아 준다. • 항균 코팅된 장난감은 젖은 수건으로 닦고, 다시 마른 수건으로 물기를 없앤 다음 바람이 잘 통하는 그늘에 말린다.
고무 재질	• 솔을 이용하여 손이 잘 닿지 않는 안쪽이나 틈새 사이에 먼지를 가볍게 털어 주고 유아용 세제를 이용하여 세척한다.
천 소재	• 먼지를 털고 정기적으로 세탁한다. • 세탁기를 이용할 때에는 올이 나가거나 찢어지지 않도록 세탁망에 넣어 준다. • 손빨래를 할 때에는 유아용 세제를 물에 풀어서 조물조물 문지른 후 깨끗한 물로 여러번 헹궈 준다. • 햇볕에 완전히 말린다.
기타	• 건전지 등을 사용하는 놀잇감은 녹이 슬거나 칠이 벗겨질 수 있으니 물로 세척하지 않는다. • 놀잇감에 낀 틈새 먼지들은 칫솔이나 면봉 등을 이용하여 제거한다.
세척 시기	• 놀잇감은 수시로 세척하여 항상 청결을 유지시킨다. • 영아반의 경우 입에 넣고 빼는 놀잇감은 매일 세척한다.

출처: 2019년 개정한 어린이집 안전관리백과(실내외 보육환경)

2) 놀잇감 안전교육의 실제

영유아 안전 경험의 실제

구슬이 콧구멍에 들어갔어요

4세반에서는 유아들이 며칠 동안 구슬놀이에 빠져 있다. 지율이가 큰 구슬로 놀이를 하다가 "비즈 같은 작은 구슬도 치면 어떻게 될까 궁금하다. 히히" 한다. 잠시 후, 지율이가 난처한 표정을 지으며 교사에게 다가간다.

지율 : 선생님, 코에 구슬이 들어갔어요.
교사 : 응? 잠깐 볼까?

교사가 지율이의 콧구멍을 살핀다. 콧구멍 속으로 작은 비즈구슬이 보인다.

교사 : 이게 어떻게 콧구멍으로 들어갔지?
지율 : (힘없이) 구슬치기를 했는데 구슬이 날아가서 내 콧구멍에 들어갔어요.

교사는 즉시 지율이를 데리고 원무실로 가서 원장 선생님께 상황을 보고한다. 원장은 지율이의 콧구멍의 작은 구슬을 확인하고 일부러 빼내려고 하지 않는다. 원장은 비상연락망에 있는 이비인후과에 연락하여 진료 예약을 하고 지율이와 함께 이비인후과로 간다. 병원에서는 다행히 구슬이 깊숙이 들어가지 않아 콧구멍을 넓히고 핀셋으로 금방 빼내었다. 교사는 지율이에게 구슬놀이를 할 때 조금만 더 조심하자고 말한다.

3. 실외놀이 안전교육의 내용과 실제

1) 실외놀이 안전교육의 내용

소비자위해감시시스템(CISS)을 통해 수집한 2015년부터 2019년까지의 어린이 놀이터 관련 위해 정보를 분석한 결과(한국소비자원, 2020)에 따르면, 어린이가 자신의 의사와 관계없이 놀이터 내 놀이기구나 일반 시설물에서 뜻하지 않게 입게 되는 모든 종류의 사고인 놀이터 관련 안전사고는 5년간 다음의 표와 같이 나타났다.

〈표 6-4〉 놀이터시설 안전사고 현황

	2015년	2016년	2017년	2018년	2019년	합계
걸음마기	398 (3.2)	346 (3.1)	410 (3.4)	366 (3.1)	441 (3.8)	1,961
유아기	581 (10.6)	496 (10.1)	575 (9.7)	508 (9.1)	630 (11.1)	2,790

출처: 한국소비자원(2020). 2019년 어린이 안전사고 동향분석.

또한 2017년 발생한 놀이기구별 사고 건수는 조합놀이대가 116건(36.%)으로 가장 많았고 다음으로는 건너는 기구 60건(18.6%), 오르는 기구 47건(14.6%) 순이며 바닥재로 인한 사고도 10건으로 나타났다.

〈표 6-5〉 놀이기구별 안전사고 현황 (2017년)

구분	흔들 놀이기구	조합 놀이대	그네	오르는 기구	미끄럼틀	건너는 기구	회전 놀이기구	물 이용 놀이기구
시설수	128,398	62,871	29,600	20,087	5,382	5,238	2,378	142
사고건수	26	116	35	47	18	60	3	2
전체사고 건수대비	8.1%	36.0%	10.9%	14.6%	5.6%	18.6%	0.9%	0.6%
시설수대비	0.02%	0.18%	0.12%	0.23%	0.33%	1.15%	0.13%	1.41%

출처: 행정안전부(2018). 2017년 어린이놀이시설 안전사고 분석결과.

사고 원인을 살펴보면 이용자 부주의로 인한 사고가 전체의 97.8%로 가장 많았으며 시설 결함 1.2%, 기타 1.0% 순으로 나타나서 대부분의 사고는 이용자 부주의로 인해 발생되는 것으로 파악되었고 영유아의 이용수칙 준수 및 교사·부모의 지도 관리가 필요한 것으로 나타났다.

(1) 실외놀이터 이용 시 안전수칙

놀이터는 영유아가 자주 이용하는 장소인데 안전사고 위험 요소가 많이 있다. 따라서 영유아가 놀이터를 이용할 때 교사나 부모는 놀이터의 위험 요소를 점검하고 제거하여 안전한 놀이 환경을 마련해 주고 영유아가 놀이하는 것을 지켜보며 안전사고 위험이 있을 때 보호해야 한다. 놀이터에 갔을 때 놀이터의 안전장치 및 사고 위험 요소들을 점검하고 문제가 될 수 있는 요소를 제거한 후 놀이를 하도록 한다. 여기에서는 어린이놀이시설 안전관리 매뉴얼(2018)을 기초로 하여 실외놀이터 이용 시 안전수칙을 제시하였다.

- 영유아는 보호자의 동반 아래 놀이를 마칠 때까지 보호 및 관찰을 받아야만 한다. 특히 '36개월 미만 영유아의 경우 보호자의 지도 아래에 놀 것'을 안내문 게시해야 한다.
- 놀이에 부적합한 끈이 달린 옷 또는 슬리퍼 등을 착용하거나 책가방, 장난감 등을 소지한 채 놀이기구를 이용하지 않는다. 특히, 미끄럼틀의 경우 줄넘기 줄 등을 목, 몸통 등에 감거나 옷끈을 늘어뜨린 채 타지 않도록 주의한다.
- 난간과 밧줄이 있는 놀이기구는 항상 두 손으로 잡고 이용한다.
- 한여름 또는 눈이 올 때는 놀이기구가 뜨겁거나 미끄럽지 않은지 확인 후에 이용한다. 특히 미끄럼틀의 경우 여름철 화상주의 안내 문구를 게시한다.
- 놀이시설에 위험한 물건이 있거나 위험한 상태로 되었을 때 또는 다친 사람이 발생하였을 때 놀이를 중단하고 즉시 도움을 요청한다.

- 놀이기구를 소중히 이용하며, 낙서하거나 부착물을 훼손하지 않는다.
- 놀이기구는 차례대로 이용하고, 사용 인원을 초과하여 사용하지 않는다.
- 놀이터 바닥에 깨진 유리 조각, 못, 날카로운 물건, 쓰레기, 금속 조각 등 영유아가 다칠 수 있는 이물질이 있는지 확인하여 놀이를 하기 전에 치운다. 영유아에게도 놀이 전에 놀이터 바닥을 청소하도록 교육하고 습관화하도록 할 수 있다.
- 놀이기구에 장착되어 있는 손잡이나 보호장치가 제대로 되어 있는지 확인한다. 미끄럼틀이나 흔들다리처럼 높은 곳에 올라가서 타는 놀이기구라면 계단, 계단 난간, 손잡이, 안전망 등이 느슨하거나 망가지지는 않았는지 확인해야 한다.
- 놀이기구 모서리나 이음새가 돌출된 부분 없이 매끈하게 마무리되어 있는지를 확인해야 한다.
- 걸려 넘어지거나 부딪힐 수 있는 방해물이 있는지 확인한다. 또한 놀이기구나 시설에 몸이 빠지거나 끼어 사고가 날 수 있는 구멍이나 틈이 있는지 확인한다.

(2) 놀이기구별 안전규칙

영유아가 놀이기구를 이용하다가 발생하는 사고를 예방하기 위해서는 놀이기구를 안전하게 제작하고 설치하며 철저히 관리하는 것이 우선이지만 그것만으로는 충분하지 않다. 안전한 놀이기구라 하더라도 영유아가 위험하게 이용한다면 안전사고로 이어지게 된다. 따라서 영유아가 안전규칙을 이해하고 습관화할 수 있게 교육하고 지속적으로 지도해야 한다. 영유아가 실외놀이터에서 흔히 이용하는 놀이기구에 따라 지켜야 할 규칙을 제시하면 다음과 같다(어린이집 안전관리백과, 2019). 영유아교육기관 교사나 부모는 이러한 규칙을 숙지하고 영유아가 생활화할 수 있도록 하며, 영유아의 실외놀이터 놀이를 감독하고 지도해야 한다.

- 놀이기구 공통

– 놀이기구를 사용할 때는 차례를 지켜서 이용한다.

– 물건이나 가방을 내려놓고 놀이기구를 이용한다.

- 그네

– 그네가 완전히 정지한 후에 타고 내린다.

– 한가운데 앉아서 탄다.

– 한 그네에 한 사람만 탄다.

– 친구가 그네를 타고 있을 때 그 앞이나 뒤로 지나가지 않는다.

– 배를 깔고 엎드려서 타거나 서서 타지 않는다.

– 줄을 꼭 잡고 타고, 타는 도중 뛰어내리지 않는다.

– 그넷줄을 꼬아서 타면 줄에 손이 끼어 다칠 수 있으니 주의한다.

- 시소

– 함께 타는 친구와 마주보고 탄다.

– 두 손으로 손잡이를 꼭 잡고 탄다.

– 시소를 탄 채 자리에서 일어나거나 뛰지 않는다.

– 내릴 때는 같이 탄 친구에게 미리 알리고 조심히 내린다.

– 내릴 때 시소 밑에 발을 두지 않는다.

- 미끄럼틀

– 앞사람이 올라간 다음에 올라간다.

– 손잡이를 꼭 잡고 한 계단씩 올라간다.

– 다른 사람을 밀거나 당기지 않는다.

– 미끄럼판으로 올라가지 않고 반드시 계단을 이용해서 올라간다.

– 한 사람씩 앉아서 내려간다.

– 엎드려 타거나 서서 타지 않고, 바른 자세로 타고 내린다.

– 내려온 뒤에는 다른 사람이 곧바로 내려와도 부딪치지 않게 빨리 비킨다.

● 오르기 기구

– 가로대를 양손으로 잡고 올라간다.

– 올라가는 방향과 내려오는 방향을 알고 이용한다.

– 기구 위에 있는 친구의 발을 잡거나 흔들지 않는다.

– 내려올 때는 아래를 잘 살피면서 내려온다.

● 회전놀이 기구

– 회전하는 도중에 뛰어내리거나 뛰어오르지 않는다.

– 회전 중에 친구와 장난(밀기)하지 않는다.

– 천천히 회전한다.

– 회전 중에는 갑자기 멈추게 하기 위해 회전대를 붙잡지 않는다.

– 회전대를 발로 돌리거나 밑으로 들어가지 않는다.

● 흔들다리

– 받침대를 건널 때 한 칸씩 건넌다.

– 흔들다리 위에서는 반드시 손잡이를 잡는다.

– 손잡이와 받침대 사이의 공간으로 빠져나가는 행동을 하지 않는다.

2) 실외놀이 안전교육의 실제

영유아 안전 경험의 실제

미끄럼틀을 안전하게 타요

영아들이 그네를 타려고 순서를 기다리고 있다.
소민이가 그네를 타며 무서워하자 민하가 "소민아 천천히 가면 돼, 안 위험해, 내가 천천히 밀어줄까?"라고 말한다. 소민이가 "민하야, 천천히 밀어 줄래?"라고 말하자 민하는 천천히, 조심스럽게 소민이가 탄 그네를 밀어준다.

지한이는 놀이터에 도착하여 "얘들아 여기 미끄럼틀이 많이 있어!"라며 미끄럼틀이 어디에 있는지 친구들에게 알려 주기도 하고, 미끄럼틀 지킴이가 되어 미끄럼틀 밑에서 위로 올라오는 친구들에게 "얘들아! 여기로 올라오면 안 돼! 위험해! 다른 곳으로 올라와"라고 알려 주기도 한다. 지한이가 미끄럼틀 위에서 내려가지 않고 있어서 교사가 "왜 안 타고 있어?"라고 묻는다. 지한이는 "미끄럼틀이 더 타고 싶어서 안 내려가고 있는 거예요"라고 말한다.

다른 곳에서 민하와 시안이가 역할놀이를 한다. 엄마 역할을 하는 민하는 아기 역할을 하는 시안이에게 "아기야, 엄마랑 같이 다녀야지. 손을 꼭 잡고 다녀."라고 친절하게 말하며 시안이의 손을 꼭 잡고 놀이터 이곳저곳을 다닌다. 교사는 아기 역할의 시안이에게 "왜 손을 잡고 다니는 거야?"라고 묻자 시안이는 "나는 아기라서요. 엄마 손을 꼭 잡아야 해요."라고 말한다. 엄마 역할의 민하가 "아기야, 엄마 먼저 탈게"라며 먼저 미끄럼틀을 타고 내려온다. 교사가 "엄마는 왜 혼자 타는 거야? 아기랑 같이 안 타는 거야?"라고 묻자 민하는 "조금 이따 타야 돼요. 미끄럼틀이 위험한지 보고 타는 거예요."라고 말한다. 교사는 "아! 미끄럼틀이 안전한지 먼저 타보는 거예요?"라고 하자 민하가 진지한 표정을 지으며 "네!"라고 한다. 민하가 미끄럼틀을 타고 내려간 후 시안이가 "엄마 이제 타도 돼?"라고 묻자 민하는 "어! 아가야. 이제 타도 돼. 괜찮아."라고 말한다. 민하는 놀이하는 내내 "엄마 따라와야지!" 하며 시안이의 손을 꼭 잡고 다닌다.

영유아 안전 경험의 실제

우리가 놀이터 안전점검을 해요

교사는 4, 5세반 유아들과 바깥놀이터 조합놀이대의 위험한 곳을 찾아보기로 한다.

교　사 : 놀이터에 있는 조합놀이대가 벌써 3년이 넘었단다. 그래서 놀이터가 낡은 곳은 없는지, 그래서 위험한 곳은 없는지 우리가 좀 살펴보는 것은 어떨까?

이　한 : 우리가 다치지 않고 잘 놀 수 있는지 조사하는 거네요.

세　영 : 우리가 열심히 발로 밟고 올라가고 했으니까 낡은 곳이 많을 거예요.

교　사 : 그래. 이한이 말대로 혹시 위험한 곳이 생기지는 않았는지, 우리가 안전하게 잘 놀 수 있는지, 우리가 스스로 잘 살펴보는 것이 중요하단다.

우　주 : 우리가 잘 살펴볼 수 있어요. 왜냐하면 우리가 날마다 놀기 때문에요.

교사와 유아들이 바깥놀이터 조합놀이대의 이곳저곳을 살펴본다.

리　진 : 여기 빨간 옷이 다 벗겨졌어. 줄이 아픈 것 같아.

승　찬 : 여기도 아픈가 봐. 힝…….

이　한 : 여기는 깨졌다. 여기 봐.

교사와 유아들이 원장 선생님에게 가서 조합놀이대의 위험한 곳을 알려 준다.

유아들 : 원장 선생님. 놀이터가 위험한 곳이 있어요. 손이 찔리겠어요. 고쳐주세요.

원　장 : 어머! 너희들이 위험한 곳을 잘 발견했구나. 원장 선생님이 놀이터를 고쳐 주시는 분들에게 연락해서 빨리 고칠게요. 고마워요.

이후 전문업체를 통해 놀이터의 일부 보수공사를 진행한다.

※ 놀이터 안전점검 자체점검 : 월 1회 이상

정기시설검사 : 2년에 1회 이상 안전검사기관으로부터 받아야 함

놀이터관리자 안전교육 : 2년에 1회

4. 물놀이 안전교육의 내용과 실제

1) 물놀이 안전교육의 내용

영유아는 위험에 대한 불안감이 적어 대범한 행동을 하기 쉬운 반면 갑작스러운 위험에 대처하는 능력이 떨어지기 때문에 부주의로 인한 사고를 당하기 쉽다. 또한 준비운동 없이 입수하여 급작스런 속도로 수영을 하는 경우 심장마비에 의한 익사사고가 발생할 수 있으며, 물놀이 중에 가족, 친구 등이 물에 빠진 경우 정에 이끌린 충동적 행동을 취하거나 당황하여 올바른 대처를 못함으로써 이차적 안전사고를 야기하기도 한다. 영유아기 물놀이 안전사고에서도 안전의식 부족이나 부주의 등의 원인이 대부분이므로, 안전교육을 통해 이러한 사고 발생률을 낮추어야 한다. 특히 영유아는 보호자의 부주의와 보호 의무 소홀로 인하여 물놀이 안전사고가 발생하는 빈도가 높으므로 보호자에 대한 안전교육 역시 필수적이다.

(1) 물놀이 안전수칙

여름철에 영유아가 즐길 수 있는 놀이로서 물놀이를 빼놓을 수 없는데 안전수칙을 제대로 지키지 않으면 치명적인 사고로 이어질 수도 있다. 준비운동 없이 입수를 하거나 급작스럽게 빠른 속도로 수영을 하는 경우 심장마비가 발생할 수도 있고, 물놀이 중 가족이나 친구가 물에 빠진 경우 충동적인 행동을 취하거나 당황하며 올바른 대처를 못하게 되어 2차 안전사고가 발생하기도 한다. 그러므로 안전한 물놀이를 위해 다음과 같은 수칙을 지켜야 한다.

- 수영을 하기 전에는 반드시 준비운동을 하고 구명조끼를 착용한다.
- 물에 들어갈 때는 심장에서 먼 부분부터(다리 → 팔 → 얼굴 → 가슴 순으로) 들어간다.

- 물이 갑자기 깊어지는 곳은 특히 위험하니 주의해야 한다.
- 건강 상태가 좋지 않을 때, 배가 고플 때, 식사 후에는 수영을 하지 않도록 한다.
- 수영 능력 과신은 금물, 무모한 행동은 하지 않는다.
- 장시간 수영하거나, 호수나 강에서 혼자 수영하지 않는다.
- 물놀이 도중에 몸에 소름이 돋고 피부가 당기고 몸이 떨리며 입술이 파랗게 되면 물놀이를 중단하고 옷이나 타월로 몸을 따뜻하게 감싸고 휴식한다.
- 긴 머리는 묶고 수영모를 쓴다.
- 튜브 사용 시 바람이 빠져 있거나 새지 않는지 확인한다.
- 껌을 씹거나 음식을 먹으면서 물놀이를 하지 않는다.

(2) 장소별 물놀이 안전수칙

물놀이 안전수칙을 장소별로 살펴보면 다음과 같다(세이프키즈코리아, www.safekids.or.kr).

● 바다

- 맨발로 바위에 올라가면 날카로운 부분에 찔릴 수 있고 방파제의 가장자리에 서 있다가 파도에 휩쓸리거나 미끄러질 수 있으므로 주의해야 한다.
- 먼 바다에 혼자 있으면 다른 사람들이 보지 못하기 때문에 위급한 상황이 생길 경우 주위의 도움을 받을 수 없으므로 안전요원이나 보호자가 있는 곳에서 물놀이를 한다.
- 모래에 버려진 병 조각 등 날카로운 쓰레기에 발을 다칠 수 있으므로 슬리퍼나 물에 들어가도 잘 벗겨지지 않는 샌들을 신는다.
- 음식을 먹고 바로 물에 들어가면 소화가 되지 않아 배탈이 날 수 있고 껌이나 사탕 등을 입에 물고 수영하면 질식의 위험이 있으므로 주의한다.

- 물놀이를 하기 전에는 자외선 차단 크림을 바르고 햇볕이 심할 때에는 화상을 입거나 탈진할 수 있으므로 그늘에서 쉰다.

● 강과 계곡

- 물이 깊지 않아도 물살이 세면 휩쓸려 떠내려 갈 수 있으므로 주의한다.
- 바닥이 바위나 자갈로 되어 있어 미끄러져 넘어질 수 있으며 수심이 깊어도 머리를 다칠 수 있으므로 함부로 다이빙하지 않는다.
- 날카로운 바위나 자갈에 발을 다칠 수도 있으므로 운동화나 샌들을 신는다.
- 위치나 깊이에 따라 급격한 수온의 차이가 있을 수 있으므로 주의해야 한다.
- 고기를 잡거나 떠내려간 물건을 잡는 데 정신이 팔려 깊은 곳까지 갔다가 물에 빠질 수 있으므로 물건이 떠내려가면 반드시 어른에게 도움을 청한다.
- 물가 가까이에 텐트를 치면 물이 갑자기 불어났을 때 피할 수 없으므로 주의한다.

● 수영장

- 5~10분 정도 준비운동을 충분히 한다.
- 바닥이 항상 물에 젖어 있기 때문에 미끄럽고, 피부가 물에 불어 약해진 상태이므로 넘어질 경우 크게 다칠 수 있으므로 뛰지 않는다.
- 출입문을 열고 닫을 때 문의 앞뒤에 사람이 있는지 확인한다.
- 물의 깊이를 확인하지 않고 다이빙하면 머리를 크게 다칠 수 있으므로 항상 물의 깊이를 확인하고 주변 사람들과 부딪히지 않도록 주의한다.
- 친구를 수영장 안으로 갑자기 밀거나 장난치지 않는다.

2) 물놀이 안전교육의 실제

영유아 안전 경험의 실제

물놀이 하기 전에는 동글이 체조를 해요

8월, 햇빛이 강해 기온이 높아 매우 무더운 날씨이다. 바깥놀이터에서 물놀이를 하기 전, 교사와 유아들이 잠시 모여 이야기를 나눈다.

교　사 : 오늘 날씨가 어떻니?
유아들 : 더워요. 아침에도 더웠어요. 교실은 에어컨을 틀어서 안 더워요.
교　사 : 그래 많이 덥지? 선생님도 무척 더워. 이렇게 더운 여름 날씨를 뭐라고 하는지 들어봤니?
유아들 : 음……. 잘 모르겠어요.
도　아 : 아. 나는 알아요. 어제 엄마랑 TV를 봤는데 폭염이라고 했어요.
교　사 : 그래. 날이 매우 더울 때를 폭염이라고 해. 폭염일 때 우리가 건강하게 보내려면 어떻게 해야 할까?
유　주 : 날씨가 많이 더울 때는 바깥에서 조금만 놀다가 들어와야 해요. 그늘에서 쉬어야 하고요.
은　호 : 물도 자주 마셔야 해요. 저는 물을 정말 많이 마셔요.
서　현 : 날씨가 더운 날에는 햇빛에서 나오는 자외선이라는 게 있는데, 그걸 없애 주는 화장품을 발라야 해요. 물놀이를 하면서 더위를 이겨 내야 해요.
이　한 : 물놀이를 하기 전에는 준비운동을 해야 해요. 동글이 체조요.
은　호 : 준비운동을 해야 심장이 놀라지 않는다고 했어요.
교　사 : 그래. 그럼 우리 심장이 놀라지 않게 동글동글 동글이 체조하고 물놀이하러 갈까?

교사와 유아들이 동글이 체조를 한다.

은　호 : 이제 준비운동을 했으니까 심장이 놀라지 않겠어요.

5. 스포츠 안전교육의 내용과 실제

1) 스포츠 안전교육의 내용

스포츠 안전사고는 자전거, 인라인스케이트, 킥보드, 스키 등 스포츠 활동을 하는 과정에서 발생한 사고이다. 한국소비자원의 소비자위해감시시스템(CISS)에 접수된 승용스포츠 제품 관련 만 14세 이하 안전사고는 5년간(2015~2019년) 총 6,724건이다. 주로 사고가 발생하는 제품은 자건거, 킥보드, 롤러스케이트이며 이 중 킥보드 사고는 2015년 184건에서 2019년 852건으로 가파르게 증가하고 있다.

특히 스포츠 안전사고를 발달 단계별로 살펴보면 전체 사고 중 유아기에 30.6%(2,060건)가 발생하였고 제품별로는 킥보드 사고가 49.2%, 1,242건이 발생하였다.

〈표 6-6〉 승용스포츠 제품별 어린이 안전사고 현황 (2015~2019년)

구분	영아기 (0세)		걸음마기 (1~3세)		유아기 (4~6세)		학령기 (7~14세 미만)		합계	
자전거	7	(0.2)	359	(11.1)	697	(21.6)	2,172	(67.1)	3,235	(100.0)
킥보드(수동)	–	–	628	(24.9)	1,242	(49.2)	653	(25.9)	2,523	(100.0)
롤러스케이트/인라인스케이트	–	–	3	(0.5)	98	(15.6)	527	(83.9)	628	(100.0)
스케이트보드	–	–	2	(0.7)	21	(7.1)	271	(92.2)	294	(100.0)
바퀴 운동화	–	–	–	–	2	(4.5)	42	(95.5)	44	(100.0)

출처: 한국소비자원(2020). 2019년 어린이 안전사고 동향분석.

스포츠 안전사고는 주로 미끄러져 넘어지는 사고가 대부분이었고, 자건거 킥보드는 주로 머리와 얼굴의 피부가 찢어지는 열상사고가 많았고, 롤러스케이트와 스케이트보드는 뼈가 부러지는 골절사고가 많아 부상 방지를 위한 안전모와 무릎 및 팔꿈치 보호대 등 안전장비 착용에 대한 교육이 필수적이라 할 수 있다.

(1) 스포츠 안전수칙

스포츠는 영유아들이 신체활동을 할 수 있는 기회가 되며 신체발달을 촉진할 뿐 아니라 심신을 단련하고 건전한 사회인으로 성장하는 데 도움이 된다. 특히 지적 활동 위주의 놀이나 학습, TV 시청, 게임 등 정적인 활동으로 많은 시간을 보내는 요즘의 영유아는 신체활동이 부족하고 신체운동 기능을 개발할 기회가 감소하여 스포츠의 중요성이 더욱 크다(채혜선, 임미혜, 2011). 이처럼 스포츠는 영유아에게 여러 가지 긍정적인 영향을 미치는 활동이지만 영유아는 신체운동 기능이 미숙하고 위험한 상황에 대한 인식과 대처 능력이 부족하기 때문에 스포츠를 즐기는 중에 안전사고가 발생하기 쉽다(박성옥 외, 2003). 따라서 스포츠 관련 안전에 대한 교육을 통해 안전에 대한 지식과 기술을 지녀 스포츠 활동으로부터 얻을 수 있는 이득을 충분히 누릴 수 있도록 해야 한다. 안전한 스포츠 활동을 위한 일반적인 주의사항과 영유아가 할 수 있는 스포츠 활동별로 안전하게 활동하는 데 필요한 유의사항은 다음과 같다(세이프키즈코리아, 2007; 채혜선, 임미혜, 2011).

● 안전한 스포츠 활동을 위한 일반적 주의사항

- 영유아의 발달 수준에 맞는 운동 종목과 기구를 선택한다.
- 기구가 안전검사를 받은 제품인지 확인한다.
- 사전에 기구 사용법이나 운동 방법에 대해 교육한다.
- 안전보호장구(안전모, 장갑, 무릎 및 팔꿈치 보호대, 신발)를 반드시 착용한다.
- 스포츠 활동을 하기 위한 기본 기능을 충분히 익힌다.
- 위험한 장소에서는 하지 않는다.
- 운동할 때는 정면을 주시한다.
- 운동 전후에 준비운동과 마무리운동을 한다.
- 내리막길에서는 가속되어 위험하므로 내려서 걷는다.
- 주행 시 헤드폰, 이어폰 등을 사용하지 않는다.

(2) 승용스포츠 용품별 안전수칙

● 자전거

- 자전거는 몸에 맞아야 하고 안장에 앉았을 때 발이 땅에 닿는 것이 적당하다.
- 핸들, 바퀴의 공기, 체인, 브레이크 등에 이상이 있는지 자주 점검한다.
- 안전모와 보호대 등 보호장구를 착용한다.
- 밝은 색의 옷을 입는다.
- 핸들을 양손으로 잡고 바른 자세로 탄다.
- 자전거 전용도로에서 탄다.
- 거리에서 타야 할 경우 차량의 흐름과 같은 방향으로 타며 교통 신호를 지킨다.
- 보도와 차도의 구별이 없는 도로에서는 우측 통행을 한다.
- 내리막길에서는 가속되어 위험하므로 내려서 걷는다.
- 자전거 뒤에 사람을 태우지 않는다.
- 새벽이나 저녁에 타지 않는다.

● 인라인스케이트, 롤러스케이트, 킥보드

- 기구가 몸에 맞아야 하며 너무 큰 것을 구입하지 않는다.
- 바퀴에 이상이 있는지 점검한다.
- 안전모와 보호대 등 보호장구를 착용한다.
- 밝은 색의 옷을 입는다.
- 차가 다니지 않는 안전한 공터나 공원에서 탄다.
- 길을 건너거나 계단을 오르내릴 때는 용품을 벗는다.
- 손에 물건을 들지 않는다.

- 새벽이나 저녁에 타지 않는다.
- 넘어질 때 반사적으로 손을 뻗어 부상을 입는 경우가 많으므로, 손목 보호대를 착용한다.

● 썰매, 스키, 스노우보드

- 썰매는 날카로운 면이 없고 윤활이 잘 되어 있으며 구조적으로 안정되어야 한다.
- 스키는 장비가 몸에 맞아야 한다.
- 보드는 세웠을 때 코보다 낮아야 한다.
- 방수 가능한 긴 옷과 장갑을 착용한다.
- 다른 사람과 같은 방향으로 탄다.
- 앞 사람과 적절한 거리를 유지한다.
- 썰매를 엎드려 타지 않는다.

● 바퀴 운동화

- 사고의 우려가 있는 포장도로나 차도에서는 타지 않도록 한다.
- 사람이 많은 다중이용시설 내에서는 주행하지 않도록 한다.
- 젖었거나 편평하지 않은 표면에서는 타지 않도록 한다.
- 장시간 사용 시에는 신체에 무리를 주고 나쁜 걸음걸이 습관이 생길 우려가 있으니 주의를 기울여야 한다.
- 보행 시에는 보호자가 직접 바퀴를 분리하거나 제품 내부로 넣는다.
- 만 8세 이하 어린이가 제품을 이용할 경우 반드시 보호자가 동행한다.

2) 스포츠 안전교육의 실제

영유아 안전 경험의 실제

속도와 방향을 조절하며 달려요

연령이 다른 유아들이 동네 공터에서 자전거와 씽씽카를 타며 놀이한다. 유아들의 대부분은 자전거, 킥보드 위에서 매우 능숙하게 균형을 잡고 빠른 속도로 달리는데, 한쪽 방향으로 달리기도 하고, 때로는 공터를 모두 활용하며 달린다. 한편 자전거 타기에 능숙하지 않은 아이는 앞을 잘 보지 않고 천천히 움직인다.

교사는 자전거와 씽씽카, 자동차를 타는 유아들을 지켜보며, 빠른 속도로 달리는 유아들에게 "와우! 균형도 잘 잡고 아주 잘 타는데!"라고 큰 목소리로 격려하기도 하고, "앞에 잘 보고!", "앞에 자전거가 있어. 속도 조절하고!"라고 외치며, 유아들이 안전하게 탈것들을 탈 수 있도록 주의를 환기시키며, 계속 지켜본다.

6. 동식물 안전교육의 내용과 실제

1) 동식물 안전교육의 내용

한국소비자원(2020)에 따르면 2015년부터 2019년까지 동물에 의한 어린이 안전사고는 애완 동식물에 의한 상해가 영아기는 104건, 걸음마기는 539건, 유아기는 347건이 발생했다. 동물에 의한 상해의 비율이 높은 편은 아니지만 주요 위해 유형 중 10위로 나타나고 있고 꾸준히 애완동물에 의한 안전사고가 발생하고 있으므로 이를 대비한 관리 및 지도가 필요하다.

영유아들은 주변의 사물이나 환경에 대한 호기심이 높고, 위험한 상황에 판단 능력이 부족하여 집과 거리에서 쉽게 볼 수 있는 동식물 위험성에 대해 잘 알지 못한다. 교사는 영유아가 동식물이 위험할 수 있으므로 항상 주의를 기울여서 신중하게 접할 수 있도록 지도해야 한다. 직접적인 설명, 그림카드, 시연을 통한 위험한 상황에서의 순차적 대처 방법 등이 동식물 안전교육에서는 효과적일 수 있다. 예를 들면, 봄·가을 나들이 안전교육이 있다. 이는 가정 내에서 애완동물과 가족의 안전을 학습하는 데 효과적이라고 할 수 있다. 봄 소풍을 가기 전 영유아들과 봄에 볼 수 있는 식물에 대해 이야기를 나누며 안전한 식물과 위험한 식물이 있음을 그림자료를 보며 이야기하고 절대 먹어서는 안된다고 꼭 가르쳐 주어야 한다. 독이 있는 식물은 제법 많이 있으며 그 색이나 모양이 특이해 영유아들이 관심을 가질 수 있기 때문이다.

영유아보육기관에서 동식물을 키울 경우에는 영유아에게 위험한 요소를 배제해야만 하므로 다음의 사항을 반드시 고려하여야 한다(어린이집 안전관리백과, 2019).

- 영유아보육기관에는 원칙적으로 전염성이 있는 동물(닭, 오리 등)을 두어서는 안된다.
- 동물을 둘 경우, 사전에 부모에게 고지하여 동의를 구한다.
- 사육동물은 반드시 전염병 예방접종을 하고 정기적으로 건강검진을 받게 한다.
- 배설물은 영유아의 손이 닿지 않도록 바로 치우고 정기적으로 사육장을 소독한다.
- 신체자극, 호흡곤란, 중독 등으로 신체에 해를 끼치거나 가시가 있는 식물(옻나무, 담쟁이덩굴, 철쭉, 등나무, 장미, 탱자나무 등)은 가능한 키우지 않는다.
- 모든 식물에 대해 유독성 여부를 점검하고, 유독성 식물일 경우 없애거나 영유아의 손이 닿지 않는 곳으로 옮겨 심는다.

동식물에 대한 안전교육은 주변 동물과 식물에 대해 다른 시선으로 볼 수 있고 위험한 상황을 겪게 되었을 때 어떻게 대처해야 하는지도 알 수 있기 때문에 영유아가 위험한 상황에 대한 다양한 해결 방법을 모색해 보는 문제해결 능력을 기를 수 있다. 영유아들에게 동식물 관련 안전문제 신문기사를 읽어 주며 그 상황에서 영유아들이 어떻게 해야 할지 친구들과 이야기를 나누며 문제해결 방법을 모색할 수 있다. 반면, 문제해결 과정에 동기 유발이 부족하거나 인지 능력에 제한이 있는 영유아에 대해서는 보다 적극적인 교사의 역할이 필요하다.

2) 동식물 안전교육의 실제

영유아 안전 경험의 실제

말벌이 나타났을 때는 얼음!

산책 중 말벌이 나타나서 승찬이 주위를 뱅뱅 돈다. 유아들이 선생님을 급히 부른다.

교 사 : 아! 승찬아, 얼음! 말벌이 나타나면 얼음! 하기로 했지요. 지금은 얼음! 얼음 시간이에요. 얼음!

승찬이와 유아들은 두 손을 가슴에 포개고 눈을 꼭 감은 채 제자리에서 움직이지 않는다. 승찬이는 몸을 잔뜩 웅크리며 움직이지 않는다. 이때 다른 교사가 말벌을 쫓아낸다. 교사는 말벌이 멀리 사라졌는지 확인한다.

교 사 : 땡!
유아들 : 휴……. 우리 살았다. 말벌이 정말 갔어요? 다시 오는 거 아니예요?
승 찬 : 선생님, 나 정말 무서웠는데 잘 참았죠. 나 안 움직였잖아요.
유아들 : 나도요.
교 사 : 그래, 정말 잘 했어. 선생님도 조금 무서웠지만 너희들과 함께 얼음! 하고 있으니까 참을 수 있었어. 얘들아, 선생님이 말벌이 나타났을 때 안전할 수 있는 새로운 방법을 하나 더 알려 줄께요. 말벌이 나타나면 두 손으로 목을 감싸 안고 고개를 숙이고 낮은 자세로 앉는 거예요.

유아들이 선생님의 동작을 따라한다.

서　현 : 이렇게 하면 말벌이 가는 거예요? 한번 해 봐야 겠다.
도　아 : 이렇게 하면 말벌이 우리가 없는 줄 알고 가겠다. 해 보자.
교　사 : 한번 해 볼까? 말벌이 나타났다!

교사와 유아들이 손으로 뒷목을 가리고 고개를 숙이며 낮은 자세로 앉는다.

적용해 보기

위험한 일일까? 모험 놀이일까?

- 만 4세 유아들이 돌다리를 둘러싸고 있습니다. 돌다리 간의 간격은 약 60~70cm입니다. ○○이가 "나 저기까지 뛸 수 있어. 이것 봐!" 하며 훌쩍 뛰어넘었습니다. ○○이의 모습을 지켜보던 △△이가 돌다리 위에서 앞 돌다리를 한참 동안 쳐다보며 망설이다가 돌다리 아래로 뛰어내립니다. 위험한 일인가요? 모험 놀이인가요?

Chapter 7

교통안전

들어가기 전에

어린이 교통안전 관련 법 : 민식이법과 세림이법

민식이법과 세림이법은 어린이 교통안전을 위해 만들어진 법안이다.

민식이법은 2019년 9월 충남 아산의 초등학교 앞 어린이보호구역에서 교통사고로 숨진 김민식 군(당시 9세) 사고 이후 발의된 법안으로, 2020년 3월 25일부터 시행되고 있다. 이 법안은 스쿨존 내 교통사고를 예방하기 위한 것으로 어린이보호구역 내 신호등과 과속단속 카메라 설치 의무화 등을 담고 있는 '도로교통법 개정안'과 어린이보호구역 내 안전운전 의무 부주의로 사망이나 상해사고를 일으킨 가해자를 가중처벌하는 내용의 '특정범죄 가중처벌 등에 관한 법률 개정안' 등 2건으로 이루어져 있다.

출처: 소방청(www.nfa.go.kr).

세림이법은 어린이 통학차량 안전 기준을 강화하는 법안으로 2015년 1월 29일부터 시행되고 있다. 2013년 충북에서 김세림 양(당시 3세)이 자신이 다니는 어린이집 통학차량에 치여 목숨을 잃은 사건 이후 도로교통법이 개정되어 통학차량에 대한 신고 의무와 성인 보호자의 동승 및 안전 확인, 교육 이수에 대한 내용을 강조하고 있다.

영유아 교통안전교육은 교통안전을 위협하는 여러 가지 환경적 요소로부터 유아의 안전한 생활을 확보하기 위해, 교통사고에 대한 지식, 태도, 능력 등을 익히도록 하는 의도적이고 체계적인 노력이라고 할 수 있다(김현숙, 2008). 현대 사회에서는 생활 수준의 향상에 따라 바깥 활동이나 여행 등 이동이 빈번해짐에 따라 영유아가 교통사고에 노출될 위험도 높아지고 있다. 이에 이 장에서는 교통안전교육의 필요성과 보행 및 교통수단 안전에 대한 내용을 다루고자 한다.

1. 교통안전교육의 이해

1) 교통안전교육의 필요성

교통사고는 최근 10년간 영유아 사고의 사망 원인 중 1위이며, 매년 수많은 영유아가 교통사고로 인해 부상을 당하고 있다. 우리나라의 경우 어린이(만 14세 이하) 인구 10만 명당 교통사고 사망자 수는 경제협력개발기구(OECD) 회원국의 평균인 0.9명보다도 높은 1.2명으로 다른 나라에 비해 비교적 높은 수준에 해당된다(TAAS 통계자료, 2020).

영유아 교통사고 발생이 높은 데는 여러 가지 이유가 있겠으나, 가장 주요한 원인은 발달적 특성으로 인한 대처 능력의 부족이라 할 수 있다. 구체적으로 살펴보면 영유아는 눈높이가 낮기 때문에 시야가 매우 제한적이며, 속도와 거리에 대한 개념도 정확하지 못하여 위험한 상황을 제대로 판단해 내기 어렵다. 상황을 정확하게 인지했다 하더라도 성인에 비해 신체조절 능력과 운동 능력이 약하기 때문에 급박한 상황에 대처하기 어려울 수 있다. 또한 영유아는 자기중심적 사고가 강하여 자신의 관점과 남의 관점을 구별하지 못하고, 한 가지 일에만 몰두하는 중심화 경향이 강하여 굴러가는 공을 잡으려고 차도에 뛰어들거나 한쪽 방향만을 확인한 채 길을 건너는 상황들이 발생하게 된다. 그러므로 어린이 교통사고를 감소시키기 위해서는 영유아의 발달 특성을 반영한 체계적인 교통안전교육을 통해 안전한 생활습관과 안전의식을 기를 수 있도록 해야 한다.

어린이를 대상으로 한 교통안전교육이란 도로 보행 또는 교통수단을 이용할 때 지켜야 할 내용 및 태도, 교통규칙의 이해, 교통사고 예방에 적극적으로 대처하는 자세이며, 성인이 되었을 때 교통안전의 사회적 책임을 다할 수 있는 내용을 포함한 기초교육이어야 한다. 한편 어린이 교통사고는 영유아의 발달적 미숙뿐만 아니라 운전자의 부주의에 의해서도 많이 발생하므로 가정과 연계한 안전교육을 통해 교통사고를 예방하는 노력도 병행되어야 한다.

2) 교통안전교육의 내용

영유아 교통안전교육과 관련하여 「아동복지법」과 '학교안전교육 7대 표준안' 에서는 〈표 7-1〉과 같이 교통안전교육에서 다루어야 할 세부 내용과 실시 주기에 대해 구체적으로 제시하고 있다. 주요 내용은 보행 관련 안전수칙과 교통표지판에 대한 내용, 자전거나 자동차, 대중교통, 통학버스 등 다양한 교통수단 이용 시 안전에 대한 내용으로 크게 보행안전교육과 교통수단 안전교육으로 구분할 수 있다.

〈표 7-1〉 「아동복지법」과 학교안전교육 7대 표준안의 교통안전교육 내용

관련 법령	「아동복지법」	학교안전교육 7대 표준안
실시 주기	2개월에 1회 이상(연간 10시간 이상)	학기당 3회 이상(연간 10시간 이상)
교육 내용	1. 차도, 보도 및 신호등의 의미 알기 2. 안전한 도로 횡단법 3. 안전한 통학버스 이용법 4. 날씨와 보행안전 5. 어른과 손잡고 걷기	1. 보행자 안전 : 교통표지판 구별하기, 건너는 방법, 보행안전 2. 자전거 안전 : 안전한 자전거 타기 및 관리 3. 자동차 안전 : 자동차 사고의 원인·피해 및 사고 예방법 4. 대중교통 안전 : 대중교통이용 안전수칙

2. 보행안전교육의 내용과 실제

1) 보행안전의 개념과 현황

보행은 인간의 기본적이면서 중요한 교통수단이다. 도심이 복잡해질수록 안전한 보행 환경이 중요하다. 우리나라에서는 2005년 「교통약자의 이동편의 증진법」이 제정되면서 장애인, 고령자, 임산부, 영유아를 동반한 자, 어린이 등 교통약자의 안전하고 편리한 이동을 돕기 위한 이동편의시설 확충 및 보행 환경 개선을 위한 노력이 시작되었다. 또한 '보행우선 구역'을 지정하고 우선 구역 내에서 자동차의 일방통행 등 통행 제한, 운행속도 제한, 자동차의 주차나 정차 금지 조치, 보행시설물을 설치하도록 하고 있다. 이후 2008년 행정안전부의 '안전사고예방 종합대책'에 따라 안전사고에 대한 각종 법령을 정비하고 '어린이 교통사고 Zero' 운동 및 '어린이 교통안전 체험교육'을 실시하게 되었다. 이러한 노력의 결과로 2010년 이후부터 지금까지 12세 이하 어린이와 관련된 교통사고 사망자 수는 지속적으로 감소하는 추세를 보이고 있다.

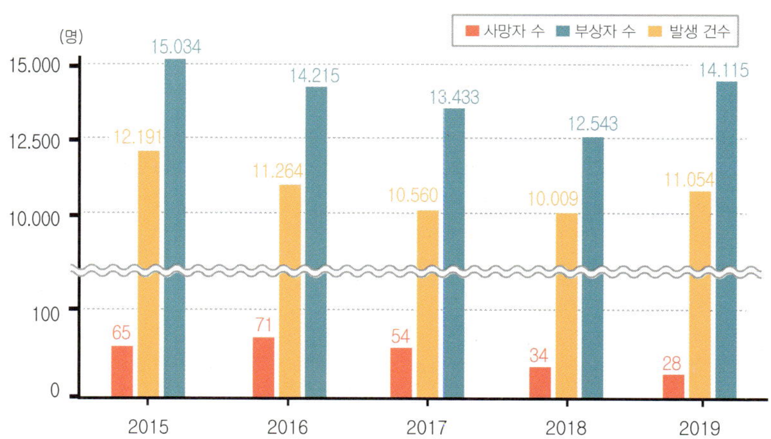

출처: TAAS 교통사고분석시스템(taas.koroad.or.kr). 교통사고정보 인포그래픽.

[그림 7-1] 어린이 교통사고 추세

지난 10년간 어린이 교통사고 사망자 수가 감소하는 추세를 보이고 있기는 하나, 전체 사고 중 보행자 교통사고로 사망하는 비율은 오히려 더 높아지고 있다. 〈표 7-2〉와 같이 어린이 교통사고 중 보행자 사고 발생 건수는 35% 정도이지만 보행사고로 인한 어린이 사망 비율은 지속적으로 60% 이상을 차지하고 있음을 알 수 있다.

〈표 7-2〉 어린이 교통사고 중 보행자 교통사고 사상자 현황

전체 (일평균)	2017년		2018년		2019년	
	전체 교통사고	보행자 교통사고	전체 교통사고	보행자 교통사고	전체 교통사고	보행자 교통사고
사고 발생 건수	10,960 (100%)	4,019 (36.7%)	10,009 (100%)	3,582 (35.8%)	11,054 (100%)	3,856 (34.9%)
사고 사망자 수	54 (100%)	35 (64.8%)	34 (100%)	22 (64.7%)	26 (100%)	20 (76.9%)
사고 부상자 수	13,433 (100%)	4,101 (30.5%)	12,543 (100%)	3,695 (29.5%)	14,115 (100%)	3,942 (27.9%)

출처: TAAS 교통사고분석시스템(taas.koroad.or.kr). 통계자료. 재구성.

또한 전체 교통사고 부상자 중 보행자 사고로 인한 부상자 비율을 살펴보았을 때, [그림 7-2]와 같이 12세 이하 어린이의 비율(27.3%)이 19세 이상 성인(8.5%)에 비해 1.5배 정도 높게 나타났으며, 특히 영유아에 해당되는 1~6세(30.5%)에서 보행자 사고 비율이 가장 높게 나타났다. 종합하면 어린이 보행사고는 교통사고로 인한 어린이 사망의 주된 요인이 되며, 이는 성인에게서 나타나는 사고 비율과 비교해 볼 때 월등히 높다고 할 수 있다.

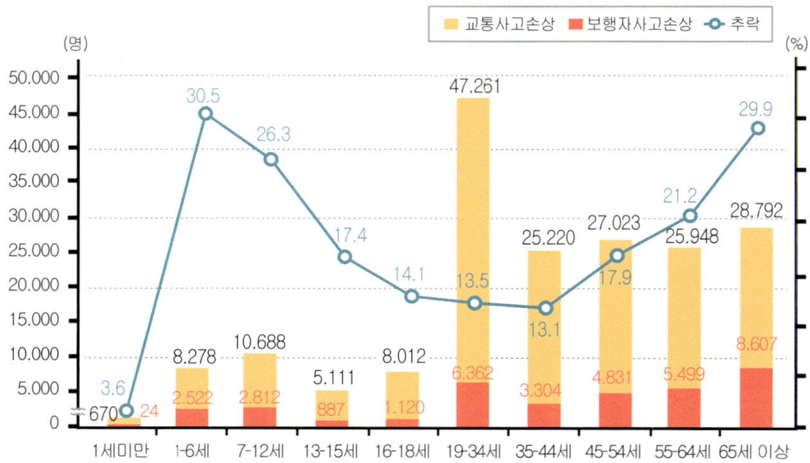

출처: 보건복지부 홈페이지(www.mohw.go.kr). 질병관리본부 보도자료(2020. 06. 02.).

[그림 7-2] 교통사고 부상자 중 보행자 사고 비율 (2015~2018년)

보행자 교통사고 비율이 높은 만 12세 이하 어린이의 사고 내용을 자세히 살펴보면, 일년 중 5~6월에 가장 많이 발생했으며, 하루 중 하원·하교가 시작되는 12시 이후부터 현저히 증가하여 오후 15~18시(36.9%)에 가장 많았다. 장소는 주로 도로(85.7%)에서 사고가 발생하며, 이 중 차도 및 횡단보도(49.5%), 골목길을 포함하는 기타도로(24.5%), 인도 또는 보도(8.2%) 순으로 높게 나타났다. 사고는 일상생활(69.2%) 및 여가활동(23.5%) 중에 주로 발생했다. 따라서 영유아 안전교육에서는 어린이 보행사고의 특성을 반영하여 영유아가 일상에서 경험하게 되는 보행 장면들을 장소나 시간, 상황 등으로 구분하여 지도할 필요가 있다.

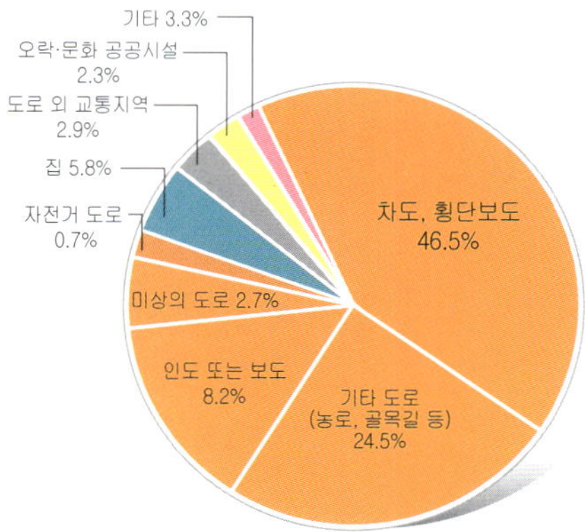

만 12세 이하 장소별 발생 현황 (2015-2018)

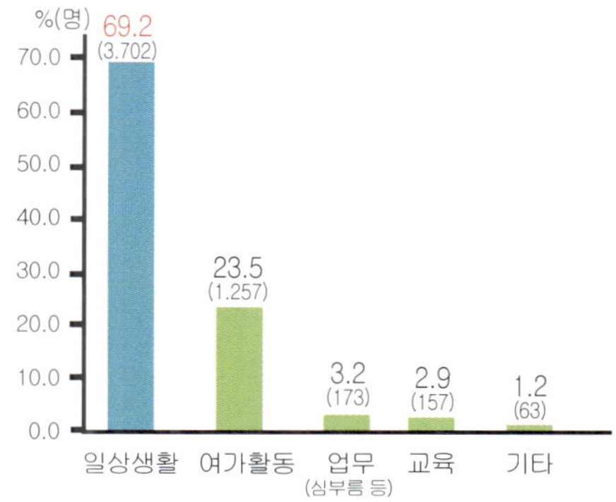

만 12세 이하 활동별 발생 현황 (2015-2018)

출처: 보건복지부 홈페이지(www.mohw.go.kr). 질병관리본부 보도자료(2020. 06. 02.).

[그림 7-3] 어린이 보행사고의 특성

더 알아보기

도로교통법에서는 도로를 차도와 보도로 구분

- **도로:** 사람, 차 따위가 잘 다닐 수 있도록 만들어 놓은 비교적 넓은 길
- **차도:** 연석선, 안전표지 또는 그와 비슷한 인공구조물을 이용하여 경계를 표시하여 모든 차가 통행할 수 있도록 설치된 도로의 부분
- **보도:** 연석선, 안전표지나 그와 비슷한 인공구조물로 경계를 표시하여 보행자가 통행할 수 있도록 한 도로의 부분
- **횡단보도:** 사람이 가로로 건너다닐 수 있도록 차도 위에 마련한 길
- **이면도로:** 왕복 차로의 구분이 없는 도로

어린이들에게 가장 많이 일어나는

교통사고 유형 10가지

교사는 영유아 교통안전교육을 계획하기 전에 어린이 교통사고에서 주로 발생하는 유형이 무엇인지를 참고할 필요가 있다.

▲ 자전거, 롤러스케이트 사고

▲ 무단횡단 사고

▲ 신호등 있는 횡단보도 사고

▲ 신호등 없는 횡단보도 사고

▲ 주정차 차량 사이에서 놀다 일어나는 사고

▲ 갑자기 튀어나오다 발생하는 사고

▲ 버스 하차 후 앞뒤 횡단 사고

▲ 내륜차 사고 (큰 차가 회전할 때)

▲ 차 뒤에서 놀다 일어나는 사고

▲ 안전띠 미장착 사고

2) 보행안전교육의 실제

보행안전교육에서는 보도와 차도, 횡단보드 등 다양한 도로에서의 안전한 보행법과 시간이나 상황의 변화에 따른 보행안전에 대한 내용이 다루어져야 하며, 구체적인 활동의 예시는 〈표 7-3〉과 같다. 보행안전교육에서 교사는 도로의 특성이나 보행 상황에 따라 유의할 점이 다름을 이해하고, 각각의 상황에 적절한 방법을 영유아에게 알려 주고, 함께 실천할 수 있어야 한다.

〈표 7-3〉 보행안전교육 활동

소주제	활동명	활동 유형	활동 목표
보행 안전	유치원 가는 길	게임	• 안전하게 길을 건널 수 있는 방법 • 신호등의 초록불이 켜졌을 때 안전하게 건너가야 함을 안다. • 교통안전 규칙에 따라 안전하게 길을 건너는 태도를 기른다.
	어떻게 다닐까요?	이야기 나누기	• 생활 주변의 여러 가지 보행 환경에 관심을 가진다. • 보행시 안전한 행동에 대해 알고 스스로 지키려는 태도를 기른다.
	우산 말고 비옷	노래 부르기	• 어두울 때 눈에 잘 보이는 색깔을 알아본다. • 비오는 날에는 안전한 보행을 위해 비옷을 입는 습관을 기른다.
	안전 손전등	수·조작	• 날씨와 상황에 따라 길을 걸을 때 발생할 수 있는 위험성을 알아본다. • 길을 걸을 때 안전하게 보행하는 생활습관을 기른다.

출처: 서울시 유아교육진흥원(2019). 유아 안전교육 프로그램 개발.

(1) 보도와 차도에서의 보행

도로를 다닐 때는 안전한 보행로를 선택하여야 한다. 교사는 영유아와 이동을 하는 경우, 이동 동선이 안전한지를 미리 점검하고, 가급적 차도를 가장 적게 건너는 길, 차가 많이 다니지 않는 길, 신호등이 있는 횡단보도나 육교, 지하도 등 안전한 보행로를 이용해야 한다. 또한 이동 시에는 충분한 시간적 여유를 갖고 다니며, 항상 차량 이동을 유심히 관찰해야 한다. 도로의 상황에 따라 유의해야 할 점은 다음과 같다.

① 보도와 차도가 구분되지 않은 도로 통행 방법

보도와 차도가 구분되지 않은 도로는 사람과 차량이 함께 공유하는 공간이므로 차량들의 움직임을 잘 살피며 보행해야 한다. 보도와 차도가 따로 구분되어 있지 않은 도로에서는 길의 노란색 안쪽, 혹은 가장자리 가까이 보행하도록 하며, 도로 상황에 따라 시야 확보가 안 될 수 있으므로 길을 건널 때 반드시 좌우를 확인해야 한다. 특히 주·정차된 차량이 있는 경우 횡단하기 전 멈추어 확인하는 것을 습관화한다. 정차 중인 차량이 갑자기 차를 전진하거나 후진할 수 있으므로 시동이 켜 있는지를 꼭 확인한다. 차가 다니는 좁은 골목에서는 차가 지나갈 때까지 기다렸다가 가고, 주차장에서 차들 사이를 빠져나갈 때에도 뛰어나가지 말고 앞·뒤, 좌·우를 살펴 천천히 걸어간다.

② 보도와 차도가 구분된 도로에서의 보행

보도가 설치되어 있는 경우, 반드시 보도로 통행하고 가급적 보도 안쪽으로 걷도록 한다. 여럿이 함께 걸을 때는 한 줄로 걷도록 하며, 보도가 끊어지는 곳에서는 일단 멈춘 후 진행하는 차가 있는지 확인하고 건너도록 한다.

영유아 안전 경험의 실제

길을 건널 때 장난을 치면 위험해요

동네 놀이터로 산책을 간다. 유아들이 횡단보도를 건너며 지한이와 소민이가 서로 이야기하며 장난을 친다.
교사는 횡단보도를 건널 때는 신호가 빨간불로 바뀌기 전에 건너야 하고, 자동차가 많이 다니는 길이라 위험하기 때문에 장난을 치지 않아야 한다고 주의를 준다.
그러나 유아들이 어린이집으로 돌아오는 길에 횡단보도에서 또 서로 장난을 친다. 교사는 어린이집에 도착하여 유아들에게 횡단보도를 건널 때 주의해야 할 점에 대해 다시 한 번 이야기를 한다.

(2) 횡단보도에서의 보행

길을 건널 때는 육교나 지하도, 신호등이 있는 횡단보도를 이용하여 차량 이동으로 인한 위험을 최소화하도록 해야 한다. 횡단보도 앞에서는 차도에 미리 내려서지 않고, 차도에 올라와 횡단보도 오른쪽에 서 있도록 지도한다.

신호등이 있는 횡단보도인 경우 정면에 있는 보행 신호등이 녹색인 경우에만 건넌다. 녹색 신호등이 켜지더라도 신호가 바뀌자마자 앞만 보고 건너가는 것은 위험하므로, 차가 오는 방향을 보고 차가 정차된 것을 확인하면서 건넌다.

횡단보도를 건널 때는 멈추거나 머뭇거리는 일 없이 곧장 건너며, 횡단보도 위에서 장난을 치거나 휴대전화·게임기를 사용하지 않는다. 녹색 신호가 깜빡일 때는 무리하게 건너가려고 하지 말고 다음 신호를 기다린다. 신호등이 없는 횡단보도는 가급적 어른들과 함께 건너며, 횡단보도를 건널 때 절대로 뛰거나 다른 행동을 하지 않도록 한다.

횡단보도를 건널 때에는 다음의 '안전한 횡단 방법' 3원칙에 따라 건넌다.

■ 안전한 횡단 방법 : 멈춘다, 살핀다, 건넌다

멈춘다

1. 보도 경계석 안쪽에 멈추어 선다.

살핀다

2. 신호등의 초록불이 켜진 후에도 차도의 왼쪽, 오른쪽, 다시 왼쪽을 살펴본다.

건넌다

3. 차의 움직임이 완전히 멈춘 것을 확인한 후 차의 흐름을 살피면서 건넌다.

출처: 보건복지부 홈페이지(www.mohw.go.kr). 질병관리본부 보도자료(2020. 06. 02.).

[그림 7-4] 안전한 횡단 방법 3원칙

영유아 안전 경험의 실제

횡단보도를 건너다가 장난감을 떨어뜨렸을 때

유아들과 횡단보도를 건너기 위해 멈춰섰을 때, 횡단보도를 건널 때 지켜야 할 약속에 대해 이야기를 나눈다. 교사는 유아들에게 "횡단보도를 건너다가 장난감을 떨어뜨렸을 때에는 어떻게 해야 해?"라고 묻자 도아가 "다시 돌아가면 안 돼요! 길을 건넜다가 신호가 다시 바뀌면 주우러 가요."라고 말한다. 교사는 "도아 말처럼 절대 다시 주우러 가지 않고 길을 건넜다가 신호가 다시 바뀌면 주우러 가는데 직접 가지러 가는 것보다 주위 어른들에게 도움을 요청하는 게 좋아."라고 말해 준다. 영유아들이 나와서 직접 물건을 떨어뜨려 보고 어떻게 행동해야 하는지 연습해 본 후 마무리한다.

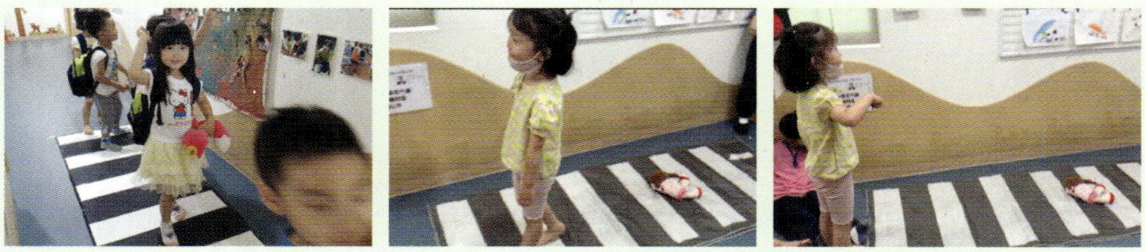

횡단보도를 직접 만들어 교통안전교육을 하니 훨씬 더 영유아들의 이해를 도울 수 있었다. 실제로 아이들이 길을 건너다 물건을 떨어뜨리게 되었을 때 어떻게 해야할지 그냥 이야기만 했을 때보다 훨씬 더 잘 생각날 것 같다. 아쉬운 점이 있다면, 횡단보도에 물건을 떨어뜨렸을 때의 상황극을 모든 아이들이 해 보지 못한 점이다. 자유놀이 시간에 유아들이 자연스럽게 횡단보도를 안전하게 건너는 방법에 대해서 인지하고 연습해 볼 수 있도록 복도에 횡단보도를 계속 배치해 두면 좋을 것 같다(교사의 일지 중).

(3) 시간·상황의 변화에 따른 보행

같은 도로라 하더라도 시간이나 날씨 등 상황에 따라 보행 시 나타날 수 있는 위험 요인이 무엇인지를 알고 미리 예방할 수 있어야 한다. 늦은 시간이나 날씨가 흐려 하늘이 어두운 경우 운전자가 보행자를 알아차리기 어려울 수 있다. 늦은 시간에는 유아 혼자 다니지 않게 하고, 밝은 색의 옷과 신발을 입어 운전자가 잘 확인할 수 있게 한다. 날씨에 따른 안전한 보행법은 〈표 7-4〉와 같다.

〈표 7-4〉 날씨에 따른 안전한 보행법

구분	내용
비오는 날	• 운전자의 눈에 잘 띄도록 밝은색 옷 입기 • 밝은 우산(혹은 투명 우산) 또는 우비 입기 • 우산을 똑바로 세워서 쓰기 • 차도와 떨어져서 걷기
바람 부는 날	• 날아가기 쉬운 물건은 가방에 넣기 • 바람에 날아간 물건을 줍기 위해 차도에 들어가지 않기
눈 오는 날	• 흰색 옷 입지 않기, 양손을 주머니에 넣지 않고 밖으로 빼고 걷기 • 길이 미끄러우므로 차에서 떨어져서 걷기 • 털모자, 목도리는 넘어질 경우 완충작용을 하지만 귀마개는 소리를 차단할 수 있으므로 위험

출처: 서울시 육아종합지원센터(2014). 서울시 어린이집 안전수칙 매뉴얼.

영유아 안전 경험의 실제

겨울철에는 길이 미끄러워요

만 2세반 겨울철 교통안전을 위하여, 교사는 영아들에게 길이 미끄럽기 때문에 발끝에 힘을 줘서 걷기, 눈에 잘 띄는 옷 입기, 모자가 달린 옷을 입었을 때 모자를 쓰지 않고 건너기, 미끄러지지 않는 재질의 신발 신기 등에 대해 이야기를 나눈다. 이후 영아들은 모자를 쓰지 않고, 발에 힘을 주고 걷는 연습을 한다. 그리고 신발장으로 가서 자신의 신발 밑창을 만지고 느끼며 자세히 살피면서, 미끄러지기 쉬운 재질의 신발과 미끄러지지 않는 재질의 신발에 대해 관심을 가진다.

민하 : 모자를 쓰면 안 보여!
시안 : 모자 벗어야지!
지한 : 주머니에 손도 빼야 해!
리윤 : 맞아. 손을 주머니에서 빼야 해!

민하 : 여기가 딱딱해. 너는?
성현 : 나도 딱딱해.
지한 : 내 신발 안 미끄러워. 내 신발은 안전해.
영아들 : 나도! 나도 안전해.

지한 : 얘들아, 손들어! 손을 들어서 내가 길 건너고 있다는 것을 알려야 해!
영아들 : 알겠어. 손들자!

3. 교통수단 안전교육의 내용과 실제

1) 교통수단 안전의 개념과 현황

국토교통부의 교통량 조사통계(2018)에 따르면, 자동차 등록대수와 평균 일교통량은 2012년 이후 지속적으로 증가하여, 2018년의 평균 일교통량은 10년 전보다 20% 이상 증가한 1만 4,964대로 나타났다. 자동차 등록대수와 교통량의 증가는 교통사고 발생 및 사상자의 증가로 이어질 수 있으므로 안전한 교통수단 이용에 대한 교육을 통해 예방할 필요가 있다.

교통수단 이용은 크게 교통수단에 승·하차하는 과정과 이동하는 과정으로 나눌 수 있다. 영유아의 발달적 특성상 승·하차와 이동 과정 모두 부모나 교사의 지원이 필수적이므로, 성인은 영유아가 교통수단을 이용할 때 유의할 점을 이해하고, 안전하게 이용하는 방법을 익힐 수 있도록 도와주어야 한다.

교통수단을 이용할 때는 이동 시 흔들림이나 사고로 인한 충격으로부터 보호하기 위해 적절한 안전 보호장구를 착용해야 한다. 카시트는 교통사고 발생 시 충격으로부터 영유아의 신체를 보호하기 위하여 고안된 장치이다. 미국 도로교통안전청 분석에 따르면, 카시트 등 유아보호용 장구 장착 시 1~2세 영아는 71%, 3~6세 및 7~12세는 54%의 사망 감소 효과가 있는 것으로 확인되었다. 2015년 한국교통안전공단에서 시행한 승용차 충돌시험 결과에 따르면, 시속 56km로 정면 충돌했을 때, 유아 카시트를 착용하지 않았을 경우에 카시트를 착용한 경우에 비해 머리 중상 가능성이 20배 정도 높았고, 사망 가능성은 99%인 것으로 나타났다. 또한 7~12세 어린이의 경우에도 부스터 시트를 사용하지 않고, 성인용 안전띠만 착용한 경우 어깨 벨트가 목을 감거나 골반 벨트가 복부로 미끄러져 장 파열 가능성이 있는 등 복합중상 가능성이 5.5배 정도 더 높아지는 것으로 나타났다.

〈표 7-5〉 카시트 착용 여부에 따른 승용차 충돌 시험 결과

충돌 시험 결과	6세 어린이(뒷좌석)	
	카시트(O)	카시트(X)
머리 중상 가능성	5.00%	98.10%
가슴 중상 가능성	14	26.90%
복합상해 중상 가능성	18	99.00%
비고	머리 중상 가능성 20배 (사망 가능성 99%)	

출처: 한국교통안전공단 블로그(blog.naver.com/autolog).

한편 「도로교통법」 제50조에 따라 6세 미만 어린이는 카시트와 같은 유아보호용 장구를 장착해야 하지만 도시부 도로의 카시트 착용률은 53.3%에 불과하며 미착용자 중 39.9%는 카시트가 있으나 착용하지 않는 것으로 나타났다.

〈표 7-6〉 유아보호용 장구(카시트) 장착 현황

구분	착용 (53.3%)	미착용(46.7%)		전체 (100%)
		카시트 있음(39.9%)	카시트 없음(60.1%)	
대상자 수	507명	177명	267명	951명

출처: 한국교통안전공단(www.kotsa.or.kr). 2019년 교통문화지수 실태조사 보고서(2020. 01. 인출).

어린이 통학버스란 어린이(13세 미만의 사람)를 교육 대상으로 하는 시설(유치원, 초등학교 및 특수학교, 어린이집, 학원, 체육시설)에서 통학 등에 이용하는 자동차로 여객 자동차운송사업의 한정 면허를 받아 어린이를 여객 대상으로 하여 운행되는 운송사업용 자동차를 말한다(「도로교통법」 제2조 제23호). 2019년 기준, 경찰청에 신고·접수된 어린이 통학버스는 11만 1,361대이며, 이 중 보육시설에 소속된 차량이 3만 7,221대(30.7%)로 가장 높은 비율을 차지한다.

〈표 7-7〉 어린이 통학버스 신고·접수 현황 (단위: 건, %)

신고·접수 현황						
계	보육시설	학원	유치원	체육시설	초등학교	특수학교
111,361 (100%)	37,221 (33.4%)	36,060 (32.4%)	15,166 (13.6%)	14,081 (12.65%)	7,734 (6.95%)	1,109 (1.0%)

출처: 한국소비자원 안전감시국 생활안전팀(2020). 어린이 통학버스 안전벨트 안전실태조사.

한편, 2015부터 2018년까지 도로교통공단 교통사고분석시스템(TASS)에 접수된 어린이 통학버스 관련 교통사고는 1,913건이며, 점차 증가하는 추세를 보이고 있어, 어린이 통학버스의 안전한 관리 및 이용에 대한 교육의 필요성이 높아지고 있다. 어린이집 통학버스 사고의 구체적인 원인을 살펴보면 통학차량 문에 옷이나 가방끈이 걸린 채 이동하는 경우, 차량의 앞이나 뒤에 어린이가 있는 것을 보지 못하고 출발하여 사고가 발생하는 경우, 어린이가 차량에 갇혀 질식하는 경우, 차량에서 내려 도로를 건너가다가 자동차나 오토바이에 부딪히는 경우, 차에서 내린 후 차 앞을 지나다가 다른 차량에 부딪히는 경우 등이 있다.

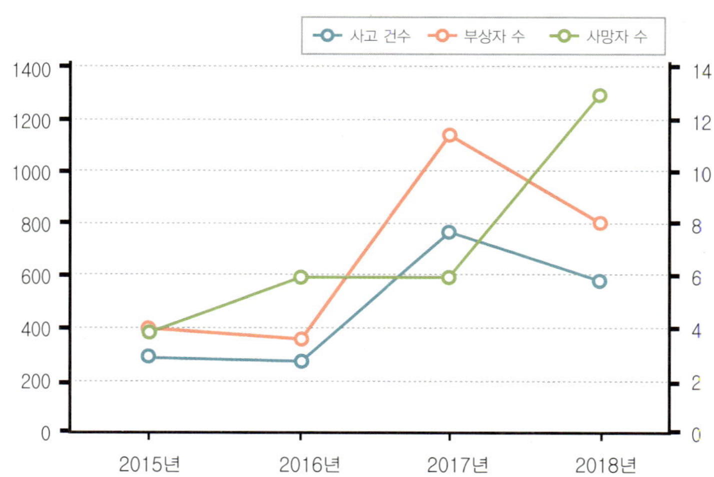

출처: 한국소비자원 안전감시국 생활안전팀(2020). 어린이 통학버스 안전벨트 안전실태조사.

[그림 7-5] 연도별 어린이 통학버스 관련 교통사고 현황

2) 교통수단 안전교육의 실제

교통수단 안전교육에서는 승용차 이용과 대중교통 이용, 어린이 통학버스 이용 등에 대한 내용이 다루어져야 하며, 구체적인 활동의 예시는 〈표 7-8〉과 같다(서울시 유아교육진흥원, 2019).

〈표 7-8〉 교통수단 이용 안전교육 활동

소주제	활동명	활동 유형	활동 목표
자동차 안전	안 보이는 곳이 있어요	이야기 나누기/과학	• 자동차 안에서 밖이 보이지 않는 곳(사각지대)이 있음을 알아본다. • 주정차된 자동차 주변에서는 놀지 않아야 함을 안다.
	내 생명을 지켜 줘요	이야기 나누기/과학	• 안전띠와 카시트의 중요성을 알아본다. • 차량을 이용할 때 안전띠와 카시트를 반드시 착용하는 습관을 기른다.
대중 교통 안전	안전하게 비행기(배)를 타요	이야기 나누기/역할	• 비행기(배)에서 지켜야 할 안전 규칙을 알아본다. • 역할놀이를 통해 비행기(배)에서 지켜야 할 안전규칙을 표현한다.
	안전하게 지하철을 이용해요	미술/언어	• 지하철을 안전하게 이용하는 습관을 기른다.

출처: 서울시 유아교육진흥원(2019). 유아 안전교육 프로그램 개발.

(1) 승용차 이용법

승용차가 대중화되면서 각 가정에서는 대부분 승용차를 이용하고 있다. 승용차를 탈 때 부모가 지키도록 해야 할 안전수칙은 다음과 같다.

- 의자에 등을 바짝 대고 바르게 앉은 후 안전띠를 매도록 하며, 영유아가 보호장구 착용을 싫어해도 습관화시킨다.
- 13세 이하 어린이는 조수석에 앉지 않고 반드시 뒷자석에 앉는다. 어린 영유아를 성인의 무릎에 앉히거나 안고 타지 않는다.
- 차 안에서 장난하거나 팔이나 얼굴을 밖으로 내밀지 않는다.

더 알아보기

만 6세 이하 카시트 착용 의무화

2018년 9월 29일부터 바뀐 「도로교통법」에 의해 모든 탑승자가 안전벨트 착용을 의무화하고, 만 6세 이하 어린이들의 카시트 착용도 의무화하였다. 카시트 선택 및 장착 시 고려할 점은 다음과 같다.

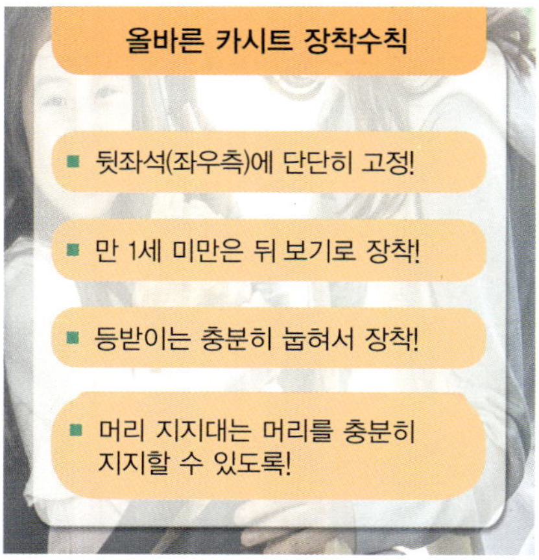

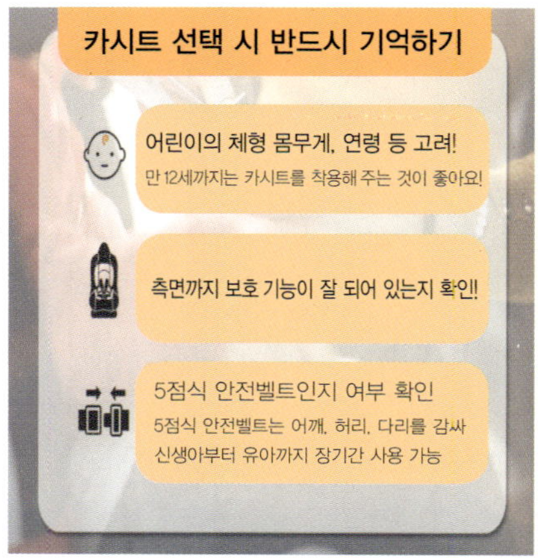

출처: 도로교통공단 블로그(m.post.naver.com).

(2) 대중교통 이용법

지하철과 기차, 버스 등 대중교통을 이용할 때 지켜야 할 안전수칙은 다음과 같다.

- 승하차할 때
  - 성인의 손을 잡고 승차 표시가 되어 있는 위치의 안전선 안에서 기다린다.
  - 지하철과 승강장 사이에 발이 빠지지 않도록 잘 살핀 후 안전하게 타고 내린다.
  - 승강장에서는 주변에서 뛰어다니거나 밀고 당기는 등의 장난을 하지 않는다.

- 교통수단(기차나 지하철)이 도착하면 완전히 멈춘 후, 내릴 사람이 모두 내린 후에 차례대로 탄다.
- 내릴 때 성인은 반드시 영유아의 손을 잡고 영유아가 먼저 승강장에 발을 디디도록 하며, 내린 후 교통수단에서 멀리 떨어지게 이동한다.

● 객실 내에서

- 버스 탑승 후 좌석에 앉아 안전띠를 매도록 한다.
- 객실 안에서는 문에 기대거나 문 가까이에 서 있지 않고, 객실 안에서 돌아다니거나 다시 들어오는 장난을 하지 않는다.
- 문이 닫히거나 타고 내릴 때 손, 옷, 가방 등이 문이나 손잡이에 걸리지 않도록 조심한다.
- 창문 밖으로 얼굴이나 손을 내밀거나 물건을 던지지 않는다.

영유아 안전 경험의 실제

다양한 교통수단을 안전하게 이용해요

항공기 비상 행동요령, 자전거 체험, 대중교통 체험 등 다양한 교통수단의 안전한 이용에 대한 교육은 체험관을 방문하여 진행할 수 있다.

출처: 한국교통안전공단 공식 블로그(blog.naver.com/autolog/).

(3) 어린이 통학버스 이용

어린이집 통학버스로 인한 사고를 예방하기 위해서는 통학차량에 대한 주기적인 안전점검과 동시에 관련 대상자별로 각자의 상황에서 지켜야 할 안전수칙을 숙지하고 실천할 필요가 있다.

① 원장(운영자) 안전수칙

- 「도로교통법」에서 규정하고 있는 어린이 통학버스 신고 요건을 구비하여 관할 경찰서장에게 신고한다. 운전기사 채용 시 채용신체검사서를 구비하고 교통안전교육 이수 여부 확인 및 성범죄 경력을 조회한다.
- 어린이 통학버스에는 동승보호자를 함께 태우고 운영하도록 해야 한다.
- 운영자뿐 아니라 동승보호자나 운전자의 주기적인 교육을 통해 어린이 통학버스 사고가 나지 않도록 경각심을 높인다.

출처: 경찰청 공식 블로그(polinlove.tistory).

[그림 7-6] 어린이 통학버스가 갖춰야 할 장치나 구조

② 운전자 및 동승보호자 안전수칙

어린이 통학버스 운행 시 운전자와 동승보호자가 지켜야 할 표준 매뉴얼을 상황에 따라 구분해 보면 〈표 7-9〉와 같다(보육사업안내, 2020, 부록 13 내용 재구성).

〈표 7-9〉 어린이 통학버스 운전자 및 동승보호자 표준 매뉴얼

	운전자	동승보호자
승차 시	① 차량 주위에 어린이가 있는지 확인하고, 보도나 길 가장자리 구역 옆에 안전하게 정차한다. ② 동승보호자가 어린이를 차례대로 승차시키는지, 좌석에 앉힌 후 안전띠를 매는지 확인한다. ③ 모두 승차하고 동승보호자가 문을 닫으면 출발을 알린다. ④ 광각실외후사경 등을 확인, 차량 주위에 어린이가 있는지 확인하고, 다른 어린이가 있는 경우 동승보호자를 통해 안전한 곳으로 이동시킨다. ⑤ 안전하게 서서히 출발한다.	① 차량이 보도나 길 가장자리 구역 옆에 안전하게 정지한 것을 확인한다. ② 어린이를 차례대로 승차시키고, 좌석에 앉힌 후 안전띠를 메 준다. ③ 주변에 다른 어린이가 있는지 다시 확인한다. ④ 모두 승차하면 문을 닫는다. ⑤ 운전자에게 알려 서서히 출발하도록 한다.
차량 운행 중	① 어린이가 안전띠를 풀고 있지 않은지 수시로 확인하고, 안전띠가 풀어진 경우 서행하면서 동승자에게 즉시 안전띠를 매도록 한다. ② 어린이가 차창 밖으로 손, 물건 등을 내밀거나 장난치지 않도록 수시 확인한다.	① 어린이가 안전띠를 풀고 있지 않은지 수시로 확인하며, 안전띠가 풀어진 경우 즉시 메 준다. ② 어린이가 차창 밖으로 손, 물건 등을 내밀거나 장난치지 않도록 한다.
하차 시	① 차를 보도나 길 가장자리 구역 옆에 안전하게 정차한다. ② 기어를 주차(수동일 경우 중립)에 놓고, 사이드 브레이크를 올린 후 동승보호자에게 알린 뒤, 동승보호자가 오토바이나 자전거가 오는지 뒤쪽을 살피도록 한다. ③ 동승보호자가 문을 열고 먼저 내리도록 하고, 한 명씩 안전하게 하차시켜 보호자에게 인계하는 것을 확인한다. ④ 하차한 어린이가 안전한 장소에 도착한 것을 확인한다(어린이가 반대편으로 길을 건널 경우 동승보호자가 함께 건너도록 한다). ⑤ 차량에 남아 있는 아동이 없는지 차량 맨 뒷좌석까지 확인한 뒤, 차문을 닫고 서서히 출발한다.	① 차량이 보도나 길 가장자리 구역 옆에 안전하게 정지한 것을 확인한 뒤, 어린이 안전띠를 풀어 준다. ② 오토바이나 자전거가 오는지 뒤쪽을 살피고, 먼저 하차한다. ③ 어린이를 한 명씩 안전하게 하차시켜 보호자에게 인계한다. ④ 하차한 어린이가 안전한 장소에 도착하는 것을 확인한다(하차한 어린이가 반대편으로 길을 건널 경우 동승보호자가 함께 건넌다). ⑤ 차량에 남아 있는 아동이 없는지 차량 맨 뒷좌석까지 확인한 뒤, 차문을 닫고 운전자에게 알려 서서히 출발하도록 한다.

적용해 보기

- 교통안전교육에서는 영유아가 교통안전에 대한 지식, 기능, 태도를 익혀 상황에 맞게 행동할 수 있어야 합니다. 이를 위해서는 실제와 유사한 구체적인 상황을 직접 시뮬레이션해 보는 것이 필요합니다. 우리 지역 인근에 교통안전과 관련하여 영유아가 체험할 수 있는 기관을 3개 이상 찾아보고, 각 기관의 물리적 환경과 체험 내용 등을 비교해 보세요.

기관명	특징 (시설 및 물리적 환경)	영유아 체험 내용	기타

Chapter 8
미디어안전

들어가기 전에

팝콘 브레인(popcorn brain)

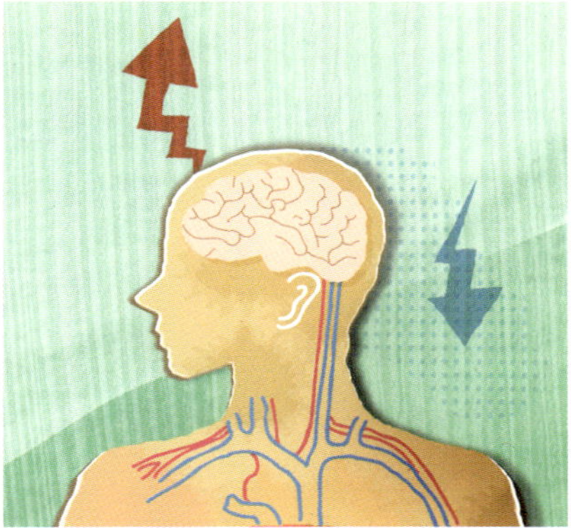

팝콘이 터질 때는 코를 자극하는 향과 크고 강렬한 소리가 난다. 이렇듯 크고 강렬한 자극에만 우리의 뇌가 반응하는 현상을 '팝콘 브레인'이라 부른다. 미국 워싱턴대학교 교수인 데이빗 레비가 만든 용어이다. 2011년 6월 CNN을 통해 처음 소개됐는데, 컴퓨터와 스마트폰과 같은 전자기기를 지나치게 많이 사용했을 경우, 혹은 여러 기기로 멀티태스킹을 반복했을 경우에 심하게 나타나는 경향이 있다. 뇌가 현실에는 무감각하고 무기력해지기 때문에 즉각적인 반응이 나타나는 첨단 디지털기기에 더욱 몰두하게 되면서 현실에는 둔감한 반응을 보이도록 변형된 뇌구조를 일컫는다. 실제 인터넷을 장시간 사용한 사람의 뇌를 촬영한 MRI 영상 분석 결과 인간의 뇌에서 생각 중추를 담당하는 회백질의 크기가 줄어든 것으로 조사됐다. 이것은 즉각적인 현상에만 반응하게 하고 잔잔하고 미묘한 요소들에는 무감각해지게 한다.

출처: 과학백과사전(2018. 12. 12.). www.scienceall.com

스마트폰으로 대표되는 디지털 미디어는 일상생활의 필수품으로 자리 잡았다. 따라서 영유아기 미디어 사용이 심신의 발달에 부정적 영향을 미칠 가능성이 있음에도 사용을 전면 금지하는 것은 현실성 있는 미디어 안전교육이 아니다. 이러한 점을 고려하여 이 장에서는 영유아교사가 미디어안전을 지도하고 가정과 연계하여 미디어 안전교육의 효과를 높이는 데 필요한 미디어안전의 개념과 현황, 미디어 안전교육의 내용과 실제를 다룬다.

1. 미디어 안전교육의 이해

2009년 11월 스마트폰이 처음 국내에 출시된 이래 모든 미디어 콘텐츠를 스마트폰 하나로 이용할 수 있게 되면서 미디어 기술은 그러한 환경에 맞추어 더욱 발전해 왔고, 미디어가 일상생활에서 수행하는 기능도 확대되어 왔다. 이와 같은 미디어의 기능 확대는 영유아의 삶에서도 예외가 아니다. 2020년대 영유아는 인터넷과 스마트 기기가 생활의 필수도구로 이미 자리 잡은 환경에 태어나 자연스럽게 부모의 스마트폰을 탐색하고 놀잇감으로 삼으며 유튜브 같은 스트리밍 서비스를 통해 영상을 시청하고 온라인 게임을 하기도 하는 등 스마트 기기는 영유아의 일상적인 활동에도 다양하게 활용되고 있다.

미디어를 시간과 공간에 구애받지 않고 이용할 수 있으며, 누구나 콘텐츠를 만들어 제공할 수 있는 미디어 환경에서 콘텐츠의 다양성은 어느 때보다 크며 이용자의 선택권도 커졌다고 할 수 있다. 이처럼 미디어 이용이 개인화된 것은 이용자 개개인의 관심사와 목적에 부합되는 콘텐츠를 선택할 수 있다는 점에서 긍정적으로 평가할 수 있다. 그러나 어떤 콘텐츠를 얼마나 이용할 것인지에 대해 합리적으로 판단하지 못하고 이용 행동을 스스로 조절하지 못하는 이용자에게는 위험할 수 있는 미디어 환경이고, 영유아가 그러한 미디어 이용자의 대표적 예라고 할 수 있다. 따라서 영유아가 미디어 이용과 관련하여 받을 수 있는 부정적 영향을 최소화하기 위한 교사와 부모의 지원이 어느 때보다 중요해졌다.

영유아 미디어 이용에는 분명히 부작용이 따를 수 있으나 그것 때문에 금지하기만 하는 것은 영유아 미디어안전을 관리하는 현실적인 방법이라고 할 수 없다. 영유아 미디어안전을 관리하는 데 있어서 미디어가 일상생활에서 차지하는 역할과 비중을 고려하는 이와 같은 관점은 아동정신의학계의 영유아 미디어 이용에 관한 권고에도 나타나 있다. 예를 들면, 미국소아정신의학회(American Academy of Pediatrics)는 24개월 미만 영아에게 미디어 이용을 일체 허용하지 않는 것이 바람직하다는 권고를 1999년에 발표했는데, 2016년에 부모가 함께 사용하는 것을 전제 조건으로 하여 변경한 바 있다(Wartella, 2016). 새로운 권고(AAP Council on communications and media, 2016)에 따르면, 18개월 미만 영아에게는 화상통화 이외의 미디어는 허용하지 않는 것이 바람직하며, 18~24개월 영아에게는 발달에 적합하게 제작된 질적으로 우수한 디지털 미디어에 한하여 부모가 함께 사용한다는 조건 아래 이용하게 할 수 있다. 이와 같이 미디어를 불가피한 삶의 일부분으로 인정하고 영유아의 발달 특성에 맞게 이용할 수 있도록 지도하여 영유아가 현재는 물론 미래에도 미디어를 안전하게 이용하고, 생활에 필요한 도구로 적절하게 활용할 수 있는 능력을 기르도록 지원해 주는 것이 현실적 접근 방법이 되겠으며 그러한 과정에서 부모와 교사의 역할이 중요하다.

부모와 교사는 영유아기 미디어 사용의 긍정적 효과와 부정적 효과에 대해 정확한 지식을 습득하고, 영유아가 미디어를 효과적으로 활용하며 안전하게 이용할 수 있도록 환경을 조성하고, 지도하는 구체적인 방법을 알고 적용할 수 있어야 한다. 또한 부모와 교사는 영유아에게 미디어 사용 모델로서 역할이 크므로, 자신의 미디어 사용 행동을 스스로 감독하고 조절하는 것도 잊어서는 안 된다.

2. 미디어안전의 현황

1) 미디어안전의 유형

미디어 사용과 관련하여 안전하다는 것은 미디어 과의존 위험 없이 일상생활을 구성하는 여타 활동과 조화를 이룰 수 있게 미디어를 이용하는 상태라고 할 수 있다. 영유아의 미디어 과의존 문제는 꾸준히 지적되어 왔는데, 국내 스마트폰 보급률이 99%에 이르면서 영유아의 스마트폰 과의존 위험성도 지속적으로 증가하고 있다. 스마트폰 과의존이란 과도한 스마트폰 이용으로 스마트폰의 현저성이 증가하고 이용 조절력이 감소하여 문제적 결과를 경험하는 상태를 뜻한다(한국정보화진흥원, 2019). 스마트폰 과의존 위험을 구성하는 요인 3개의 의미를 각각 살펴보면, 현저성은 개인의 삶에서 스마트폰을 이용하는 생활 패턴이 다른 행태보다 두드러지고 가장 중요한 활동이 되는 것을 의미하며, 조절 실패는 이용자의 주관적 목표 대비 스마트폰 이용에 대한 자율적 조절 능력이 떨어진 것을 의미하며, 문제적 결과는 스마트폰 이용으로 인해 신체적·심리적·사회적으로 부정적 결과를 경험하는 것을 의미한다.

만 3~9세 아동의 스마트폰 과의존 여부를 알아보기 위해 조사에 사용하는 척도(과학기술정보통신부, 한국정보화진흥원, 2019) 문항들을 통해 현저성, 조절 실패, 문제적 결과를 구체적으로 알아볼 수 있다(〈표 8-1〉 참조).

〈표 8-1〉 만 3~9세 아동의 스마트폰 과의존 구성 요소별 척도 문항

요소	문항
현저성	항상 스마트폰을 가지고 놀고 싶어 한다.
	다른 어떤 것보다 스마트폰을 갖고 노는 것을 좋아한다.
	하루에도 수시로 스마트폰을 이용하려 한다.
조절 실패	스마트폰 이용에 대한 부모의 지도를 잘 따르지 않는다.
	정해진 이용 시간에 맞춰 스마트폰 이용을 잘 마무리하지 않는다.
	이용 중인 스마트폰을 빼앗지 않으면 스스로 그만두지 않는다.
문제적 결과	스마트폰 이용 때문에 아이와 자주 싸운다.
	스마트폰을 하느라 다른 놀이나 학습에 지장이 있다.
	스마트폰 이용으로 인해 시력이나 자세가 안 좋아진다.

출처: 과학기술정보통신부, 한국정보화진흥원(2019). 2019 스마트폰 과의존 실태조사.

아동의 스마트폰 과의존을 판단하기 위해 사용하는 척도 문항을 통해 알 수 있듯이 미디어 과의존은 여러 유형의 문제를 포함한다. 동영상 시청, 게임 등 아동이 미디어를 이용하는 활동 대부분이 디지털 기기 화면을 보는 것으로 이루어지는데 이러한 활동을 과도하게 하는 것은 아동의 수면에 어려움을 초래하는 원인일 수 있으며, 과체중 및 비만 가능성을 높일 수 있고, 주의집중 어려움, 불안, 우울을 겪을 가능성도 증가시킬 수 있다(Medical Encyclopedia, 2020). 스마트폰 사용 중에 노출되는 전자파는 발암물질로 분류되는데 유아의 경우 성인보다 두개골이 얇고 뇌 크기가 작아서 더욱 큰 영향을 받기 때문에 스마트폰 등 디지털 기기를 자주 이용하는 것은 뇌 구조를 변하게 할 가능성도 있다(한국정보화진흥원, 2019). 스마트폰을 많이 이용할수록 놀이 시간이 줄어드는 것도 아동발달에 부정적인 영향을 미칠 수 있다. 실외놀이에 비해 디지털 기기 이용 활동을 더 많이 할수록 유아의 공격적 행동이나 자기조절력 부족 문제가 증가한다는 보고도 있다(한국정보화진흥원, 2019).

2) 미디어안전의 실태

① 인터넷 이용률

인터넷 이용 실태조사(과학기술정보통신부, 한국정보화진흥원, 2020)에 따르면, 2019년 국내 1,997만 가구 중 1,991만 가구가 인터넷에 접속할 수 있는 것으로 나타났고, 만 3세 이상 국민 5,050만 명 중 91.8%에 해당하는 4,635만여 명이 인터넷을 이용하는 것으로 파악되었다. 연령별 인터넷 이용률을 보면, 만 3~9세 아동의 91.2%, 아동기 자녀가 있는 부모의 일반적인 연령대인 20대, 30대, 40대의 이용률은 각각 99.9%, 100%, 99.8%로 나타났다. 또한 이 조사 보고서에는 2015년과 2019년 인터넷 이용률이 비교되어 있는데 만 3~9세 아동의 경우 79.8%에서 91.2%로 증가한 것으로 나타났다. 20~40대 성인의 이용률은 2015년에 이미 100%에 근접해 있어 2019년과 차이가 거의 없었다. 유아와 초등학교 저학년 아동의 인터넷 이용률이 이처럼 크게 증가한 것은 인터넷을 사용하지 않을 수 없는 사회 환경 변화에 기인한 것으로 이해된다. 영유아보육기관의 교사-부모 상호 작용도 편의상 스마트폰 앱을 이용할 정도로 미디어 이용 양상이 급변함에 따라 영유아의 발달에 미칠 부정적 영향을 우려하여 미디어 이용을 제한하는 것이 현실적으로 불가능한 상황에 이르렀다고 할 수 있다.

인터넷 접속 방법으로 모바일 인터넷이 99.9%, 와이파이가 100%에 이르며, 인터넷 접속에 이용하는 기기로는 스마트폰이 94.9%로 가장 큰 비중을 차지하였고, 태블릿PC를 이용한다는 응답 비율도 19.3%로 나타났다. 이러한 조사 결과를 통해 소수를 제외한 거의 전 국민이 인터넷과 스마트폰 등 스마트 기기를 이용하고 있으며, 만 3~9세 유아와 학령기 아동도 다르지 않다는 것을 알 수 있다. 따라서 영유아 미디어 안전관리에 있어서 미디어 이용을 제한하기만 하는 것은 합리적 관리 방안이라 할 수 없으며 변화한 사회문화 환경 조건에서 영유아의 건강과 발달 특성을 최대한 고려한 안전관리를 지향하는 것이 타당하고 할 수 있다.

② 인터넷 이용 빈도 및 시간

인터넷 이용 빈도와 시간에 대한 실태조사(과학기술정보통신부, 한국정보화진흥원, 2020)에 따르면, 2019년 만 3세 이상 인터넷 이용자의 93.9%가 하루 1회 이상, 주 평균 17.4시간 인터넷을 이용했다. 주 평균 인터넷 이용 시간 분포를 보면, 21~35시간 미만 26.8%, 7~14시간 미만 22.8%, 14~21시간 미만 21.2%, 7시간 미만 18.0%, 35시간 이상 11.2%였다. 평균적으로 매일 2.48시간 정도 인터넷을 이용하며 5시간 이상 이용자도 10명 중 1명이 되는 것을 볼 때 인터넷이 얼마나 일상생활에 많이 사용되는지를 알 수 있다.

③ 스마트폰 이용률, 이용 빈도, 이용 시간

2019년 실태조사(과학기술정보통신부, 한국정보화진흥원, 2020)에 따르면, 만 3세 이상 인구의 90.5%가 스마트폰을 이용하고 있으며 만 3~9세 아동 중에서도 84.5%가 스마트폰을 이용하는 것으로 나타났다. 만 3세 이상 인구의 스마트폰 이용 빈도는 하루 1회 이상이 90.4%로 나타났고, 주 평균 이용 시간은 평균 11시간 6분으로 나타났다. 인터넷과 마찬가지로 스마트폰도 대부분의 사람들이 매일 이용하며, 하루 평균 1시간 30분 이상 이용할 만큼 일상생활의 일부로 자리 잡았다는 것을 알 수 있다([그림 8-1]).

④ 인터넷 이용 활동 유형

인터넷 이용 실태조사(과학기술정보통신부, 한국정보화진흥원, 2020)에 따르면, 인터넷 이용자가 인터넷에 접속하여 하는 활동으로 응답한 비율이 커뮤니케이션(메신저, SNS, 이메일) 95.4%, 자료 및 정보 획득(뉴스 읽기, 상품 서비스 정보, 여행 및 교통 정보) 94.0%, 여가활동(이미지, 동영상, 영화 등 보기, 음악 듣기, 게임) 94%, 기타(뱅킹, 쇼핑, 사진 및 동영상 공유) 64%로 나타났다. 특히 동영상 서비스는 최근 이용율이 높아져서 인터넷 이용자의 81.2%가 동영상을 이용하고 있었는데 20대는 동영상 이용율이 93.2%였다. 동영상을 검색의 주요 도구로 이용하는 비율도 인터넷 이용자의 37.7%로 나타났는데, 10세 미만 아동은 그 비율이 더 높아서 58.9%였다. 이 결과를 통해 일상생활의 거의 모든 활동에 인터넷과 컴퓨터가 관여된다는 것을 알 수 있다. 일상생활에서 다양한 활동을 할 때 뉴미디어 환경에서는 모든 것이 인터넷과 컴퓨터 이용으로 수렴하며 특히 스마트폰이 그 중심에 있으므로 영유아 미디어 안전관리와 교육에서는 스마트폰 과의존 문제를 다루는 것이 주요 과제라고 할 수 있다.

⑤ 동영상 서비스 이용률, 이용 빈도, 이용 시간

최근 인터넷 이용 활동에서 두드러지는 특징은 동영상 서비스 이용이라고 할 수 있다. 만 3세 이상 인터넷 이용자의 81.2%가 동영상 서비스를 이용하며, 동영상 서비스 이용자의 73.7%가 하루 1회 이상, 주 평균 4.5시간 동영상 서비스를 이용하는 것으로 나타났고, 가장 많이 사용하는 앱/사이트는 유튜브(76.9%)로 조사되었다(과학기술정보통신부, 한국정보화진흥원, 2020). 동영상 서비스 이용률과 주 평균 이용 시간을 연령대 별로 살펴보면, 만 3~9세 아동의 79.8%가 동영상 서비스를 이용하며, 주 평균 3.8시간 이용하는 것으로 나타났다. 아동기 자녀를 둔 부모가 일반적으로 속한 연령대인 20대, 30대, 40대에서는 93.2%, 89.5%, 85.2%가 동영상 서비스 이용자로 나타났고, 주 평균 이용 시간은 각각 5.6시간, 4.7시간, 4.3시간으로 나타났다. 앞서 기술했듯이 동영상 서비스는 특히 10세 미만 집단에서 검색의 주요 도구로도 빈번히 활용되고 있다. 따라서 영유아 미디어안전을 관리하고 교육하는 데 있어서 동영상 이용에 관한 안전수칙을 개발하여 적용하는 것이 중요한 과제로 포함되어야 할 것이다.

⑥ 스마트폰 과의존 실태

미디어안전을 위협하는 주요 요인인 스마트폰 과의존 실태를 알아보기 위해 전국 만 3~69세 스마트폰 이용자 2만 8,592명을 대상으로 실시한 2019년 스마트폰 과의존 실태조사(과학기술정보통신부, 한국정보화진흥원, 2019)의 결과 중 영유아 미디어안전과 관련되는 주요 내용을 살펴보고 거기서 얻을 수 있는 시사점을 제시하고자 한다.

만 3~69세 스마트폰 이용자 중 20%가 스마트폰 과의존 위험군에 속하는데 이 비율은 2018년 대비 0.9%가 상승한 수치이며, 과의존 위험군 비율은 2012년 첫 조사 때 11.1%를 기록한 이래로 꾸준히 증가해 왔다.

같은 실태조사 결과, 연령 집단 별로 최근 3년의 과의존 위험군 비율이 제시되었는데, 만 3~9세 집단은 청소년 다음으로 과의존 위험군 비율이 높았고, 과의존 위험군 비율 증가폭은 가장 컸다. 만 3~9세 집단에서 스마트폰 과의존 위험군에 해당하는 비율은 2017년 19.1%에서 2019년 22.9%로 3.8%가 증가하여, 30.3%에서 30.2%로 별다른 차이가 없는 청소년이나 17.4%에서 18.8%로 증가한 성인 집단, 12.9%에서 14.9%로 증가한 60대에 비하여 상대적으로 증가율이 높았다. 만 3~6세 집단을 만 3~5세와 만 6~9세로 나누어 스마트폰 과의존 위험군 비율을 알아본 결과, 3~5세는 21.0%, 6~9세는 24.3%로 나타났다.

이 결과를 보면, 유아와 초등학교 저학년 아동 중에서 스마트폰 과의존 위험군에 속한 비율이 상당히 높고, 위험군 증가율도 높다는 것을 알 수 있다. 또한 유아와 초등학생이 몇 년 내에 이르게 되는 청소년기에는 스마트폰 과의존 위험군 비율이 30%에 달한다. 스마트폰 과의존은 일상생활의 모든 측면에 부정적 영향을 미치며 건강과 발달에도 문제를 일으켜 생애 전반에 장기적으로 다양한 어려움을 초래할 가능성이 있다는 점에서 치명적이라 할 수 있다. 따라서 영유아기부터 스마트폰 과의존 예방을 위한 미디어 안전교육이 절실하다는 경각심을 가져야 할 때이다.

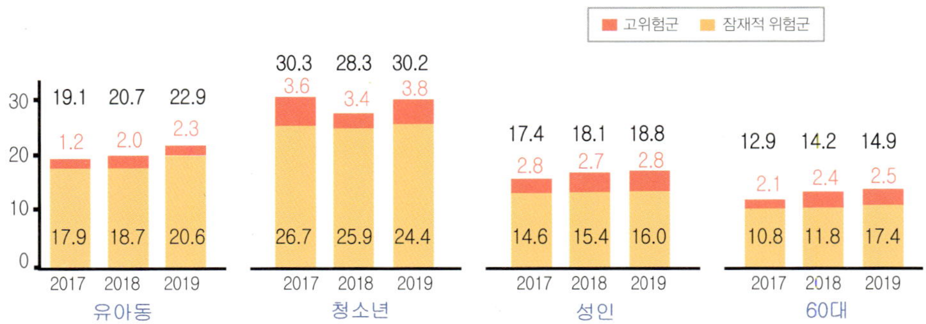

출처: 과학기술정보통신부, 한국정보화진흥원(2019). 2019 스마트폰 과의존 실태조사.

[그림 8-1] 연령대별 스마트폰 과의존 위험군 비율

⑦ 아동의 스마트폰 과의존 관련 부모 요인

영유아 및 청소년의 스마트폰 과의존 위험은 부모와 가족의 특성과도 관련성이 있었다. 부모가 스마트폰 과의존 위험군인 경우에는 영유아의 36.9%, 청소년의 67.5%가 과의존 위험군인 반면, 부모가 과의존 위험군이 아닌 경우에는 영유아의 26.3%, 청소년의 32.4%가 과의존 위험군으로 나타나 부모의 스마트폰 과의존 위험성과 영유아 및 청소년 자녀의 스마트폰 과의존 위험성 사이에 상당한 관계가 있는 것으로 보인다. 또한 맞벌이 가정과 외벌이 가정 영유아의 과의존 위험군 비율이 각각 26.1%, 20.8%였고, 청소년은 각각 33.3%, 26.7%로 나타나 맞벌이 가정 영유아 및 청소년이 외벌이 가정 영유아 및 청소년에 비해 스마트폰 과의존 위험이 높은 것으로 나타났다.

맞벌이 가정 아동의 스마트폰 과의존 위험성이 외벌이 가정 아동보다 높은 것으로 나타났는데 맞벌이 가정의 경우 부모가 자녀와 함께 보낼 수 있는 시간이 부족하여 이런 차이가 발생했을 수 있다. 따라서 영유아교육기관에서 부모를 대상으로 미디어 안전교육을 실시할 때 맞벌이 가정의 특성을 고려하여 부모와 영유아가 함께 질 높은 시간을 보낼 수 있는 방법과 영유아가 스마트폰을 사용할 때 안전수칙을 알고 지킬 수 있게 지도하는 방법을 안내해야 한다.

⑧ 자녀 스마트폰 사용에 대한 부모의 중재활동 및 관련 정보 습득처

자녀의 스마트폰 사용에 대해 부모가 지도하는 방식을 조사한 결과(과학기술정보통신부, 한국정보화진흥원, 2019)에 따르면, 가장 높은 비율을 차지한 것이 자녀가 사용할 수 있는 특정한 스마트폰 앱이나 사이트를 차단한다(64.3%)는 것이었고, 자녀의 스마트폰 사용 시간을 제한(61.2%)하거나 가족의 스마트폰 사용규칙을 만들고 지키려고 노력한다(55.9%)거나 자녀에게 스마트폰 사용의 장점과 단점을 말해 주는(52.4) 활동도 응답 비율이 높았다. 한편 자녀가 스마트폰을 전혀 사용하지 못하게 한다는 비율도 7.8%로 나타나 적지 않은 부모가 자녀의 스마트폰 사용을 조절하게 하는 방법으로 사용을 금지하기도 한다는 것을 알 수 있다. 여기서 흥미로운 점은 스마트폰 과의존 위험군에 해당되는 부모(10.7%)가 일반 사용자군 부모(7.2%)에 비하여 자녀의 스마트폰 사용을 전면 금지하는 비율이 높게 나타난 것이다. 스마트폰 과의존 상태에서 문제적 결과를 경험하는 부모가 그 심각성을 절감하여 자녀의 스마트폰 사용에 대해서는 더욱 강력한 중재 조치를 취하는 것이 아닐까 짐작할 수 있다.

동일한 조사 결과에 따르면, 자녀의 스마트폰 사용을 지도하기 위해 부모가 정보를 얻는 출처는 주변 지인(34.7%), 부모 자신의 경험(36.8%), TV/신문/인터넷(26.4%)이 높은 비율로 나타났고, 전문 기관이나 전문 서적을 통해 정보를 얻는 비율은 미미했다. 이 결과를 통해 부모가 쉽게 접근할 수 있는 미디어 안전교육이 시급히 필요하다는 것을 알 수 있다. 미디어안전은 최근 단기간에 급격히 문제로 부상한 사안이며 전문성을 필요로 하는 영역이므로 부모 자신은 물론 자녀의 스마트폰 과의존에 부모 스스로 효과적인 대처를 하는 것은 쉽지 않다. 따라서 영유아교육기관에서는 미디어 안전교육에 부모가 전문적 도움을 받을 수 있는 기관과 서비스를 안내하여 필요시 이용하도록 지원하는 내용을 포함해야 한다.

3. 미디어 안전교육의 내용과 실제

1) 스마트폰 과의존 예방

한국정보화진흥원(2019)은 영유아 보호자(부모, 교사 등 영유아 양육과 교육의 역할을 맡고 있는 모든 사람)가 활용할 수 있는 영유아 스마트폰 과의존 예방 가이드라인과 매뉴얼을 개발하였다. 이 가이드라인과 매뉴얼은 4단계 프레임으로 구성되어 있는데 1단계는 스마트폰 과의존 문제 인식, 2단계는 스마트폰 사용 상태 점검, 3단계는 바른 스마트폰 사용 실천 방안 및 대안 제시, 4단계는 주변 사람과의 관계 형성 강화이다. 영유아의 스마트폰 사용 여부, 사용 형태 및 습관은 영유아를 양육하고 교육하는 성인들, 특히 부모의 스마트폰 사용 형태에 달려 있다(김나리, 김정민, 전정은, 2019). 따라서 영유아교육기관에서는 교사 및 부모를 대상으로 실시하는 안전교육을 통해 각 단계의 가이드라인과 매뉴얼의 내용을 전달하여 영유아가 발달 특성에 부합하며 안전한 방식으로 스마트폰을 사용하도록 지도하는 데 지침으로 삼게 할 수 있다. 또한 영유아의 스마트폰 이용 지도에 어려움이 있는 경우 스마트쉼센터(www.iapc.or.kr)를 통해 전문가의 도움을 받을 수 있다. 한국정보화진흥원(2019)의 영유아 보호자용 스마트폰 과의존 예방 가이드라인과 매뉴얼의 주요 내용은 다음과 같다.

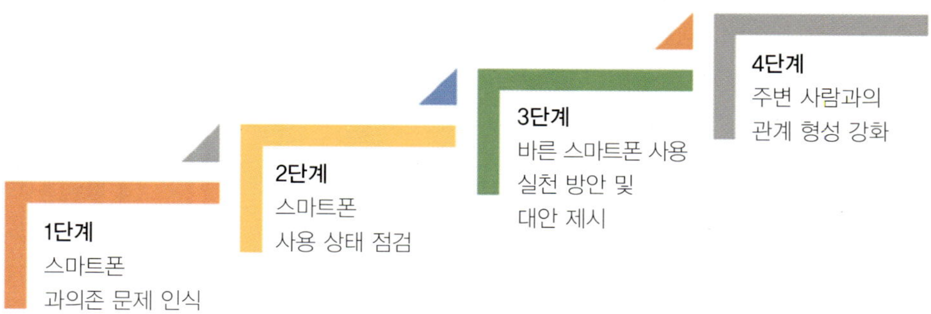

[그림 8-2] 영유아 보호자용 스마트폰 과의존 예방 가이드라인

(1) 1단계: 스마트폰 과의존 문제 인식

〈가이드라인〉

- 만 0~2세 보호자용
  - 아이에게 무심코 보여 주는 10분의 모바일 콘텐츠로 인해 아이는 스마트폰에 과의존할 수 있다.
  - 아이는 보호자의 스마트폰 이용습관을 닮아 간다.
  - 스마트폰을 육아나 교육의 도구로 이용하는 것도 방임일 수 있다.
- 만 3~5세 보호자용
  - 아이가 스마트폰 작동에 능숙하다고 해서 똑똑한 것은 아니다.
  - 보호자의 스마트폰 이용습관과 과의존도 아이에게 대물림될 수 있다.
  - 규칙 없는 스마트폰 이용은 방임일 수 있다.

〈매뉴얼〉

- 유아 스마트폰 과의존
  - 아동의 스마트폰 과의존 위험군 증가의 원인은 스마트폰을 일상적으로 사용하게 된 사회 환경과 영유아용 모바일 콘텐츠를 쉽게 이용할 수 있는 것으로 추정됨
  - 부모의 스마트폰 사용습관과 맞벌이 여부와 같은 가족의 환경도 영유아 스마트폰 과의존에 영향 미치는 요인임

- 스마트폰을 육아의 도구로 이용
  - 부모가 영유아에게 스마트폰을 주어 영유아 혼자 스마트폰을 이용하는 경우가 많은데 이렇게 시간을 보내는 동안 영유아는 시청각 자극을 수동적으로 받아들이며 능동적 탐색을 하지 않으므로 건강한 발달에 필요한 경험이 결핍될 수 있음

- 스마트폰의 특징과 부정적 영향
  - 조작 방법이 단순하고 영유아가 몰입하기 쉬워 과도하게 사용할 가능성이 높음
  - 스마트폰의 강한 자극에 익숙해지면 다른 놀잇감에 대해 관심을 잃고 스마트폰만 찾게 될 수 있음
  - 이용 시작 시기가 빠를수록 총 이용 시간이 많아지고 과의존뿐만 아니라 우울, 불안 수준이 더 높음
  - 유아의 전자 미디어 이용 시간이 많을수록 주의집중, 공격성 같은 외현화 문제행동이 증가하며 문제행동이 증가할수록 스마트폰 과의존 경향도 심해짐
  - 유아가 인터넷을 학업 이외의 오락이나 휴식 목적으로 많이 이용할수록 스마트폰 과의존 위험성이 높음
  - 유아가 스마트폰을 능숙하게 조작할수록 혼자 사용하는 횟수와 시간이 많아질 수 있으며 유해한 정보에 노출될 가능성도 높음

(2) 2단계: 스마트폰 사용 상태 점검

〈가이드라인〉

- 만 0~5세 보호자 공통
  - 보호자가 스마트폰 과의존일 경우 아이도 과의존 위험이 크다.

〈매뉴얼〉

- 부모, 특히 어머니의 스마트폰 사용습관은 자녀의 사용습관과 관련성이 높음
- 어머니의 스마트폰 과의존이 유아의 과다 사용에 강한 영향을 미치는 것은 어머니가 영유아의 스마트폰 사용 관련 문제에 경각심이 부족하여 스마트폰 사용을 조절하지 않았거나 영유아가 어머니의 사용습관을 모방한 데 기인했을 것으로 추정됨

- 보호자와 영유아 모두 스마트폰 과의존으로 인해 다양한 문제를 겪을 수 있음
- 보호자가 스마트폰 과의존 위험군일 경우 아동에 대한 태도 및 아동의 발달에 부정적 영향을 미칠 수 있음
- 보호자와 아동의 스마트폰 과의존 수준을 점검하여 상태에 따라 적절한 조치를 취해야 함(스마트폰 과의존 수준 점검은 스마트폰 과의존 예방 가이드라인 매뉴얼 영·유아보호자용 15쪽의 과의존 척도 활용)

(3) 3단계: 바른 스마트폰 사용 실천 방안 및 대안 제시

〈가이드라인〉

- 만 0~2세 보호자용
  - 아이가 보호자와 함께하는 영상통화 외에는 스마트폰을 이용하지 않도록 한다.
  - 가정(기관) 내 스마트폰 활용 규칙을 정해 일관되게 지킨다.

- 만 3~5세 보호자용
  - 아이의 발달 단계와 기질을 고려해 스마트폰 사용규칙을 구체적으로 정하여 일관되게 지킨다.
  - 학습용 앱보다 책을 읽어 준다. 보호자가 일할 때나 식당, 차 안에서도 스마트폰 대신 놀잇감(장난감, 종이, 그림책, 퍼즐, 블록 등)을 준다.

〈매뉴얼〉

- 보호자 역할의 영향
  - 영유아는 스스로 스마트폰 사용을 조절하지 못하므로 스마트폰 사용을 지도하는 보호자 역할이 중요함
  - 부모가 스마트폰을 긍정적으로 인식할수록 자녀의 스마트폰 이용 시기가 빠

르고 육아 도구로 이용할수록 자녀의 스마트폰 사용 시간이 증가함
- 안전한 미디어 이용에 대한 보호자 이해 수준이 높을수록 영유아가 스마트폰을 적절하게 이용함
- 보호자가 영유아의 스마트폰 사용을 합리적이고 일관된 태도로 지도하고 지속적 관찰을 통해 사용습관을 관리해야 함
- 부모의 양육 효능감이 높고, 양육 지식이 많으며, 온정과 통제 수준이 모두 높은 권위 있는 양육 방식으로 양육하고, 부모와 자녀 간 의사소통이 긍정적일수록 유아의 스마트폰 사용습관이 긍정적임
- 어머니의 양육 스트레스가 높을수록 유아의 놀이 목적 전자 미디어 이용시간이 증가하고 외현화 문제행동이 증가함. 즉 양육 스트레스가 높은 부모가 아동에게 스마트폰을 주고 사용 시간을 지도하지 않을 가능성 높음
- 영유아의 디지털 미디어 사용습관이 학령기 이후 평생 생산적 행동으로 전환될 수 있으려면 영유아기에 스마트폰 활용 및 역기능에 대처하는 훈련이 필요하므로 영유아교육기관 교육과정에 관련 내용이 포함되어야 하며 가정에서도 일관된 방식으로 지도해야 함

● 가정 환경의 영향
- 영유아는 주로 가정에서 보호자의 스마트폰으로 모바일 콘텐츠를 이용함
- 가정의 스마트폰 사용 환경이 영유아의 스마트폰 사용 특성에 영향을 미침
- 영유아가 가정에서 스마트폰에 노출되는 상황을 가능한 한 최소화하는 노력이 필요

● 가정과 영유아교육기관의 스마트폰 활용 규칙 설정 및 실천
- 보호자도 스마트폰 사용을 최대한 자제
- 영유아가 스마트폰을 사용할 때 보호자와 함께 사용하며 상호 작용하는 것이 필수

- 스마트폰 이용 시간에 비례한 신체활동 및 사회적 놀이 시간 확보 필수
- 스마트폰 이용에 관해 아이와 함께 규칙을 정하고 실천
- 스마트폰의 유해한 요소 관리하기
- 보호자가 스마트폰 과의존 예방교육, 부모교육 받기
- 스마트폰을 이용하지 않는 놀이를 지원하고 상호 작용하기

(4) 4단계: 주변 사람과의 관계 형성 강화

〈가이드라인〉

● 만 0~2세 보호자용

- 스마트폰으로 보고 듣는 동요, 동화보다 보호자와의 친밀한 시간이 아이의 발달에 도움이 되므로 아이와 눈을 맞추고 웃으며 노래와 이야기를 들려준다.

● 만 3~5세 보호자용

- 아이가 규칙을 지키면 충분히 칭찬하고 격려한다.
- 아이와 상호 작용하기 위해 다양한 놀이를 함께한다.

〈매뉴얼〉

● 영유아에게는 스마트폰보다 보호자와 상호 작용하고 놀이하는 경험 필요

- 영유아기는 어느 발달 시기보다도 사회적 상호 작용의 중요성이 크기 때문에 기술간섭(technoference: 대인 상호 작용이 디지털 기기로 인해 방해받는 현상)의 부정적 영향도 더 클 수 있음
- 영유아기는 화면을 통해 정보를 습득하는 것보다는 사람, 사물과 직접 상호 작용하여 학습하는 것이 발달 특성에 적합함
- 영유아의 인지기능과 감정조절 능력 발달을 위해서는 보호자가 상호 작용하며 아이의 감정과 생각을 언어로 표현해 주고 공감해 주는 것이 필요함

2) 사이버중독 예방교육(학교안전교육 7대 표준안)

미디어 안전교육은 교육부(2016)의 학교안전교육 7대 표준안 중 약물 및 사이버중독 예방교육 영역에 포함되어 있으며 인터넷 게임중독 예방교육과 스마트폰 중독 예방교육으로 구성되어 있다. 학교안전교육 7대 표준안의 인터넷 게임중독과 스마트폰중독 예방교육의 활동 요소와 수업활동은 〈표 8-2〉와 같다. 인터넷 게임 중독 예방교육에서는 인터넷 게임중독의 개념 및 하위 요인, 중독의 개념, 중독의 특성, 중독으로부터 벗어나는 법을 다루어야 하며 인터넷을 사용하는 올바른 습관 가지기, 인터넷 게임중독의 위험성 알아보기, 인터넷 예절 알아보기, 건전하게 인터넷 사용하는 방법 알아보기가 활동 내용으로 제시되어 있다.

스마트폰중독 예방교육에서는 스마트폰중독의 원인, 스마트폰중독이 미치는 영향, 스마트폰중독으로부터 벗어나는 방법을 다루어야 하며 스마트폰을 사용하는 올바른 습관 가지기, 스마트폰중독의 위험성 알아보기, 건강한 스마트폰 사용 습관 기르기, 스마트폰을 바르게 사용하는 방법 찾아보기가 활동 내용으로 제시되어 있다.

〈표 8-2〉 인터넷 게임중독·스마트폰중독 예방교육 활동 요소 및 수업 (학교안전교육 7대 표준안)

영역	중분류	소분류	활동 요소	유치원 활동
약물 및 사이버 중독 예방 교육	사이버 중독	인터넷 게임 중독 예방	• 인터넷 게임중독의 개념 및 하위 요인 • 중독의 개념 • 중독의 특성 • 중독으로부터 벗어나는 법	• 인터넷을 사용하는 올바른 습관을 가져요〈2차시〉 • 인터넷 게임 중독은 위험해요〈2차시〉 • 인터넷 예절을 알아보아요〈2차시〉 • 인터넷을 건전하게 사용할 수 있어요〈2차시〉
		스마트폰 중독 예방	• 스마트폰중독의 원인 • 스마트폰중독이 미치는 영향 • 스마트폰중독으로부터 벗어나는 방법	• 스마트폰을 사용하는 올바른 습관을 가져요〈2차시〉 • 스마트폰 중독은 위험해요〈2차시〉 • 스마트폰의 건강한 사용습관을 만들어요 • 스마트폰을 바르게 사용할 수 있는 방법을 찾아봐요

영유아 안전 경험의 실제

컴퓨터를 오래하면 눈도 아프고 손도 아파요

자유놀이 시간, 리진이와 가인이가 종이를 가져와 반으로 접은 후 그림을 그린다.

리진 : 우리는 지금 컴퓨터를 만들 거예요. 이건 화면이고, 이건 탁탁 글자를 치는 거예요. 이걸 누르면 글자가 나타나요.

교사 : 정말 컴퓨터 같네. 지금 컴퓨터로 뭐하는 거야?

리진 : 게임하고 있어요. 여기에 지금 자동차가 나와요. 이걸 탁탁 누르면 움직여요. 이걸 누르면 자동차가 세게 나가요!

교사 : 아! 자동차 게임을 하고 있구나. 재미있는 게임이네. 게임을 오래 할 거니?

리진 : 아니요. 제가 게임을 많이 해 봤는데 눈이 너무 아팠어요. 눈을 깜빡깜빡하게 되고 눈물이 좀 나오고요. 그리고 탁탁 많이 두드리면 손도 너무 아파요. 컴퓨터는 오래오래 하면 우리 몸이 다쳐요.

교사 : 아! 리진이가 게임을 많이 해서 눈이 많이 아프고 손도 아팠구나. 그래서 어떻게 했어?

리진 : 음……. 너무너무 눈이 아파서 게임을 하다가 컴퓨터를 껐어요. 게임을 많이 하면 눈이 나빠진대요. 그래서 조금씩만 하기로 엄마랑 약속했어요.

교사 : 아휴. 우리 리진이가 잘 알고 있구나.

3) 미디어안전을 위한 교사의 역할

영유아가 디지털 미디어를 효과적으로 사용하고 과의존 상태에 이르지 않게 하기 위한 교육에서 교사가 참고할 수 있는 교육의 원리는 다음과 같다(여성가족부, 2010).

(1) 영아를 위한 디지털 미디어 교육의 원리

① 디지털 미디어를 접하는 시간을 제한해야 한다.

영아기는 뇌 발달이 빠르게 이루어지는 시기로서 디지털 미디어의 영상과 소리보다는 다양한 감각적 경험이 필요하다. 영유아 연령에 적합한 미디어 경험에 대해 전문가가 제시한 지침을 준수한다.

② 영아는 디지털 미디어를 통해 학습하기 어려움을 인식해야 한다.

만 2세 미만 영아에게 교육용 미디어 콘텐츠의 효과가 있는지 입증되지 않았다. 영아에게는 보호자와 긍정적인 상호 작용을 하고 놀이를 하는 것이 발달에 가장 적합하다.

③ 디지털 미디어는 부모와 영아의 상호 작용 매개물로 활용한다.

영아는 주변 환경을 감각적으로 경험하며 탐색한다. 따라서 2차원 세상인 미디어 영상을 보며 시간을 보내는 것은 영아의 인지발달을 저해할 수 있다. 24개월 이상 영아에게 영상을 보여 준다면 보호자가 함께 보며 동화책을 읽어 줄 때처럼 영상 내용에 대해 대화해야 한다.

④ 일상생활 속에서 디지털 미디어 노출 여부에 민감해야 한다.

습관적으로 TV 등 미디어를 거의 항상 켜놓은 상태에서 생활하는 가정이 적지 않은데 미디어 기기에서 들리는 소리가 영아에게 불안이나 공포감을 느끼게 할 수 있고, 놀이에 집중하는 데 방해하는 요소가 되기도 한다. 불필요하고 과도한 미디어 경험을 하는 것은 아닌지 점검하여 문제가 되는 요소를 제거한다.

(2) 유아를 위한 디지털 미디어 교육의 원리

① 예방이 최우선이다.

미디어 과의존 위험 상태에 이르면 벗어나는 데 시간과 노력이 많이 필요하다. 유아에게 적합하지 않은 콘텐츠 경험, 과도한 미디어 이용 시간 등 유아의 미디어 사용 특성을 꾸준히 관찰, 감독하여 문제를 예방하는 적극적 지도가 필요하다.

② 유아의 발달 수준에 적합하게 사용하고 있는지 함께 활동하며 확인한다.

유아가 미디어를 이용할 때는 보호자가 콘텐츠를 선별하고, 유아와 함께 보면서 적절한지 확인하고 내용에 대해 상호 작용하며 내용을 유아의 일상생활 경험과 연결시킬 수 있게 지도해 주어야 한다.

③ 유아가 미디어 사용에서 선택권을 가진 이용 주체로서 스스로 서게 한다.

뉴 미디어 시대에 유아들이 길러야 할 역량으로 '선택'과 '조절력'이 있다. 어떤 미디어를 어떤 목적으로 얼마의 시간 동안 이용할 것인지를 선택하고 자신의 사용 행동을 스스로 조절할 수 있어야 한다.

④ 구체적인 상황을 교육의 기회로 삼아 미디어의 순기능을 활용하도록 돕는다.

유아가 궁금해하는 것이 있을 때 교사가 함께 검색하고, 관련 영상을 찾아보는 등 필요한 정보를 직접 찾고 질문에 대한 답을 얻고 새롭게 알게 된 내용을 표상해 보며 자연스럽게 학습이 이루어질 수 있게 지원하여 유아가 디지털 미디어의 순기능을 경험함으로써 생활과 학습에서 미디어를 적절하게 활용할 수 있다는 것을 인식하고 효과적으로 활용하는 태도를 기를 수 있게 한다.

⑤ 미디어 이용자로서 지녀야 할 윤리를 자연스럽게 체득할 수 있도록 한다.

디지털 미디어의 특징 중 하나는 다양한 양방향 상호 작용이 가능하다는 점이다. 유아기부터 미디어 이용자로서 지켜야 할 예절 등 윤리적인 이슈들에 대해 알고 적절히 행동할 수 있어야 한다.

(3) 미디어안전에 관한 부모교육의 원리

① 가정과의 연계가 반드시 필요함을 강조한다.

영유아의 미디어 사용습관과 과의존 위험에 부모가 미치는 영향이 매우 크기 때문에 영유아 미디어 안전교육에서 부모 역할의 중요성을 강조해야 한다.

② 부모가 강력한 미디어 사용의 모델이라는 것을 인식하도록 돕는다.

영유아교육기관은 가정통신문 등 부모와 상호 작용하는 경로를 통해 영유아의 미디어 안전교육을 위해서는 부모 자신이 미디어를 적절하게 사용하는 모델이 되어야 한다는 것을 지속적으로 알려서 부모가 경각심을 잃지 않게 해야 한다.

③ 미디어와 관련된 문제에 대한 적절한 대안과 구체적인 지침을 제공한다.

미디어안전에 관한 부모교육에서 교사는 부모가 영유아나 자신의 미디어 사용습관을 점검할 수 있게 안내하고, 적절한 미디어 콘텐츠 선택, 미디어 사용 시간 조절, 미디어를 이용하지 않고 부모가 자녀와 함께 할 수 있는 놀이에 대해서도 부모교육을 하여 영유아의 미디어안전을 위해 부모가 실천할 수 있는 구체적인 가이드라인을 제공해야 한다.

적용해 보기

- 미디어 안전교육은 가정과의 연계가 특히 중요한 영역입니다. 미디어 안전교육의 세부 주제를 하나 선정하여 학부모가 가정에서 영유아의 미디어안전을 지도하는 데 활용할 수 있는 지침을 내용으로 가정통신문을 구성해 보세요.

Chapter 9

대인안전

들어가기 전에

유명 방송인 존 월시의 아들 사라지다!

▲ 존 월시의 범죄 박멸 리얼리티 쇼 <지명수배합니다>

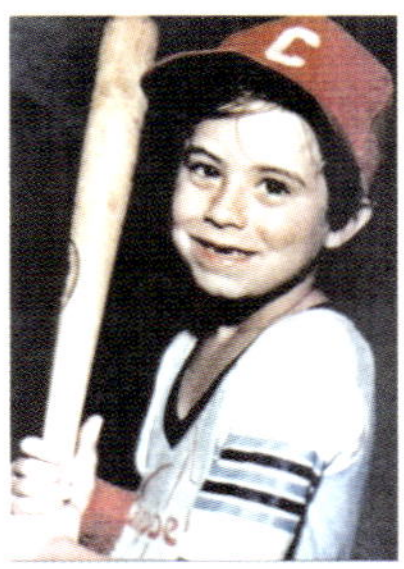

아담 월시

▶ 존 월시의 아들

1981년, 유명 방송인이었던 존 월시의 아들 아담 월시가 백화점에서 실종된 보름 후 살해된 채 발견된 사건이 발생하였다. 이 사건을 계기로 미국에서는 실종아동 보호와 아동범죄 예방을 위한 캠페인이 대대적으로 진행되었고, 다중시설 이용의 경우 미아발생 신고가 접수되면 즉시 안내 방송과 경보를 발령하고 출입구를 봉쇄해 집중적으로 실종아동을 수색할 수 있도록 하였다.

한국에서도 2014년부터 코드아담제도가 도입되었다. 부모와 함께 축제장을 찾아온 5살 어린이가 실종되어 수색에 나선다는 코드 아담이 발령되었고 행사를 주관한 창원시와 경찰이 출입구를 통제하고 수색에 들어간 결과, 경보가 울린 지 3분 만에 실종된 어린이를 발견하여 부모에게 넘기는 등 코드아담제도의 시행은 실종아동을 조기에 발견하는 데 상당히 효과가 있는 것으로 나타났다.

범죄를 억제하기 위해서는 자연적 감시, 자기 영역을 감시할 수 있는 주민의 능력이 중요하다고 이야기한 오스카 뉴먼의 말처럼 아이들의 안전을 지키기 위해서는 주변 사람들의 민감한 눈, 즉 거리의 눈(Neighborhood Watch)이 중요하다. 주변의 아이가 우리의 아이라는 마음으로 아동범죄 예방을 위해, 그리고 발생 시 대처를 위해 힘을 모아야 한다.

영유아에게 발생하는 대인안전사고인 실종·유괴와 아동학대, 성폭력은 후유증이 심하고 사고 발생 이후의 삶에도 부정적 영향을 미치기 때문에 발생으로 인한 문제의 심각성이 매우 높은 안전사고이다. 따라서 대인안전교육을 통해 영유아가 대인안전사고를 예방하고 발생 시 올바르게 대처하여 자신을 보호할 수 있도록 해야 한다. 이 장에서는 영유아의 대인안전교육에 필요한 내용을 다루고자 한다. 대인안전교육의 개념 및 필요성에 대해 알아보고 대인안전교육의 내용과 방법 및 실제를 살펴본다.

1. 대인안전교육의 이해

1) 대인안전교육의 필요성

대인안전사고는 영유아가 다른 사람에 의해 위험한 상황에 처하게 되는 사고를 의미한다. 영유아는 발달 특성상 사고 상황에 대한 인식 및 판단 능력이 부족하며 사고의 결과를 예측하지 못하기 때문에 사고 상황에 지속적으로 노출될 가능성이 높다. 특히 실종·유괴 사고나 성폭력 사고는 신체적 강압 행위에 의해 발생하기보다 놀이나 애정, 속임수 등의 형태로 발생하기 때문에 영유아가 초기에 사고 상황을 인식하지 못할 가능성이 더욱 높다. 또한 대인안전사고는 지인(知人)에 의해 발생하는 경우가 많기 때문에 영유아가 상황을 주변에 알리거나 도움을 요청하지 못해 사건이 장기화될 수 있다.

따라서 대인안전교육을 통해 영유아가 대인안전사고 상황을 인식하고 이를 예방할 수 있도록 해야 하며, 사고 발생 시 올바르게 대처할 수 있도록 해야 한다.

2) 대인안전교육의 내용

영유아기 안전사고 예방을 보장하고 있는 「아동복지법」 제31조와 동법 시행령 제28조에서는 성폭력 및 아동학대 예방과 실종·유괴의 예방과 방지에 관한 교육과 관련된 기준을 규정하여 대인안전교육의 필요성에 대해 명확히 밝히고 있다. 「아동복지법 시행령」 제28조에 규정되어 있는 실종·유괴의 예방·방지 교육과 성폭력 및 아동학대 예방교육의 시간과 내용은 아래 표와 같다.

〈표 9-1〉 「아동복지법」에 규정된 대인안전교육의 기준

구분	교육 시간	교육 내용	교육 방법
실종·유괴의 예방·방지 교육	3개월에 1회 이상 (연간 10시간 이상)	• 길을 잃을 수 있는 상황 이해하기 • 미아 및 유괴 발생 시 대처 방법 • 유괴범에 대한 개념 • 유인·유괴 행동에 대한 이해 및 유괴 예방 방법	1. 전문가 또는 담당자 강의 2. 장소·상황별 역할극 실시 3. 시청각 교육 4. 사례 분석
성폭력 및 아동학대 예방교육	6개월에 1회 이상 (연간 8시간 이상)	• 내 몸의 소중함 • 내 몸의 정확한 명칭 • 좋은 느낌과 싫은 느낌 • 성폭력 예방법과 대처법	1. 전문가 또는 담당자 강의 2. 장소·상황별 역할극 실시 3. 시청각 교육 4. 사례 분석

다음으로는 실종·유괴, 아동학대, 성폭력 안전의 개념과 현황에 대해 알아보고, 각각의 안전사고를 예방하기 위한 방법과 실제 발생 시 대처할 수 있는 방법을 살펴보고자 한다.

2. 실종 및 유괴 안전교육의 내용과 실제

1) 실종 및 유괴안전 개념과 현황

실종아동이란 약취유인, 유기, 사고, 가출, 길을 잃는 등의 사유로 인하여 보호자로부터 이탈된 실종 당시 18세 미만의 아동을 의미한다[1](「실종아동 등의 보

1) 2013년 6월 4일 「실종아동 등의 보호 및 지원에 관한 법률」 개정으로 실종아동의 범위가 실종 당시 14세 미만에서 실종 당시 18세 미만으로 확대되었다.

호 및 지원에 관한 법률」 제2조). 약취유인은 금전, 성적 만족, 양육 등의 목적으로 강제로 데려가는 경우이며, 유기는 보호자가 아동을 버린 경우이다. 또한 가출은 자기 스스로 집을 나가는 경우이며, 미발견으로 남아 있는 아동들 중 상당수가 이에 해당된다. 영유아가 실종되는 상황은 매우 다양하다. 영유아를 혼자 두거나 영유아교육기관의 출입문 관리 소홀로 실종이 발생하기도 한다. 또한 실외활동 중에 영유아에게 주의를 기울이지 못하거나 보호자에게 귀가 인계가 제대로 되지 못한 경우에도 실종으로 이어질 수 있다. 실종사고가 유괴사고로 이어지는 경우에는 더욱 위험할 수 있다.

경찰청 통계연보(2020)에 따르면, 2019년 실종자정보시스템에 입력된 실종아동 신고접수 건수는 2만 1,551건이며, 이 중 마지막까지 보호자에게 인계되지 못한 미발견 건수는 99건(2019년 12월 31일 기준)이었다. 2012년부터 경찰에 지문과 사진, 신상정보를 등록하여 실종 발생 시 신속하게 대비하기 위해 도입된 지문 등 사전등록제와 위치추적제를 실시한 결과 실종 발생 건수가 감소하였으나 실종에 대한 감수성이 높아진 사회 분위기 때문에 2015년부터 2019년까지 실종아동 신고접수 건수는 다시 증가 추세를 보이고 있다. 정책의 실효성 제고를 위해 2019년부터는 경찰서를 방문하지 않고도 모바일 애플리케이션을 통해 지문의 사전등록이 가능하도록 하는 등의 방안이 마련되고 있다. 실종·유괴 사고는 사전에 예방하는 것이 무엇보다 중요하기 때문에 실종·유괴 안전교육을 통해 사고가 발생하지 않도록 해야 한다.

〈표 9-2〉 실종아동 신고접수 및 처리 현황 (단위: 년, 건)

구분		2011	2012	2013	2014	2015	2016	2017	2018	2019
18세 미만 아동	신고접수	28,099	27,295	23,089	21,591	19,428	19,870	19,956	21,980	21,551
	미발견	3	3	3	1	1	5	5	10	99

출처: e-나라지표(www.index.go.kr).

2) 실종 및 유괴 안전교육의 실제

영유아가 실종 및 유괴 상황에 대해 정확히 인식하고 사고를 예방하기 위한 방법과 실제 발생 시 대처하는 방안에 대해 인지하여 피해가 발생하지 않도록 사전에 안전교육을 실시해야 한다. 실종 및 유괴사고는 다양한 상황에서 발생할 수 있으므로 실종유괴가 발생할 수 있는 상황을 가정한 역할극 형태로 진행하는 것이 효과적이다(어린이집안전공제회, 2020). 또한 실종 및 유괴 안전교육은 영유아를 보호하고 있는 교사에게도 꼭 필요하므로 여기에서는 실종 및 유괴 안전교육의 내용을 영유아와 교사의 측면으로 나누어 살펴보고자 한다.

(1) 영유아 측면

① 실종 예방수칙

- 길을 잃거나 보호자와 헤어지게 되었을 때 보호자를 찾기 위해 다른 장소로 이동하지 말고 일단은 제자리에 멈춰 서서 보호자를 기다리거나 주변의 어른에게 도움을 요청한다.

실종아동전문기관(2020)에 따르면, 실종을 예방하기 위해서는 영유아가 평소에 미아예방 3단계를 기억하고 이를 실천할 것을 강조하고 있다.

❶ 멈춘다!　❷ 생각한다!　❸ 도와주세요!

출처: 경찰청 안전Dream(www.safe182.go.kr).

[그림 9-1] 미아 예방 3단계

- 전화를 할 수 있는 경우라면 근처 상점에 들어가 부모에게 전화를 하거나 '182' 또는 '112'에 신고한다.

- 혼자 집에 있을 때는 문과 창문을 꼭 잠그고 누구에게도 문을 열어 주거나 함부로 전화를 받아서는 안 된다.

■ 누가 집에 찾아왔어요

- '쉿!' 하고 없는 척을 하세요.
- 택배, 가스점검 등 누가 찾아와도 대꾸하지 않아야 합니다.

■ 전화벨이 울려요

- 부모님이 건 전화가 아니면 받지 마세요.
- 누군지 모르고 받았을 때는 "잠시 후에 다시 걸어 주세요."라고 말하고 끊어요.
- 어떠한 경우에도 이름이나 주소, 전화번호를 함부로 가르쳐 주면 안 돼요.

출처: 경찰청 안전Dream(www.safe182.go.kr).

[그림 9-2] 집을 지킬 때 지켜야 할 실종 예방수칙

② 유괴 예방수칙

- 평소에 이름, 나이, 주소, 전화번호, 부모 이름을 기억하는 연습을 반복적으로 한다.
- 부모의 허락 없이 다른 사람을 따라가지 않는다.

선물을 주겠다고 하며 같이 가자고 할 때는 ▶	먼저 부모님께 말씀 드리고 허락을 받아야 한다고 거절을 해요.
아는 사람이라면서 같이 가자고 할 때는 ▶	"싫어요."라고 말하고 절대 따라가서는 안 돼요.
차를 타고 있던 사람이 같이 가자고 할 때에는 ▶	우선 차에서 충분히 떨어져야 해요.
도움을 요청하면서 같이 가자고 할 때에는 ▶	"다른 어른에게 도와달라고 하세요."라고 말해요.

출처: 경찰청 안전Dream(www.safe182.go.kr).

[그림 9-3] 상황별 실종·유괴 예방수칙

- 강제로 데려가려고 할 때에는 "안돼요!", "싫어요!", "도와주세요!"라고 큰소리로 외친다. 근처에 사람이 많이 없다면 사람이 많은 곳으로 뛰어가서 주위 사람들에게 큰 소리로 도움을 요청한다.
- 낯선 사람에게는 어떠한 경우에도 이름이나 주소, 전화번호를 알려 주지 않는다.
- 겉모습만으로 어떤 사람인지를 판단하지 않는다.

영유아 안전 경험의 실제

길을 잃어버렸을 때 어떻게 해야 하나요?
멈추기, 생각하기, 도움 요청하기

교사와 유아들이 산책 가기 전 둥글게 모여 앉는다.

교 사 : 얘들아! 있잖아. 선생님이 오늘 어린이집을 오는데, 어떤 친구가 길을 잃고 크게 울고 있었어. 그래서 선생님이 그 친구에게 혹시 집이 어디냐고 물으니까 그냥 울기만 하는 거야.
유아들 : 그래서요? 어떻게 됐어요?
교 사 : 그래서 선생님이 또 물었어. 혹시 부모님 전화번호를 알고 있냐고 물었지.
지 율 : 나는 내 엄마 전화번호 모르는데…….
교 사 : 다행히 그 친구가 엄마 전화번호를 아는 거야. 그래서 선생님이 그 엄마에게 전화를 했더니 그 엄마도 아이를 잃어버렸다고 울고 계셨어. 그 친구의 엄마를 찾아주었지.
유아들 : 정말요? 다행이에요. 잘 됐다!
교 사 : 만약에 그 친구가 엄마의 전화번호를 몰랐다면 어떻게 되었을까?
지 율 : 나 엄마 전화번호 몰라요.
이 한 : 전 알아요.
유 주 : 음……. 010… 4… 5…. 아, 뭐였더라? 저는 알았었는데 까먹었어요.
도 아 : 저는 알아요. 010-1234-5678이에요. 집 주소도 알아요.
교 사 : 그래. 부모님의 전화번호를 아는 친구도 있고, 잘 모르는 친구도 있네. 부모님의 전화번호를 모르는데, 만약 너희들은 길을 잃는다면 어떻게 할 거니?

윤 서 : 가만히 서 있어야 돼요. 다른 데로 가면 안 된다고 했어요.
유 주 : 그래. 가만히 서 있어야 돼요. 그러면 엄마가 나를 찾으러 올 거예요..
리 진 : 그런데 엄마가 안 오면, 그래서 밤이 되면? 어떻게 해? (우는 시늉을 한다.)
이 한 : (큰 소리로) 경찰서! 경찰서로 가면 되지! 우리 매일 산책가는 길에 거기 있잖아요. 제가 봤어요.
원 표 : 나도 알아. 나도 봤어. 거기로 가서 도와달라고 해요.
지 율 : 선생님, 그런데… 그런데… 경찰서가 어디있는지 모르면 어떻게 해요?
이 한 : 야! 그럼 어른들한테 도와달라고 하면 되잖아!
원 표 : 어! 맞아. '도와주세요! 도와주세요!' 이렇게 도움을 요청해야 돼.
교 사 : 와! 너희들이 참 잘 아는구나. 우리 조금 후에 산책가는 길에 경찰서가 어디 있는지 잘 알아보자. 그럼 누가 나와서 길을 잃었다고 생각하고 어른들에게 도움을 요청하는 역할극을 한번 해 볼까?

도 아 : 도와주세요. 길을 잃어버렸어요. 엄마 휴대폰 번호는 이거예요. 010-1234-5678.

상황극 후 집 주소와 부모님의 전화번호를 가정에서 알아 와서 내일 또 이야기하기로 한 후 산책을 나간다.

(2) 교사 측면

- 영유아의 보호자가 사전등록을 신청할 수 있도록 안내한다.

더 알아보기

지문 등 사전등록제도란?

지문 등 사전등록 방법은 ① 경찰지원센터에서 제공하는 애플리케이션인 안전Dream 모바일 앱을 이용, ② 안전Dream 홈페이지를 이용, ③ 가까운 지구대나 파출소를 직접 방문하여 아동의 정보를 등록하는 방법 등이 있습니다.
실종사고 발생 시 모든 경찰이 사전등록된 정보로 신원을 신속히 파악할 수 있어 실종아동을 발견하는 데 소요되는 시간을 단축할 수 있습니다.

- 영유아가 자신의 이름, 부모님의 이름, 나이, 주소, 전화번호 등을 기억하도록 가르친다.
- 바깥활동 시에는 수시로 인원을 점검하고 영유아와 함께 이동한다. 잠시라도 영유아를 차량에 혼자 두지 않도록 하며, 화장실을 혼자 다녀오게 하거나 심부름을 시키지 않도록 한다.
- 바깥활동 시 영유아가 이름과 연락처 등이 새겨진 실종아동 예방용품(미아방지 손목밴드, 목걸이, 명찰 등)을 착용할 수 있도록 한다. 이때 이름과 연락처가 겉에서 쉽게 드러나지 않도록 한다.
- 영유아의 실종에 대비하여 영유아의 키, 몸무게, 생년월일, 신체특징 등의 인적사항을 적어 둔 카드를 어린이집에 비치하고, 실종 당시 입고 있던 옷을 기억한다.
- 영유아가 실종된 경우에는 즉시 경찰청 실종아동찾기센터(국번 없이 182)로 신고한다.
- 영유아의 인계 과정에 대한 체계적인 규정을 수립하여 귀가동의서에 기재하고 보호자에게 안내한다. 귀가동의서에는 영유아가 등·하원하는 구체적인 절차와 방법, 지정된 보호자에게 영유아를 인계한다는 내용, 부모가 희망하더라도 영유아를 혼자 귀가시키지 않는다는 내용이 반드시 기재되어야 한다. 귀가동의서에 지정된 보호자가 아닌 사람에게 인계할 경우에는 부모에게 반드시 확인한다.

〈표 9-3〉 귀가동의서 예시

귀가동의서

• 원아 기본 정보

성 명	(남 ,여)	반 이 름	
주 소		주민등록번호	

• 보호자 연락처

성 명	관 계	연락처(1)	연락처(2)	비고

• 귀가 동의

위 원아의 귀가 시 위의 보호자에게 인도하여 주십시오. 다른 사람에게 인계할 때에는 사전에 반드시 연락을 취하겠습니다.

※ 저희 어린이집에서는 부모님이 원하시더라도 영유아를 보호자 없이 혼자 귀가시키지 않습니다.

• 등·하원 방법 : □ 통학버스 □ 보호자 동행
• 귀가 요청 시간 : 시 분

귀 어린이집에서 위의 절차에 따라 귀가 처리를 하는 것에 동의합니다.

20 년 월 일

보호자 인(서명)

○○○ 어린이집 원장 귀하

출처: 중앙육아종합지원센터(central.childcare.go.kr).

더 알아보기

가정과의 연계 : 이렇게 안내하세요

1. 아동안전지킴이집 안내

어린이집에서는 지난 주 '실종·유괴의 예방·방지교육'을 실시했습니다. 이번 안전교육은 '아동안전지킴이집'의 역할과 위치에 대한 내용이었습니다.

'아동안전지킴이집'은 학교주변·통학로·공원 주변의 문구점, 편의점, 약국 등을 아동안전지킴이집으로 지정하여 위험에 처한 아동을 임시 보호하고 경찰에 인계하는 곳이지요. 학부모님께서는 아이들의 안전을 위하여 평소에 아이들과 함께 시장 나들이, 산책 등을 다니실 때 주변에 위치한 '아동안전지킴이집'을 아이들에게 알려 주시기를 부탁드립니다.

2. '실종·유괴의 예방·방지교육'에 대한 안내

어린이집에서는 아이들이 안전하게 생활할 수 있도록 영유아의 실종 및 유괴 상황을 예측하여 적절한 대처 방법을 지속적으로 교육하고 있습니다. 가정에서도 자녀들에게 〈우리 집 주소〉와 〈길을 잃었을 때 알아야 할 3단계〉를 정확하게 알고 말할 수 있도록 지도해 주세요.

- 〈우리 집 주소〉는 중요한 내용부터 조금씩 가르쳐 주세요.
  예) OO아파트 OO호, OO동(로), OO구, OO시
  ※ 부모님의 전화번호도 조금씩 가르쳐 주세요.

- 〈길을 잃었을 때 알아야 할 3단계〉
  멈추다 – 생각하다 – 도움 요청하다

3. 아동학대 안전교육의 내용과 실제

1) 아동학대 안전 개념과 현황

아동학대는 보호자를 포함한 성인이 아동의 건강·복지를 해치거나 아동의 정상적 발달을 저해할 수 있는 신체적·정신적·성적 폭력 또는 가혹행위를 하는 것과 아동의 보호자가 아동을 유기하거나 방임하는 것을 의미한다(「아동복지법」 제3조 제7호). 즉, 아동학대는 아동의 정상적 발달을 저해하는 신체적·정서적·성적 학대와 같은 적극적인 가해행위, 그리고 보호자로서 해야 하는 아동 돌봄의 의무를 하지 않는 유기와 방임과 같은 행위를 모두 포괄하고 있다.

중앙아동보호전문기관에서 집계한 2014년부터 2018년도까지의 아동학대 사례 건수는 해마다 증가하고 있으며, 아동학대로 인한 아동 사망자 수 역시 증가하고 있는 실정이다. 2018년 아동학대 사례 건수는 총 2만 6,604건으로 전년 대비 약 10.0% 증가했다.

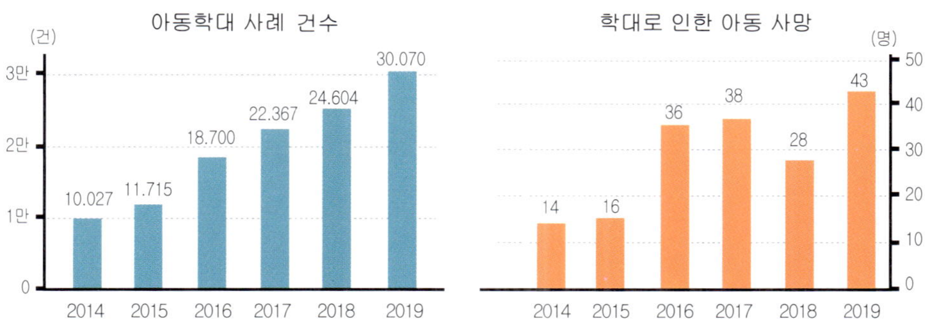

출처: 보건복지부, 중앙아동보호전문기관(2020). 2019 아동학대 주요통계.

[그림 9-4] 아동학대 사례 건수 및 아동학대로 인한 아동 사망자 수

2018년 어린이집 보육교직원에 의한 아동학대는 818건(3.3%)으로 보육교직원에 의한 아동학대도 꾸준히 증가하고 있는 실정이다.

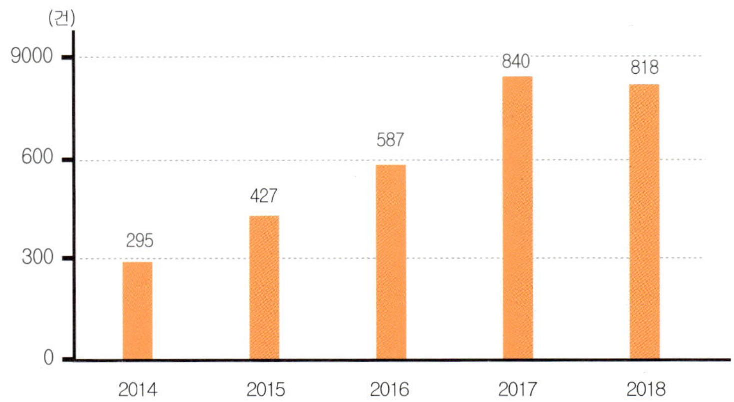

출처: 보건복지부, 중앙아동보호전문기관(2019). 2018 아동학대 주요통계.

[그림 9-5] 보육교직원에 의한 아동학대 사례 건수

아동학대 사례 유형별 발생 건수를 살펴보면, 중복학대가 1만 1,792건(47.9%)으로 가장 많았으며, 정서학대 5,862건(23.8%), 신체학대 3,436건(14.0%), 방임 2,640건(10.6%), 성학대 910건(3.7%) 순으로 나타났다. 아동학대 발생 시 두 가지 이상의 학대가 복합적으로 발생할 가능성이 높다는 것을 의미한다. 중복학대 중에서는 신체학대·정서학대가 9,376건(38.1%)으로 가장 많았다. 상대적으로 높은 비중을 차지하고 있는 정서적 학대는 다른 유형의 학대와 달리 그 결과가 외부로 심각하게 드러나지 않는다는 점을 고려할 때 아동의 상태를 더욱 세심하게 관찰할 필요가 있다.

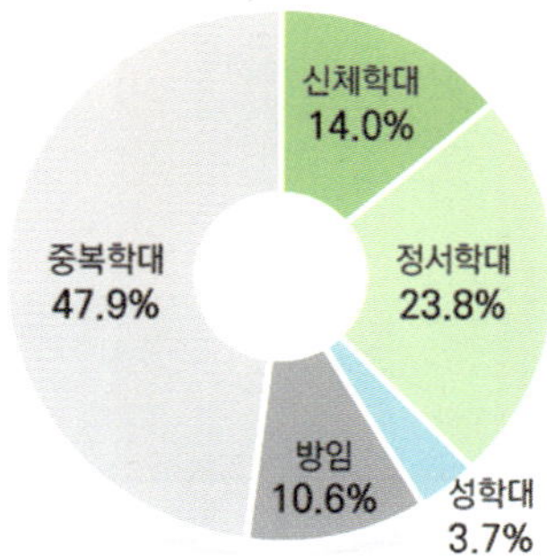

■ 아동학대 유형(「아동복지법」 제3조 제7호)

- 신체학대 : 보호자를 포함한 성인이 아동의 건강 또는 복지를 해치거나 정상적 발달을 저해할 수 있는 신체적 폭력이나 가혹행위를 하는 것
- 정서학대 : 보호자를 포함한 성인이 아동의 건강 또는 복지를 해치거나 정상적 발달을 저해할 수 있는 정신적 폭력이나 가혹행위를 하는 것
- 성학대 : 보호자를 포함한 성인이 아동의 건강 또는 복지를 해치거나 정상적 발달을 저해할 수 있는 성적 폭력이나 가혹행위를 하는 것
- 방임 : 보호자가 아동에게 위험한 환경에 처하게 하거나 아동에게 필요한 의식주, 의무교육, 의료적 조치 등을 제공하지 않는 행위
- 유기 : 보호자가 아동을 보호하지 않고 버리는 행위

출처: 보건복지부, 중앙아동보호전문기관(2019). 2019 아동학대 주요통계.

[그림 9-6] 아동학대 사례 유형별 발생율

2018년에 아동학대로 판단된 2만 4,604건을 바탕으로 학대행위자와 피해아동과의 관계를 살펴본 결과, 부모가 1만 8,919건(76.9%)으로 나타나 아동학대 사건 10건 중 8건은 부모에 의해 발생되었음을 알 수 있다. 대리양육자 3,906건 중에는 초·중·고교 직원이 2,060건로 가장 높았으며, 어린이집 보육교직원은 818건으로 상당히 높은 비율을 차지하는 것으로 나타났다. 보육교직원의 아동학대 행위가 전체 아동학대에서 차지하는 비율이 높은 편은 아니지만 신고의무자로서 보육교직원의 아동학대 행위가 지속적으로 나타나고 있다는 점을 주의 깊게 살펴볼 필요가 있다.

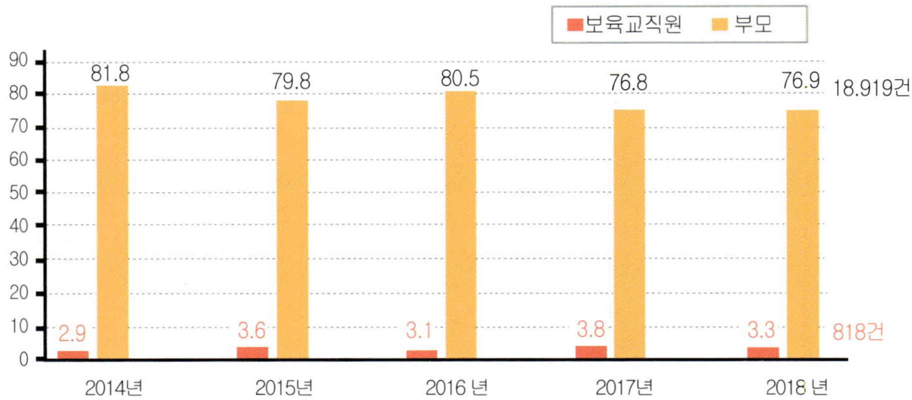

출처: 보건복지부, 중앙아동보호전문기관(2019). 2018 아동학대 주요통계.

[그림 9-7] 학대행위자와 피해아동과의 관계

아동학대 의심 사례로 신고접수된 사건의 신고자 유형을 살펴보면 아동학대 신고의무자에 의한 신고접수 건수는 9,151건(27.3%), 비신고의무자에 의한 신고접수 건수는 2만 4,381건(72.7%)으로 비신고의무자에 의한 신고접수 건수가 더 많은 것으로 나타났다. 아동학대 신고의무자 직군에 속하는 사람들은 아동학대를 조기에 발견하고 대처할 수 있기 때문에 신고의무자 교육을 통해 신고의무자가 적극적으로 아동학대 사건을 신고할 수 있도록 해야 한다.

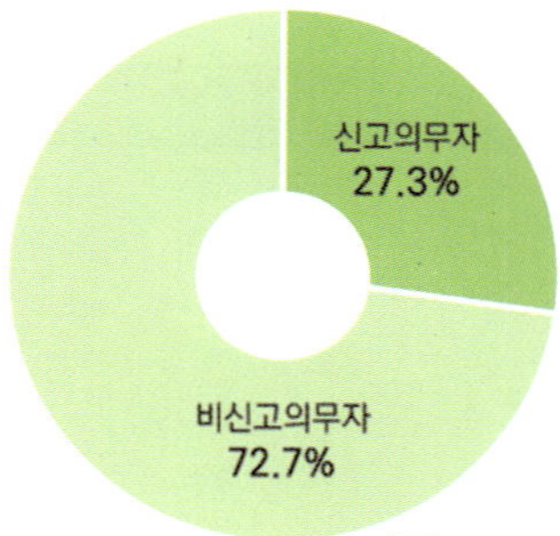

■ 아동학대 신고의무자

「아동학대범죄의 처벌 등에 관한 특례법」에서는 직무상 아동학대를 발견하기 쉬운 직업군에 속하는 사람을 신고의무자로 지정하여 아동학대 의심 및 발견 시 즉시 112에 신고하도록 규정하고 있다. 아동학대 신고의무자가 아동학대 의심 및 발견 시 신고하지 않은 경우 500만 원 이하의 과태료를 부과한다.

출처: 보건복지부, 중앙아동보호전문기관(2019). 2018 아동학대 주요통계.

[그림 9-8] 아동학대 사건 신고자 유형

2) 아동학대 안전교육의 실제

영유아가 아동학대 상황에 대해 정확히 인식하고 사고를 예방하기 위한 방법과 실제 발생 시 대처하는 방안에 대해 인지하여 피해가 발생하지 않도록 사전에 안전교육을 실시해야 한다. 또한 아동학대 안전교육은 신고의무자이며 영유아를 보육하고 있는 교사에게도 꼭 필요하므로 아동학대 안전교육의 내용을 영유아와 교사의 측면으로 나누어 살펴보고자 한다.

(1) 영유아 측면

아동학대 안전교육은 영유아들이 스스로 권리의 주체자임을 인식하고 자신의 권리를 온전히 향유할 수 있도록 하는 아동권리 교육이 우선적으로 이루어져야 한다. 또한 영유아들이 아동학대의 상황을 인식할 수 있도록 하는 교육과 아동학대가 발생했을 때 올바르게 대처하는 방법에 대한 교육이 함께 이루어져야 한다. 영유아를 대상으로 하는 아동학대 안전교육의 내용은 다음과 같다.

● 유엔 아동권리협약의 아동의 권리에 대해 이해한다.

유엔 아동권리협약 아동의 권리	영유아에게 이렇게 설명해 주세요
 ■ 생존권 기본적인 삶을 누리는 데 필요한 권리 • 적절한 생활 수준을 누릴 권리 • 안전한 주거지에서 살아갈 권리 • 충분한 영양을 섭취하고 기본적인 보건서비스를 받을 권리	■ 안전하고 건강하게 자랄 권리 – "영양가 있는 음식을 먹고 몸이 아프면 치료받고 안전하게 지낼 수 있는 곳이 필요해요. 우리는 안전하고 건강하게 자랄 권리가 있어요."
 ■ 보호권 유해한 것으로부터 보호받을 권리 • 모든 형태의 학대와 방임, 차별 폭력, 고문, 징집, 부당한 형사처벌, 과도한 노동, 약물과 성폭력 등으로부터의 보호	■ 차별받지 않고 존중받을 권리, 폭력으로부터 보호받을 권리 – "나와 내 친구는 생김새도 사는 곳도 좋아하는 것도 생각하는 것도 다 달라요. 우리는 서로 다른 모습 그대로 소중하고 사랑받을 권리가 있어요." – "아무도 나를 함부로 만지거나 때리거나 괴롭힐 순 없어요. 우리는 우리를 아프게 하는 모든 것으로부터 보호받을 권리가 있어요.
 ■ 발달권 잠재 능력을 발휘하는 데 필요한 권리 • 교육을 받을 권리 • 여가를 즐길 권리 • 문화생활을 하고 정보를 얻을 권리 • 생각과 양심·종교의 자유를 누릴 권리	■ 교육받을 권리와 놀 권리 – "궁금한 것은 배우고 하고 싶은 것을 꿈꿀 수 있어야 해요. 친구들과 신나게 놀면서 배우고, 충분히 쉬고 학교에 다니게 되는 것도 우리의 권리예요."
 ■ 참여권 나라와 지역사회에 참가할 수 있는 권리 • 자신의 의견을 표현할 권리 • 자신의 삶에 영향을 주는 문제들에 대한 발언권 • 단체에 가입하거나 평화적인 모임에 참여할 수 있는 권리	■ 의견을 말하고 참여할 권리 – "어른들은 아동과 관련된 일을 할 때 아동들의 생각을 묻고 들어야 해요. 우리는 자유롭게 생각하고 우리의 생각을 이야기할 권리가 있어요."

출처: 여성가족부(www.mogef.go.kr).

[그림 9-9] 유엔 아동권리협약 아동의 권리

- 아동학대의 개념과 아동학대의 유형에 대해 안다.
- 좋은 느낌과 싫은 느낌을 구분하고 이를 표현한다.
- 학대를 받았을 때 이를 거부하는 의사표현을 하고 도움을 받을 수 있는 곳에 알린다.
- 부당하게 처벌을 받은 경우 교사나 부모님께 알린다.

영유아 안전 경험의 실제

우리는 보호받을 권리가 있어요

만 3세반 유아들과 아동권리에 대한 영상을 본 후, 아동학대를 당한 유아의 기분을 알아보고, 자신이 부모님께 사랑을 받지 못하면 기분이 어떨지에 대해 이야기를 나눈다. 영상을 보는 동안 유아들의 얼굴이 굳어지고 슬픈 표정으로 바뀐다. 교사는 성인이 화를 내며 유아에게 물걸레질을 시키는 장면이 나올 때, 유아들에게 아주 힘든 일을 시키는 것은 보호권을 지키지 못한 것이라고 부가 설명한다.

영상을 본 후 교사와 유아들이 함께 '보호권'에 관한 이야기를 나눈다.

교사 : 우리 어린이들은 보호를 받아야 하는데, 보호를 못 받는 때는 언제일까?
윤서 : 청소를 시키면 안 돼요!

유아들이 윤서의 말에 의아한 표정을 짓는다.

교사 : 음……. 그런데 말로는 뭐라고 설명했지?
윤서 : 힘든 일을 시키면 안 돼요. 너무 힘든 일을 계속 시키는 거. 음……. 우리 책상은 우리가 들 수 있는데, 선생님 책상처럼 큰 책상은 우리가 못들어요.
영민 : 또… 또… 돈을 벌어 오라고 시키면 안 돼요.
민서 : 그래 맞아. 우리가 어떻게 돈을 벌어 오냐?
교사 : 그래, 너희들 말대로 힘든 일은 돈을 벌어 오라고 시키거나, 너무 힘든 일을 계속 시키는 것, 어린이들이 할 수 없는 일을 말하는 거야.

(2) 교사 측면

교사는 영유아들이 자신의 권리를 인식하고 아동학대로부터 안전하게 보호받을 수 있도록 해야 한다. 이를 위해서 교사는 신고의무자로서의 역할과 영유아 권리존중 보육자로서의 역할과 관련된 교육을 받고 이를 실천해야 한다.

① 아동학대 신고의무자

「아동학대범죄의 처벌 등에 관한 특례법」 제10조 및 제63조에 따르면 아동학대를 쉽게 발견할 수 있는 직종에 종사하는 사람은 신고의무자로서 학대 피해아동을 조기에 발견하고 보호해야 한다. 아동학대 신고의무자는 직무수행 과정에서 아동학대범죄를 알게 된 경우나 그 의심이 있는 경우 수사기관 등에 즉시 신고를 해야 하며, 신고하지 않은 경우에는 500만 원 이하의 과태료가 부과된다. 어린이집의 원장 및 보육교직원은 아동학대 신고의무자에 해당되기 때문에 신고의무자로서의 역할을 수행해야 한다. 또한 「아동복지법」 제26조 및 제75조에 따르면 아동학대 신고의무자는 매년 1회, 1시간 이상의 '아동학대 신고의무자 교육'을 이수해야 한다.

아동학대를 알게 된 경우나 학대 의심이 있는 경우에도 112로 신고하며, 이때 아동학대 신고의무자의 신고절차는 [그림 9-8]과 같다. 아동학대를 신고할 때는 신고자 정보, 피해아동 정보, 학대행위 의심자 정보, 학대 의심 내용을 제공한다.

출처: 아동권리보장원(www.ncrc.or.kr).

[그림 9-10] 아동학대 신고의무자의 신고절차

어린이집에서는 결석 관리를 통해 영유아에 대한 소재 안전을 확인해야 한다.

〈표 9-4〉 어린이집 아동 결석 관리

아동 결석 시 대처 방법
● **(매일)** 영유아 건강·안전 확인 및 결석 아동의 결석 사유 확인 – 부모는 유선, 스마트알림장 등 대화 방법을 통해 교사와 아동의 결석 사유 공유 – 교사는 아동 결석 당일 지속적으로 유선 연락하여 결석 사유 확인 ● **(무단결석)** 2일 이상 어린이집 무단결석 아동 발생 시 전화 연락 또는 가정 방문 – 가정 방문은 보육교직원, 읍·면·동 공무원으로 구성된 2인이 함께 실시

출처: 보건복지부, 어린이집안전공제회(2020). 2020 어린이집 보육교직원 안전교육.

어린이집에서 아동학대가 의심되어 '112'에 신고가 접수되면 아동학대 전담 경찰관(Anti-abuse Police Officer: APO)과 아동보호전문기관, 행정기관이 어린이집을 방문하여 CCTV 등을 확보하고 보호자와 피해아동뿐 아니라 학대행위 의심자와 주변인을 조사한다.

② 영유아 권리존중 보육

교사는 영유아의 권리를 최우선으로 보호해 줄 책임이 있는 사람이며, 영유아들을 대할 때 권리의 주체로서 영유아를 존중해야 한다. 이를 위해 교사는 보육 중에 영유아에게 하지 말아야 할 부적절 행위가 없는지를 지속적으로 검토해야 한다. 특히 교사는 자신의 말을 듣지 않는 영유아를 훈육을 핑계로 신체적 학대를 하는 것뿐만 아니라 식사 지도를 위해 억지로 먹이는 행위, 영유아의 인격이나 감정을 무시하는 행위, 언어적으로 비난하는 행위, 영유아의 요구에 반응하지 않는 행위, 위협하는 행위, 영유아의 안전에 무심한 행위와 같은 정서적 학대에 유의해야 한다. 영유아를 보육할 때는 영유아의 발달 특성과 욕구를 먼저 인정해야 하며, 영유아의 부적응 행동은 발달 과정에서 나타날 수 있는 행동임을 인식해야 한다. 교사로부터 자신의 권리를 존중받는 경험을 한 영유아는 자연스럽게 다른 사람의 권리를 존중하는 방법을 배울 수 있게 되어 아동학대를 근본적으로 예방할 수 있다. 〈표 9-5〉는 보육교직원이 하지 말아야 할 부적절 행위 금지 목록을 나타낸 표이다.

〈표 9-5〉 보육교직원이 하지 말아야 할 부적절 행위 금지 목록의 예

구분	목록별 내용
영유아에게 하지 말아야 할 부적절 행위 금지 목록	신체나 도구로 영유아를 위협하거나 때리는 행동을 하지 않는다.
	영유아를 향해 물건 등의 물체를 던지지 않는다.
	강압적으로 아동을 끌어당기거나 앉히는 행위를 하지 않는다.
영유아 훈육 시 하지 말아야 할 부적절 행위 금지 목록	훈육 시 화장실이나 교구·교재실 등에 아이를 혼자 있도록 하지 않는다.
	지도 시 영아의 손목 및 어깨 등 신체부위에 강한 압력을 주지 않는다.
	영유아가 그대로 당해 보게 하는 보복성 행동을 하지 않는다(예: 너도 꼬집혀 볼래?).
	CCTV 사각지대로 영유아를 데리고 가서 훈육을 하지 않는다.
영유아의 기본생활 요구 지원 시 하지 말아야 할 부적절 행위 금지 목록	오염된 기저귀, 젖은 옷 등 영유아의 기본생활 요구를 방치하지 않는다.
	영유아를 위험하거나 비위생적인 환경에 노출시키거나 이를 알고도 방치하지 않는다.
	영유아의 의사 표현 및 요구를 모른 척 방치하지 않는다.
	영유아에게 먹기 싫은 음식을 다 먹도록 강요하지 않는다.
영유아 존중을 위해 하지 말아야 할 부적절 행위 금지 목록	화가 나거나 분노를 느껴도 절대 이를 영유아에게 나타내지 않는다.
	영유아의 실수를 인정하지 못한 채 교사의 기분, 감정으로 다그치지 않는다.
	영유아의 이름이 아닌 "얘, 야, 너"라는 호칭을 삼간다.
	영유아를 비교하거나 조롱하거나 공개적으로 창피를 주지 않는다.

출처: 이완정(2018). 영유아에게 하지 말아야 할 부당행위에 대한 보육교사의 인식.

4. 성폭력 안전교육의 내용과 실제

1) 성폭력 안전 개념과 현황

아동 성폭력이란 13세 미만의 사람에 대한 강간, 강제추행 등을 의미한다(「성폭력범죄의 처벌 등에 관한 특례법」 제7조). 세계보건기구(WHO)는 아동 성학대를 아동이 충분히 이해되지 않은 상태에서 성행위에 대하여 동의를 표현할 수도 없는 상황 또는 동의를 할 만큼 충분히 발달하지 않았거나 불법적이고 사회적으로 금기시 되는 상황에서 이루어지는 성적활동에 아동이 노출되었을 때를 의미한다고 정의하였다. 즉, 아동 성폭력이란 자신의 성적 만족을 위해 아동에게 가해지는 모든 유형의 성적 행위를 의미한다. 13세 미만의 아동의 경우에는 스스로 동의를 했다고 하더라도 동의를 할 만큼의 사고 능력이나 판단 능력이 충분히 발달하지 않았다고 보기 때문에 이들을 대상으로 성행위를 하는 것은 성폭력이 된다. 한편, 영유아의 성 행동은 영유아가 성장 발달하면서 나타내는 성과 관련된 행동으로, 해당 연령의 자연스러운 발달 특성에서 벗어나 우려하거나 위험한 수준의 혹은 문제가 될 수 있는 영유아의 또래 간 성 행동 문제는 성인에 의한 성폭력과는 다른 관점에서 접근해야 한다.

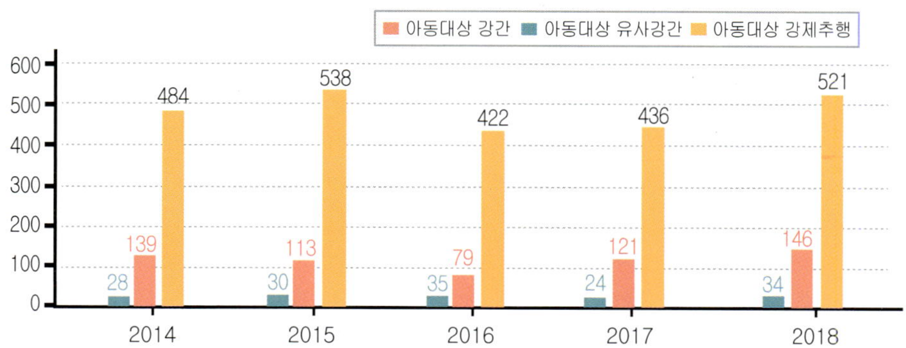

출처: 여성가족부(2019). 아동·청소년 대상 성범죄 동향 및 추세 분석.

[그림 9-11] 유형별 아동 대상 성폭력 범죄의 연도별 추이

아동을 대상으로 하는 성폭력은 최근 증가 추세를 보이고 있다. 유형별로 살펴보면 폭행, 협박 등 힘의 유무가 발생하여 사람을 추행하는 강제추행이 가장 높은 비율을 차지하는 것으로 나타났다.

아동 성폭력 가해자와 피해아동 간의 관계를 살펴보면, 전체 범죄 발생 건수에서 가족 및 친척이 21.4%, 가족 및 친척 이외의 아는 사람이 43.9%, 전혀 모르는 사람이 가해자인 경우는 34.7%를 차지하여 아동 성폭력이 지인(知人)에 의해 발생하는 경우가 많음을 알 수 있다. 이는 영유아가 성폭력을 위험한 상황으로 인지하지 못하거나 인지하더라도 거부하지 못하게 하는 원인이 될 수 있다.

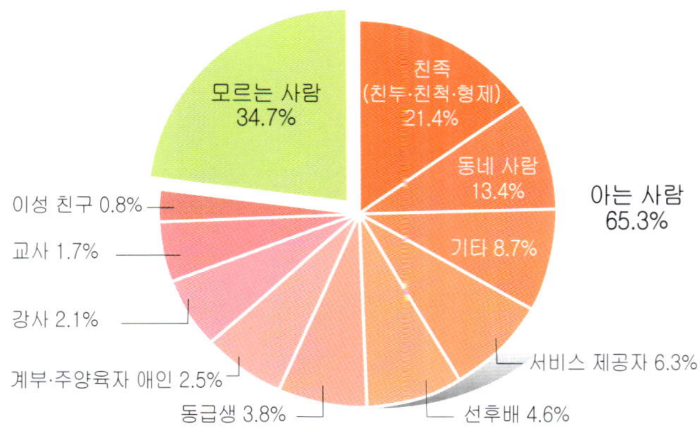

출처: 해바라기아동센터(2015). 2015 서울해바라기센터 사업보고서.

[그림 9-12] 13세 미만 아동 성폭력 피해자와 가해자 관계

2) 성폭력 안전교육의 실제

영유아가 성폭력 상황에 대해 정확히 인식하고 사고를 예방하기 위한 방법과 실제 발생 시 대처하는 방안에 대해 인지하여 피해가 발생하지 않도록 사전에 안전교육을 실시해야 한다.

(1) 영유아 측면

① 성교육

영유아기는 자신과 타인의 신체에 관심을 가지고 생물학적인 성의 차이에 대한 호기심이 시작되는 시기이다. 영유아기에 형성된 성에 대한 올바른 인식은 이후의 건강한 성 가치관과 태도로 이어지기 때문에 근본적인 성범죄 예방으로 이어질 수 있다. 따라서 영유아를 대상으로 하는 성폭력 예방교육에는 올바른 성교육이 선행되어야 한다. 성교육의 내용에는 영유아가 자신과 타인의 신체를 이해하고 이를 소중히 여기며, 성에 관한 자신의 의사와 타인의 의사를 존중하는 내용을 다루어야 한다. 또한 영유아 스스로 성 행동문제를 이해할 수 있도록 하는 내용을 포함시켜서 올바른 성에 대한 태도를 갖게 해 주어야 한다.

- 자신과 다른 사람의 몸을 소중히 여긴다.
- 남자와 여자의 신체 특성과 차이를 알고 자아와 타인에 대해 존중하는 마음을 기른다.
- 신체의 각 부분의 명칭과 기능을 정확히 이해한다.

더 알아보기

'영유아의 성 행동'에 대한 용어 사용

영유아 성 관련 행동에 대한 접근방법을 기초로 영유아 성 관련 행동에 대해 성폭력, 성폭행, 학대, 가해 등의 용어 대신 중립적인 용어를 사용한다.

용어	의미
영유아의 성 행동	영유아가 성장 발달하면서 나타내는 성과 관련된 행동
영유아의 성 행동문제	영유아가 해당 연령의 자연스러운 발달 특성에서 벗어나 우려하거나 위험한 수준의, 혹은 문제가 될 수 있는 성 행동 또는 행동에 따른 문제
피해 영유아	또래의 성 행동문제로 심리적 혹은 신체적 피해를 입은 영유아
행위 영유아	성 행동문제로 또래에게 피해를 입힌 영유아 (낙인이 되지 않도록 '가해 영유아'라는 용어 사용하지 않음)

영유아의 성 관련 행동은 '성 개념의 발달 수준'을 반영하며, 성 개념을 획득하는 과정에서 시도하는 탐색적인 행동이 대부분이다. 영유아 성 행동의 대부분은 발달상 나타나는 행동 특성과 유사하게 개방적인 공간에서, 호기심에 의해, 일상적으로 자연스럽게 나타날 수 있다. 다만, 영유아의 성 행동이 흔히 일어날 수 있는 일상적인 상황을 잘 살펴서 "우려할 또는 위험한 수준"의 특성이 나타나는지에 대해 관찰·주의가 필요하다. 영유아의 우려할 수준의 성 행동문제를 지속적으로 방치하면 은밀하게 반복하는 경향을 넘어 또래에 대해 강요하거나 폭력성을 띠게 되고, 신체·정서적으로 피해를 유발하는 위험한 수준의 성 행동문제로 이어질 수 있다(보건복지부, 육아종합지원센터, 2020).

- 다른 사람의 몸을 만지기 전에는 반드시 물어보아야 하며 다른 사람이 허락을 했을 경우에만 만질 수 있다. 이때에도 신체의 중요 부위는 만져서는 안 된다.
- 친구의 성적 행동(스킨십)이 불편하다고 느낄 때에는 자신의 불편한 감정을 상대방에게 표현한다.

〈표 9-6〉 영유아 발달 과정에 나타나는 성 행동

성 개념	획득 시기	발달적 특성	일반적으로 나타나는 성 행동 예
신체에 대한 탐색	만 0~1세	우연한 상황 등에서 신체의 감각적 느낌을 탐색	• 기저귀를 갈거나 몸을 씻겨 줄 때 감각적인 느낌에 반응하기도 함 • 자신의 성기를 보거나 만짐
성 정체감 인식	만 2~3세	자신을 남자, 또는 여자라고 인식하고, 다른 사람의 성을 구분할 수 있음	• 벗고 돌아다니기 • 가족이나 또래의 벗은 모습에 호기심을 나타냄 • 자위행위가 나타나기도 함
성 안정성	만 4~5세	시간이 지나도 자신의 성이 변하지 않을 것임을 알게 됨 남자아이는 아빠가, 여자아이는 엄마가 될 것이라고 믿음	• 엄마, 아빠 놀이 시 행동 모방 • 아기가 태어나는 과정, 의사놀이 시 옷을 벗기려는 행동(성적 행동인지 단순한 모방행동인지 구분하기 어려움) • 일시적으로 화장실 엿보기 • 자위행위가 나타나기도 함

성 개념	획득 시기	발달적 특성	일반적으로 나타나는 성 행동 예
성 일관성	만 6~7세	외모나 행동, 옷과 같이 외형적 변화가 있어도 성이 변하지 않음을 인식	• 이성에 대한 호감을 가까이 앉거나 서기, 껴안기, 뽀뽀하기 등으로 표현 • 그림 그릴 때 성기를 묘사하거나, 일상적 대화 소재로 삼음 • 일시적으로 화장실 엿보기, 자위행위가 나타나기도 함

출처: 보건복지부, 중앙육아종합지원센터(2020). 어린이집 영유아의 성 행동문제 관리 대응매뉴얼.

영유아 안전 경험의 실제

지아가 좋아서 그랬어

민수는 지아를 만날 때마다 지아에게 뽀뽀를 한다. 지아는 싫은 표정을 보인다.

교사 : 민수야, 지아는 민수가 뽀뽀하는 것을 싫어하는 것 같은데 왜 계속 뽀뽀를 해?

민수 : 지아가 좋으니까, 친해지고 싶어서요.

교사 : 지아랑 친해지고 싶으면 어떻게 하면 되는지 지아에게 물어보자.

민수 : 지아야, 내가 뽀뽀하는 게 싫었어?

지아 : 내가 자꾸 싫다고 했는데 너가 뽀뽀하고 안고 그래서 정말 싫었어.

민수 : 그럼 어떻게 하면 너랑 친해질 수 있어?

지아 : 같이 노는 건 괜찮아. 그런데 뽀뽀는 싫어. 불편해.

민수 : 그럼 이제 안 할게. 미안해, 지아야.

지아 : 그래, 우리 같이 그네 타고 놀자!

교사 : 민수야, 좋아하는 마음으로 한 행동이라도 친구를 불편하게 할 수 있다는 거 알겠지? 민수의 마음이 소중한 것처럼 친구의 마음도 소중하기 때문에, 친구가 싫어하는 행동은 멈추고 사과해야 해. 그리고 지아야, 친구의 행동이 불편할 때 말하지 않으면 친구는 지아가 불편하다는 것을 모를 수 있어. 불편할 때에는 친구에게 싫다고 말해서 알려 주어야 해.

② 성폭력 안전교육

성폭력 사건이 발생하였을 때 올바르게 대처하는 방법에 대한 교육이 함께 이루어져야 한다. 서울 해바라기센터의 어린이를 위한 성폭력 예방교육의 기본 내용을 바탕으로 영유아를 대상으로 하는 성폭력 안전교육에 필요한 내용을 살펴보면 다음과 같다.

- 좋은 접촉과 나쁜 접촉을 구별한다.
- 좋지 않은 말을 하거나 나쁜 사진, 잡지, 비디오를 보여 주는 사람이 있으면 이를 부모나 교사에게 알리고 피한다.
- 어른이 요구할 때에도 때로는 자기주장을 하거나 단호히 거절할 수 있다.
- 다른 사람이 자신의 소중한 신체 부분(수영복을 입을 때 가려지는 부분이라고 설명)을 만지거나 만지려고 하는 일이 있었다면 교사나 부모에게 이야기한다.
- 위험한 상황에 대처할 수 있는 방법을 익힌다.
  - 누구라도 부모님의 허락 없이 같이 어딘가로 가자는 요구를 할 때는 단호하게 거절한다.
  - 자꾸 몸을 만지려는 어른이 있으면 "안돼요. 하지 마세요."라고 용기 있게 말하고 자리를 피하고 부모님께 이를 알린다.
  - 두렵고 무서운 마음이 들 때는 우선 그 자리를 피해 도움을 요청한다.
- 성폭력을 피할 수 없었을 때는, 사건이 일어난 후 가능한 빨리 부모님이나 선생님에게 알려서 도움을 받는다.
- 위급한 상황에서 도움을 받을 수 있는 곳의 위치와 전화번호를 알아 둔다.

영유아 안전 경험의 실제

낯선 사람이 함부로 만지려고 하면?

유아들과 '낯선 사람'에 대한 이야기를 나눈다.

교　사 : 얘들아, 우리 어린이집에 낯선 사람이 들어오면 어떻게 될까?
유아들 : 낯선 사람? 뭐 하는 사람이에요? 남자예요? 여자예요?
세　영 : 낯선 사람은 내가 모르는 사람이에요. 따라가면 안 돼요.
교　사 : 그래. 세영이가 잘 알고 있구나. 낯선 사람은 내가 모르는 사람이란다. 그럼 낯선 사람이 너희들 몸을 함부로 만지려고 하면 어떻게 해야 할까?
리　진 : 내 몸은 소중하니까 만지면 안 된다고 말해야 해요.
교　사 : 맞아요. 그런데 낯선 사람이 너희들을 만지게 될 때 그 사람을 때리면 될까요?

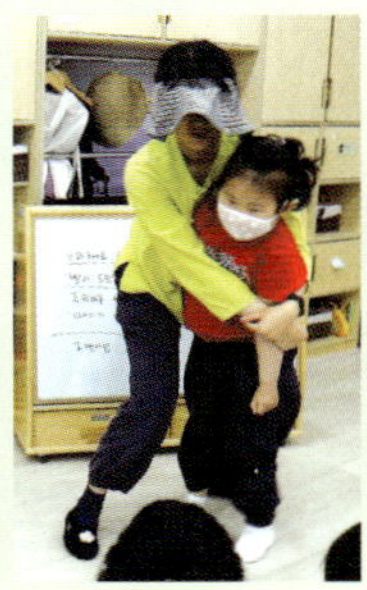

교사는 위험한 상황에 대해 한 번 더 설명하고 바깥놀이터에서 상황극을 해 보기로 한다.
교사는 선글라스와 검은 모자, 검은 마스크, 검은 바지를 입고 낯선 사람의 역할을 한다. 그러나 아무리 상황극이라 할지라도 낯선 사람이 갑자기 나타나 유아를 만지거나 데리고 가려고 한다면 유아가 매우 놀라게 되어, 오히려 유아의 정신건강을 해칠 수 있다. 그러므로 상황극에 참여하는 일부 유아(낯선 사람과 직접 대면할 유아)에게만 상황극이라는 것을 알린다.

바깥놀이터에서 유아들이 놀고 있을 때 낯선 사람이 놀이터로 들어와 유아들이 놀이하는 틈으로 들어온다.

낯선이 : 너가 예뻐서 아저씨가 너를 좀 만지고 싶어.

낯선 사람이 유아의 뺨을 만지고 손을 잡고 꼭 안는다.

리 진 : 악! 저리 가세요. 만지지 마세요. 선생님! 도와주세요. 여기 이상한 아저씨가 있어요.
승 찬 : 악! 악! 악!

승찬이는 낯선 사람을 때리려고 하면서 낯선 사람에게 손가락질을 하며 소리를 지른다.

주변에서 놀고 있던 유아들이 낯선 사람과 리진이를 둘러싸고 함께 큰 소리로 선생님을 부른다.

교 사 : (아이들에게로 급히 달려간다.) 누구세요? 어서 나가세요. 경찰에 신고하겠어요.

낯선 사람이 바깥놀이터 밖으로 도망가듯 뛰어나간다.

교 사 : 너희들이 크게 소리를 질러서 선생님을 부른 것은 참 잘 했어요. 음, 그런데 위험한 행동을 하기도 했어.
도 아 : 저, 알아요. 승찬이가 그 아저씨를 막 때리려고 하면서 소리도 질렀어요.
리 진 : 때리려고 하면 안 돼요. 위험해요. 아저씨가 화가 나면 우리를 다치게 할 수 있어요.
교 사 : 그래. 아주 위험했었어. 낯선 사람은 자기가 나쁜 일을 하려는 것이 들켰다는 것을 알고 기분이 안 좋아져요.
도 아 : 그래서 승찬이와 우리를 더 위험에 빠뜨릴 수도 있어요.
교 사 : 그래. 이제 잘 알겠지?
승 찬 : 네. 이제 그렇게 안 할 거예요. 큰 소리로 선생님 부를 거예요.

> 안전교육으로 낯선 사람이 나의 몸을 만지면 어떻게 해야 하는지 유아들이 사전 경험이 있어서 잘 알고 있었다. 하지만 낯선 사람에게 잡혔을 때 때리는 행동은 더욱 위험할 수 있다는 것을 반복적으로 알려 줘야겠다. 유아들이 상황극을 통해 당황하지 않고 위험성을 인지할 수 있도록 해야겠다(교사의 일지 중).

(2) 교사 측면

교사는 인성교육을 전제로 한 성교육을 통해 영유아들이 올바른 성에 대한 지식과 가치관을 가질 수 있도록 한다. 또한 영유아의 성 관련 행동이 '성 개념의 발달 수준'을 반영하고 있음을 이해하여 영유아의 성 관련 행동을 성인의 성폭력 문제와 다른 관점에서 접근해야 하며, 해당 영유아를 낙인찍지 않도록 보다 신중한 보호자적 관점으로 접근해야 한다. 어린이집 영유아의 성 행동 문제 관리·대응 매뉴얼(보건복지부, 중앙육아종합지원센터, 2020)은 〈표 9-7〉과 같다.

성폭력 사건이 발생하였을 때 성인이 얼마나 신속하고 적절하게 대응했는지 여부에 따라 피해아동의 회복 및 가해자의 조치 정도가 달라지므로 세심한 접근이 필요하다. 사건을 은폐하거나 임의로 사건을 해결하려고 하지 말고 피해 사실을 알게 되거나 의심하게 된 즉시 전문기관에 문의, 상담 혹은 신고하도록 한다. 특히, 영유아를 주의 깊게 관찰하여 영유아가 두세 가지 이상의 성폭력 징후를 보이거나 한 가지 징후라도 매우 심각하게 나타낼 때는 신속히 대처해야 한다. 성폭력 피해가 의심될 때는 성폭력 전문 상담기관(여성긴급전화 1366, 성폭력상담소, ONE-STOP 지원센터 또는 해바라기아동센터)에 문의한다. 아동·청소년 성범죄 피해 대응 요령은 [그림 9-11]과 같다.

〈표 9-7〉 영유아 성 행동(문제) 수준 및 수준별 관리 대응체계

구분	수준	판단 기준	영유아 행동 특성	어린이집 대응
성 행동	일상적인 수준 (= 일반적인 성 관련 행동)	다른 관심사로 주의전환 가능	• 놀이를 제안하면 관심을 보임 • 교사에 의해 중지하거나 주의를 다른 곳으로 돌릴 수 있음	• 영유아 성교육 담당자 지정 • 발달 단계에 맞게 교육, 지도, 관찰 • 일상적인 행동에 대한 부모 소통·교육 • 육아종합지원센터 자문 요청(필요시)
+ 지속성, 반복성, 은밀				
성 행동 문제	우려할 수준	지속성 반복성 은밀한 행동 여부	• 교사가 다른 놀이로 흥미를 끌어도 성 행동의 중단이 어려움 • 잠시 멈추었다가도 교사가 다른 곳으로 가면 성 행동을 반복하고 지속함 • 교사의 눈을 벗어나는 은밀한 장소에서 이루어지는 경향이 반복적으로 나타남	• 행동 중지, 상황 파악 • 부모면담(필요시) • 육아종합지원센터 자문·지원 요청(필요시)
	+ 강요 및 폭력성, 타인의 심신 피해 발생			
	위험한 수준 (= 또래 간 성적 괴롭힘 포함)	지속성 반복성 은밀한 행동 여부 강요 및 폭력성 타인의 심신 피해 발생 여부	• 우려할 수준의 성 행동이 반복되고, 다른 놀이에 대한 관심이 현저히 낮거나 거의 참여하지 않음 • 유아의 관심을 다른 곳으로 돌리려고 할 때 저항하거나 분노행동을 보임 • 또래에 대한 강요나 폭력적 성향이 나타나며 교사의 눈을 피해 은밀한 장소로 또래를 데리고 가기도 함 • 또래 유아의 성기에 상처가 나거나 불안해하는 등 신체 정서상 피해가 발생함	• 즉시 중지, 분리 요청, 모든 영유아 보호 • 상황 파악 • 부모에게 연락, 피해아동 치료 연계 • 지자체 보고, 육아종합지원센터 사례관리 지원 요청

출처: 보건복지부, 중앙육아종합지원센터(2020). 어린이집 영유아의 성 행동문제 관리 대응매뉴얼.

출처: 성범죄자알림e(www.sexoffender.go.kr).

[그림 9-13] 아동·청소년 성범죄 피해 대응 요령

적용해 보기

- 영유아에게 성 관련 행동이 나타났을 때 부모와 교사의 바람직한 대응 방법에 대해 다음의 사례별로 이야기해 보세요.

– 영유아가 또래에게 좋아하는 마음을 스킨십으로 표현해요.

– 영유아가 다른 사람이 옷을 벗은 모습에 관심을 보이고, 자기와 다른 모습에 호기심을 보여요.

– 영유아가 화장실을 사용하는 또래를 몰래 관찰하는 모습이 반복적으로 나타나요.

Chapter 10

화재안전

들어가기 전에

능동적인 핀란드의 소방안전체계

핀란드의 소방 및 재난대응체계는 내무부의 관리 감독 아래 전국 22개 지역의 재난구조과가 담당하고 있다. 또한 대형 화재나 재난이 발생할 경우 군대가 파견되어 민간인과 함께 구조 서비스를 전개하기도 한다. 중앙 정부와 지방 자치단체는 일반적으론 서로 소통과 협력을 통한 협력관계이며 이러한 시너지가 소방과 재난대응의 기본체계라 하겠다.

전체 인구가 한국의 1/10 수준인 핀란드의 소방공무원 수는 5,000여 명으로 인구 대비 한국과 비슷하다. 하지만 자원봉사자들로 구성된 자율소방대의 수가 소방공무원의 약 3배에 가까운 1만 5,000여 명이며 이들이 행하는 소방구조 서비스의 건수가 전체의 60%에 달한다. 일상적으로 국민들이 스스로를 지켜 내기 위해 자신들의 자원을 능동적으로 지역사회에 환원하고 소방공무원들은 보다 전문적인 영역에서 소방 및 구조활동을 펼침으로써 보다 다층적이고 안정적인 서비스를 제공할 수 있게 된다.

자율소방대라고 해서 그리 만만한 훈련을 받는 것은 아니다. 기본 소방기술 훈련, 심폐소생술, 화상 환자 치료 등 응급처치, 급식호흡장치 사용 훈련, 자동차 사고 구조 훈련, 석유 관련 사고 훈련, 유해물질 취급 훈련, 지역 선도 훈련 등이 실시되며 모두 비상 상황을 고려한 것이다.

핀란드는 연간 약 1만 2,000건의 화재가 발생하며 이는 우리나라에 비해 인구 대비 5배 가량 많은 수치다. 춥고 건조한 핀란드의 기후를 고려하면 이는 당연한 현상이며 이러한 일상적인 화재에 노출될 수 밖에 없는 상황이 자율소방대가 발전할 수 있는 하나의 요소가 되지 않을까 한다.

출처: 한국소방안전원 웹진 소방안전플러스(2020). vol.014에서 발췌.

영유아교육기관에서는 화재에 대비하여 소방안전교육을 통해 영유아가 화재사고에 대처할 수 있도록 해야 한다. 이 장에서는 화재안전교육의 필요성, 화재안전사고 현황, 화재안전교육의 내용과 화제 예방 및 대처 방안에 대해 살펴보고 놀이 중심의 화재안전교육의 실제를 다루도록 한다.

1. 화재안전교육의 이해

1) 화재안전교육의 필요성

화재는 인간이 의도하지 않았으나 불이 발생하거나 고의로 불을 낸 것을 의미하며, 소화시설을 이용해 끌 필요가 있는 화학적인 폭발현상이다. 화재는 일단 발생하면 순식간에 번지며 많은 인명 피해와 재산 피해를 낼 수 있는 재앙이므로 영유아 시기부터 화재안전교육을 실시하여 화재를 예방하고 화재에 대처할 수 있는 기술을 습득하는 것이 중요하다. 영유아기는 발달 특성상 안전사고의 위험이 높은 시기로 경미한 화재사고에도 매우 치명적인 피해를 입거나 화재사고 후유증이 크기 때문에 영유아를 대상으로 한 화재안전교육의 실시는 매우 중요하다. 과거에는 영유아들을 사고의 위험으로부터 보호하는 것이 부모의 절대적인 책임이고 의무였지만, 영유아들이 교육기관에서 지내는 생활 시간이 증가하였고, 영유아교사의 안전보호 및 관리 책임의 비중이 커졌다. 이에 영유아교사는 안전보호뿐만 아니라 영유아 스스로가 위험으로부터 자신을 보호할 수 있는 능력을 길러주는 안전교육을 실시해야 하는 역할이 요구된다.

2) 화재안전교육의 내용

화재안전교육에서는 화재의 유형별 안전사고 및 안전교육, 소화기, 자동소화장치, 스프링클러, 옥내소화전 등 소화설비 사용 및 관리와 관련된 안전교육, 화재에 대응할 수 있는 소방대치훈련에 관한 안전교육 등의 내용이 다루어질 수 있다. 화재는 전기, 유류, 가스에 의해서 발생할 수 있으므로 각각의 화재 유형에 따른 내용과 사고예방교육이 필요하다. 또한 부주의에 의한 화재 발생 비율이 높다는 점을 고려할 때 화재 예방을 위해서는 항상 주의를 기울여야 함을 영유아교육기관에서 다루어야 한다.

화재가 발생했을 때 사용하는 소화설비에 대한 교육 역시 화재안전교육에서 다루어져야 하는데 주로 영유아에게 친숙한 소화기 이외에도 자동소화장치, 스프링클러, 옥내소화전 등의 설치 장소, 사용법, 용도 등에 대한 교육이 이루어질 필요가 있다.

화재가 실제로 발생한다면 어떻게 대처해야 하는가에 대한 내용 역시 중요하다. 영유아교육기관에서는 화재가 발생했을 때 대응하는 방법과 화재가 진압된 이후 대응하는 방법에 대해서도 다루어야 할 것이다.

2. 화재안전사고의 현황

우리나라 화재안전사고의 실태를 살펴보면, 화재 발생 건수가 1980년대 중반까지 연 1만 건 이내에서 완만한 증가 추세를 보이다가 1987년 1만 건을 넘으면서 급격한 증가를 보여 2007년 이후 4만 건이 넘게 발생하였다. 이에 2010년 소방방재청에서 '화재와의 전쟁'이라는 정책을 선포하였으며 2013년 '화재피해 저감정책'으로 화재가 감소하는 결과를 낳았다. 그러나 도시에 인구가 모이는 도시화가 가속화되고 전기, 유류 등 에너지원을 사용하는 시설 등이 계속 늘어남에 따라 화재로 인한 인명 및 재산 피해는 증가하는 양상을 보였다(소방청, 2019).

2010~2019년(10년)까지 전체 화재 42만 6,521건 중 발화 요인은 부주의가 20만 8,937건(49%)으로 가장 높으며, 그다음으로 전기적 요인 9만 8,662건(23%), 기계적 요인 4만 3,368건(10%), 미상 4만 297건(9%), 방화 의심 9,912건(2%), 교통사

고 5,154건(1%), 방화 4,582건 순으로 나타났다.

화재의 원인을 살펴보면 부주의로 인한 발생 건수가 가장 높은 비율을 차지하는 것으로 나타나 사소한 부주의가 얼마나 큰 인적·물적 피해를 일으키는지 알 수 있다. 소방청에서 제시한 2019년도 화재 발생 현황 분석 결과를 보면, 부주의에 의한 화재 중 불장난이 147건으로 나타나, 어린 영유아에게 불을 장난의 대상으로 삼는 것이 얼마나 위험한 일인지에 대한 교육이 필요하다. 또한 방화 의심 435건, 방화 370건으로 나타나 방화의 심각성에 대한 교육이 필요함을 알 수 있다.

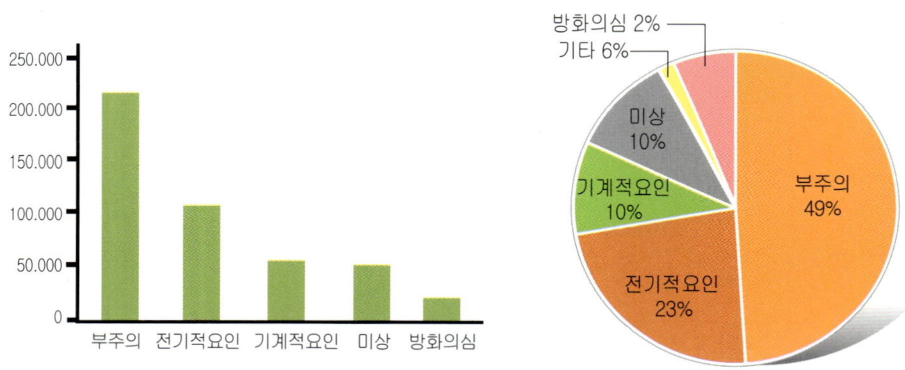

출처: 소방청(2020). 2019년도 화재통계연감.

[그림 10-1] 주요 발화 요인 현황 (2010~2019년)

2019년도 기준으로 전기적 요인으로 인한 화재 발생이 유치원 8건, 어린이집 13건으로 나타났고, 기계적 요인으로 인한 화재 발생이 유치원에서는 발생하지 않았으나 어린이집에서는 4건이 발생하였다는 사실을 고려할 때 영유아교육기관에서의 화재에 대비하여 전기적 요인, 기계적 요인에 대한 세심한 점검이 필요함과 동시에 이에 대비하는 교육이 이루어져야 한다.

〈표 10-1〉 어린이집과 유치원의 전기·기계적 발화 요인 분석

구분	전기적 요인									
발화 장소	계	누전, 지락	접촉 불량에 의한 단락	절연 열화에 의한 단락	과부하/과전류	압착, 손상에 의한 단락	층간 단락	트래킹에 의한 단락	반단선	미확인 단락	기타 (전기적 요인)
유치원	8	0	0	4	0	0	0	0	0	3	1
어린이집	13	0	1	4	1	1	1	2	0	2	1

구분	기계적 요인								
발화 장소	계	과열, 과부하	오일, 연료 누설	자동 제어 실패	수동 제어 실패	정비 불량	노후	역화	기타 (기계적 요인)
유치원	0	0	0	0	0	0	0	0	0
어린이집	4	3	0	0	0	0	0	0	1

출처: 소방청(2020). 2019년도 화재통계연감.

3. 화재안전교육의 내용과 실제

1) 화재 유형별 안전교육과 실제

화재는 무엇이 타느냐에 따라 소화 방법이 다르기 때문에 연료의 종류에 따라 화재의 종류를 구분하여 A형, B형, C형, K형으로 나눌 수 있다. A형은 일반 가열물이 연료로 타는 화재로 대개 물을 사용하여 끄는 화재 유형이고, B형은 가연성의 액체나 가스에 의한 불로 산소를 차단시켜 불을 끄는 화재 유형이며, C형은 전기를 통한 상태에서 발생하는 화재로 전원을 차단하고 반드시 소화기로 불을 꺼야 하는 화재 유형이다. K형은 주방에서 동식물유를 취급하는 조리기구에서 일어나는 화재 유형이다.

발화 요인별로 화재의 종류를 구분해 보면 다음과 같다.

(1) 전기화재

전기화재는 합선이나 누전, 과전류 등으로 인해 화재가 발생하는 것으로 화재 발생 건수에서 차지하는 비율이 매우 높다. 합선에 의한 발화는 전선이나 전기기구의 절연체가 파괴되거나 두 가닥의 전선이 어떤 원인에 의해 서로 접촉하여 순간적으로 발생된 큰 전류와 높은 열에 의해 화재가 발생하는 경우이다. 누전에 의한 발화는 전선이나 전기기구 등의 절연 불량 등의 원인으로 화재가 발생하는 경우이며, 과전류에 의한 발화는 하나의 콘센트에 많은 전기기구를 사용하거나 적정 용량을 초과하여 전기를 과다하게 사용하는 경우에 발생하는 화재이다. 그 외에도 규격 미달의 전선이나 전기기계 등을 사용할 때도 전기화재가 발생할 수 있다.

영유아 안전 경험의 실제

전기 과부하가 뭐예요?

교사가 "불이야!" 외치자 영아들이 "불이 났어!"라며 문 앞으로 모여든다. 교사는 영유아들에게 코와 입을 소매로 막을 수 있도록 하고 신발을 신지 않고 집결지로 모일 수 있도록 안내한다. 집결지에서 원장님은 아이들이 모두 무사히 대피했는지 인원을 확인한다.

원　장 : 튼튼반!
교　사 : 튼튼반 5명 이상 무!
원　장 : 우리 친구들, 모두 무사히 잘 대피했구나. 잘했어요. 원장 선생님은 지금 어린이집으로 들어가서 어디에서 불이 났는지, 왜 불이났는지 살펴보고 올게요. 잠깐 여기서 기다리세요.

원장은 비상벨을 끄기 위해 어린이집으로 들어간다. 교사가 영유아들에게 불이 난 장소와 이유를 설명한다.

교　사 : 오늘 기쁨반에서 불이 날뻔 했어요. 그 이유는 전기가 과부하되었기 때문이에요.

도　아 : 선생님! 과부하가 뭐예요?
교　사 : 과부하가 뭘까? 음……. 그건 풍선을 불 때 자꾸자꾸 커지면 어떻게 될까?
유아들 : 터져요.
교　사 : 맞아요. 풍선을 적당한 크기로 불어야 하는데 자꾸자꾸 커지도록 불면 터지는 것과 같은 거예요. 여기 보세요.

교사는 하나의 콘센트에 여러 개의 코드를 문어발식으로 꽂는다. 코드를 하나씩 꽂을 때마다 영유아들이 악! 헉! 하고 놀라며 두 손으로 입을 막기도 하는 등 진지한 표정으로 바라본다.

교　사 : 이것처럼 하나의 콘센트에 많은 코드를 꽂으면 어떻게 될까?
유아들 : 터져요.
교　사 : 그래요. 바로 전기가 과부하된 거예요. 오늘 집에 가서 콘센트에 이렇게 꽂혀있는지 살펴보세요. 만약 이렇게 하나의 콘센트에 많은 코드가 꽂혀 있으면 어떻게 해야 할까?
유아들 : 부모님께 말해서 많이 안 꽂아야 돼요.
교　사 : 그래요. 꼭 그렇게 해 보자.
유아들 : 네!
교　사 : 이제 선생님은 지금 어린이집으로 들어가서 어린이집이 안전한지 확인하고 올께요.

교사가 어린이집으로 들어가 안전을 확인한 후, 영유아들은 각 교실로 돌아간다.

(2) 유류화재

유류는 가연성 액체로 상온보다 낮은 인화점을 지니고 있어 공기 중에 가연성 증기를 발생시키며 이 증기가 불씨와 접촉하면 쉽게 인화되는 특성을 지닌다. 유류화재의 원인으로는 주유 중 흘린 기름이나 기름의 증기에 불씨가 닿을 경우, 유류기구를 사용하는 도중 이동하거나 넘어질 경우, 또는 튀김요리 중 튀김기름이 가열되어 넘치는 경우를 들 수 있다. 유류화재는 급격히 확산되어 소화활동이 매우 어려우므로 화재가 발생하지 않도록 예방하고 유류는 조심히 다루어야 한다.

(3) 가스화재

가스화재는 실내에 보관된 용기에서 가스가 누출되는 경우, 점화 미확인이나 환기 불량에 의한 누설 폭발, 인화성 물질의 동시 사용 등으로 인해 화재가 발생하는 것을 의미한다. 가스는 열량이 높고 사용하기 편리하여 널리 사용되는 연료이지만 가스가 공기와 일정 비율로 혼합되어 있을 때 착화되면 연소 또는 폭발하기 때문에 매우 위험하므로 안전하게 사용하고 자주 점검해야 한다.

(4) 부주의에 의한 화재

사소한 부주의에 의해서도 화재가 자주 발생한다. 담배꽁초의 방치, 음식물 조리 중 발화, 쓰레기 조각, 불씨나 불꽃의 방치, 불장난, 용접이나 절단 등의 불티 발생, 임야나 논 태우기, 가연물들의 근접 방치, 빨래 삶기, 폭죽놀이 등 다양한 원인으로 인해 화재가 발생할 수 있다.

영유아 안전 경험의 실제

뜨거운 것을 조심해요

4, 5세 통합반에 붕대를 감은 막대인형이 등장한다. 유아들이 막대인형에 관심을 가진다.

유 아 들 : 어? 저 인형이 손을 다쳤나 봐. 왜 다친 거지?
막대인형 : 나는 뜨거운 것을 만져 화상을 입어 많이 아파. 나의 이야기를 한 번 들어볼래?

막대인형이 손을 다친 이야기를 들은 후

막대인형 : 너희들은 뜨거운 것을 만져 본 경험이 있니?
지 율 : 어! 있어. 그래서 엄마가 약 발라 주고 붕대 감았어.
막대인형 : 아휴. 많이 아팠겠구나. 이젠 괜찮아?
지 율 : 응. 괜찮아.
막대인형 : 뜨거운 것이 있으면 그 근처에는 안 가야 해. 그렇지만 혹시라도 뜨거운 걸 만지면 차가운 물에 손을 넣어 식혀 줘야 해.
교 사 : (막대인형에게) 그럼 만약 뜨거운 물이 바지에 쏟아지면 어떻게 해야 해?
유 아 들 : 으악! 뜨거워! 바지를 벗자. 바지를 벗어야 돼.
막대인형 : 너희들이 정말 잘 알고 있구나.
유 주 : 진짜 뜨거운 물건은 조심해야겠다. 만약에 데이면 어른들한테 먼저 도움을 요청해야지!
막대인형 : 맞아. 우리 뜨거운 물건 가까이에 가지 말고, 만약에 데이면 어른들께 먼저 도움을 요청하자.

영유아 안전 경험의 실제

화상을 입었을 때에는 먼저 어른에게 알리고 차가운 물에 담궈야 해

영아들에게 우리 기쁨반에 찾아온 친구가 있다고 하자 "누군데?" 하며 모여든다. "나는 미미야. 너희들에게 하고 싶은 이야기가 있어서 기쁨반에 찾아왔어"라고 하자 민하가 "무슨 이야기?"라고 묻는다.

미 미 : 붕대가 감긴 손을 내민다.
소 민 : 너는 왜 붕대를 감고 있는 거야?
미 미 : 여기에 붕대를 감은 이유는 뜨거운 주전자에 데여서 화상을 입었기 때문이야. 화상은 뜨거운 거에 데였을 때 따끔거리고 피부가 붉게 변하는 것을 말해
시 안 : 나는 뜨거운 거 안 만져 봤는데! 엄마가 만져 봤어.
영아들 : 나도 나도! 데여 본 적 없어!
리 윤 : 넌 왜 붕대 감고 있어? 다친 거야?
(미미가 리윤이에게 뜨거운 주전자에 데여서 화상을 입었다고 말해 준다.)

시 안 : 나는 죽 먹을 때 너무 뜨거웠어! 후후 불어 먹었어.
교 사 : 얘들아, 화상을 입었을 때에는 어떻게 해?
영아들 : 엄마한테 말해야 해! 약을 발라야지!
미 미 : 화상을 입었을 때에는 먼저 어른에게 알리고 차가운 물에 담궈야 해.
교 사 : 그럼 우리 화상을 입었다고 생각하고, 뜨거운 것에 데인 피부를 식혀 보는 연습을 해 볼까?
영아들 : 네! 해볼래요!

(5) 방화

방화는 고의적으로 건물이나 구조물, 탈 것 등에 불을 지르는 것을 의미하며 이는 법률상 범죄로 규정되어 있다. 가정불화나 친구 등과의 싸움, 보험, 비정상적인 심리와 관련되어 방화의 원인을 찾을 수 있다. 최근에는 개인적으로 내재된 불만을 해소하기 위해서, 또는 사회적 관심을 끌기 위해서 방화를 저지르는 경우도 종종 있는데 2008년 2월 국보 1호인 숭례문이 방화 사건으로 인해 붕괴된 사건 역시 개인적인 불만이 방화로 이어진 것임을 볼 때 방화의 심각성을 깨닫고 더욱 철저한 대비가 필요하다고 하겠다.

2) 소화설비 안전교육과 실제

소화설비는 화재를 진압하는 것으로 물 또는 그 밖의 소화약제를 사용하여 소화하는 기계·기구 또는 설비를 의미한다. 소화설비의 종류는 소화기, 자동소화장치(주방용), 스프링클러, 간이스프링클러, 옥내소화전 등이 있다.

(1) 소화기

소화기는 소화약제를 압력에 따라 방사하는 기구로서 사람이 수동으로 조작하여 소화하는 것을 의미한다. 소화기는 영유아교육기관의 각 층마다 배치하여야 하고, 화재 시 용이하게 대처하기 위하여 각 교실마다 1개씩 배치하는 것을 권장한다. 소화기 설치 시 바닥으로부터 1.5m 이하의 높이로 눈에 잘 띄는 곳에 배치하고, 영유아 보행 시 충돌 방지를 감안하여 적절한 위치에 놓는다. 소화기 표지판을 부착하여 화재 시 누구나 찾을 수 있도록 하고 영유아의 손이 닿지 않도록 소화기 케이스에 보관하는 것도 좋은 방법이다.

① 소화기 사용법

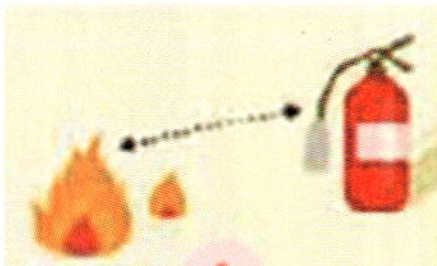

1

소화기를 불이 난 곳으로 옮긴다.
- 불에 가까이 두지 않는다.

2

소화기를 바닥에 내려놓은 후 몸통을 잡고 안전핀을 잡아당긴다.
- 손잡이를 쥐고 안전핀을 당기지 않는다.

3

한 손은 손잡이를 잡고, 한 손은 노즐을 잡고 불을 향하게 한다.

4

소화가 완전히 될 때까지 약제를 불을 향하여 골고루 방사한다.
- 실내에서는 출입문을 등지고, 실외에서는 바람을 등진다.

출처: 소방청 블로그.

② 소화기 보관 방법

직사광선을 피한다.

소화기는 눈에 잘 띄고 영유아 보행 시 충돌에 지장을 주지 않는 곳에 배치한다.

습기가 적고 건조한 곳에 둔다.

소화기 표지판을 부착하여 위급 상황 시 누구나 위치를 찾을 수 있게 한다.

출처: 인천강화소방서. 안전문화운동–소화기관리방법.

③ 소화기 관리 방법

- 내용 연한 : 검사일자 기준으로 10년으로 분말 소화기는 10년이 지나면 교체하거나 성능확인 검사를 받아야 한다.
- 외관점검 : 손잡이나 호스 등의 손상이나 변형을 확인한다. 호스와 노즐이

정확하게 결합되었는지, 외관상 녹이 슬거나 파손되지 않았는지 수시로 확인한다.

- 압력계 확인점검 : 지시 압력계 바늘이 녹색 범위를 가리키고 있는지 확인한다. 적색일 경우 과압이라도 사용이 가능하지만 황색인 경우 압력 부족으로 교체해야 한다.
- 위아래 거꾸로 들기 : 신형 축압식 소화기는 습기가 들어 갈 확률이 적어 자주 흔들 필요는 없지만 자체 분말 압력으로 굳을 수 있으니 게이지 확인 및 바닥 부식 상태 확인을 위해 직접 들어보는 것을 권장한다.
- 소화기 점검표 기록 : 소화기에 소화기 점검표를 부착하여 정기적으로 육안 점검을 실시하고 점검표에 점검 결과를 기록한다.

더 알아보기

주방 조리실에는 K급 소화기가 필요해요

식용유 관련 화재에는 일반 소화기와는 다른 소화 방법이 필요합니다. K급 소화기는 냉각 효과와 질식 효과를 동시에 갖추고 있어 주방 조리실에는 분말 소화기와 K급 소화기를 병행 비치해야 합니다.

소방대피훈련 후 K급 소화기에 대해 설명하는 조리사와 교사

영유아 안전 경험의 실제

소화기를 활용하여 불 끄는 활동을 놀이로 경험해요

유아들이 소화기를 이용하여 놀이한다. 유아들은 교실에 있는 빨간 천을 꺼내어 들고 흔들거나, 여러 가구에 걸쳐 두며 "불이 났어!"라고 외친다. 그리고 소방대피훈련에서 배운 것처럼 소화기 사용법 순서에 따라 안전핀을 뽑고, 소화기를 잡고 손잡이를 누르며 불을 향해 소화기를 쏘는 시늉을 즐겁게 반복하며 가상으로 화재 진압하기를 경험한다.

한 명의 유아가 불 끄기를 하고 나면, 다음 유아는 다시 처음부터 실시하기 위하여 호스와 안전핀을 제자리에 꽂는다. 소화기는 내용물이 들어있지 않아 손잡이가 느슨하였기 때문에 안전핀을 꽂기 위해 구멍을 맞추는 것이 어려워 보이지만, 유아들은 작은 구멍에 안전핀을 꽂기 위하여 매우 집중한다.

안전핀을 끼우는 시간이 유아들이 소화기를 순서대로 사용하며 놀이하는 시간보다 더 많이 걸리기도 한다. 그러나 유아들은 안전핀 끼우는 그 자체로 즐거운지 포기하지 않고, 작은 구멍에 안전핀을 성공적으로 꽂고 즐거워하며 소화기로 불끄는 놀이를 지속한다.

(2) 자동소화장치

자동소화장치는 소화약제를 자동으로 방사하는 고정된 소화장치를 의미한다. 설치 조건은 다음과 같다.

- 주방에 설치하여야 한다.
- 소화약제 방출구는 환기구의 청소 부분과 분리되어 있어야 하며, 형식 승인을 받은 유효 설치 높이 및 방호 면적에 따라 설치하여야 한다.
- 차단장치(전기 또는 가스)는 상시 확인 및 점검이 가능하도록 설치하여야 한다.
- 가스용 주방자동소화장치를 사용하는 경우, 탐지부는 수신부와 분리하여 설치하되 공기보다 가벼운 가스(LNG)를 사용하는 경우에는 천장 면으로부

터 30cm 이하의 위치에 설치하고, 공기보다 무거운 가스(LPG)를 사용하는 장소에는 바닥 면으로부터 30cm 이하의 위치에 설치하여야 한다.

- 수신부는 주위의 열기류 또는 습기 등과 주위 온도에 영향을 받지 아니하고 사용자가 상시 볼 수 있는 장소에 설치하여야 한다.

(3) 스프링클러

스프링클러란 화재 시 온도가 상승하게 되면 스프링클러헤드에서 자동으로 열을 감지한 후 화재를 진화하는 설비이다. 바닥 면적의 합계가 600㎡ 이상인 경우 모든 층에 설치하여야 한다. 어린이집 거실에는 조기반응형 스프링클러헤드를 설치하여야 한다.

조기반응형 스프링클러헤드는 화재로 인한 감응 속도가 일반 스프링클러보다 빠른 스프링클러로써 기류 온도 및 기류 속도가 조기에 반응하는 것을 의미한다.

(4) 간이스프링클러

간이스프링클러는 스프링클러 설비 설치 대상에 미치지 못하는 특정 소방 대상물 중 화재 발생 시 인명 피해가 많이 발생할 것으로 예상되는 특정 소방 대상물에 상수도와 연결하여 설치할 수 있는 수계소화설비이다. 이 설비는 바닥 면적 합계가 300㎡ 이상 600㎡ 미만인 시설에 설치하여야 한다. 바닥 면적의 합계가 300㎡ 미만이고, 창살이 설치된 시설에도 간이스프링클러 설비를 설치하여야 한다.

(5) 옥내소화전

화재 발생 시 초기에 사람이 직접 조작하여 화재를 진압할 수 있도록 건축물 내에 설치하는 고정식, 수동식의 물(수계) 소화설비이다. 연면적 1,500㎡ 이상인 층이 있는 모든 층에 설치하여야 하고, 지층, 무창층, 층수가 4층 이상인 층 중 바닥 면적이 300㎡ 이상인 층이 있는 건물은 모든 층에 설치하여야 한다.

① 사용법

1 발신기 스위치를 누르고, 소화전함에 문을 열어 호스, 노즐을 꺼낸다.

2 한 사람은 노즐을 잡고, 다른 사람은 호스가 접히지 않도록 펴 준다.

3 노즐을 가지고 간 사람이 물 뿌릴 준비가 되었으면 소화전함 개폐밸브를 돌려 개방한다.

4 노즐을 잡고 불이 난 곳을 향하여 불을 끈다.

5 사용 후 개폐밸브를 폐쇄한다.

6 호스를 음지에서 건조시킨 후 보관한다.

② 사용 시 유의사항

- 방수 시 호스가 꺾이지 않도록 한다.
- 방수 시 호스의 반동력이 크므로 노즐을 도중에 놓아서는 안 된다.
- 진압자가 노즐을 놓치면 노즐이 심하게 요동을 치므로 옥내소화전을 사용할 때는 반드시 2~3인이 1조로 한다. 한 사람은 소화전 밸브를 개방하기 위하여 있고, 1~2명은 호스가 꼬이지 않도록 이동시켜 진압하는 역할을 한다.
- 소화전함 호스를 사용할 경우 불이 난 곳까지 호스가 꼬이지 않도록 펼친다.

③ 옥내소화전 관리 방법

- 옥내소화전함 앞에 물건이 쌓여 있는 등 사용에 지장을 주는 장애물이 있어서는 안 된다.
- 위치 표시등은 항상 적색으로 켜져 있어야 한다. 켜진 상태를 확인하기 위해서는 표시등을 두 손으로 가려 빛이 들어오는지 확인하거나 표시등 커버를 열어 적색불이 들어오는지 확인한다.

- 기동 표시등은 작동 시에만 불이 들어와야 하고, 사용하지 않을 경우 불이 꺼져 있어야 하므로 평상시에는 불이 꺼져 있는지 확인한다.
- 옥내소화전 문에는 '소화전'이라는 표시가 있어야 하고, '소화전 사용 방법'이 외국어 병기하여 부착되어 있어야 한다.
- 개폐 밸브는 바닥으로부터 1.5m 이내에 설치되어 있고 누구든지 쉽게 열 수 있는 위치에 있어야 한다.
- 호스와 노즐은 호스걸이에 접어 걸어진 상태로 보관하는 것을 권장한다.
- 소화전함 내부에 이물질, 쓰레기 등이 있지 않게 청결 상태를 유지한다.
- 소방호스는 40mm 이상의 것으로 건축물 각 부분에 물이 유효하게 뿌려질 수 있는 길이(15m 2본 권장)로 설치하여야 하며, 화재 시 신속하게 사용할 수 있도록 호스와 노즐을 결합해 놓아야 한다.
- 소화전함 안에는 밸브 조작, 소방호스 수납 등에 충분한 여유가 있어야 한다.

더 알아보기

소방시설 설치기준

구분	설치기준	주요 기능
소화기 (사용 연한 10년)	• 연면적 33㎡ 이상 건축물의 전층 • 소형 소화기의 경우 보행거리 20m, 대형 소화기의 경우 보행거리 30m 이내가 되도록 전층에 설치	소화약제를 분출하여 화재 진화
간이 스프링클러 설비	• 연면적 300㎡ 이상~600㎡ 미만인 노유자시설 • 300㎡ 미만이면서 창살이 설치된 노유자시설 • 화재 시 창살이 자동으로 개방되는 경우 설치 제외	화재 발생 시 열을 감지한 간이스프링클러 헤드에서 자동으로 소화용수를 분출하여 화재 진화
스프링클러 설비	• 연면적 600㎡ 이상 건축물의 전층	화재 발생 시 열을 감지한 스프링클러 헤드에서 자동으로 소화용수를 분출하여 화재 진화
옥내 소화전 설비	• 연면적 1,500㎡ 이상의 노유자시설이거나 4층 이상인 층 중 바닥 면적이 300㎡ 이상인 전층	펌프에 의한 방식으로 소화용수를 분출하여 화재 진화

3) 소방대피훈련과 실제

영유아교육기관에서 실시해야 하는 화재 대응 방법을 어린이집 안전백과(2019)에서는 다음과 같이 제시하고 있다.

(1) 화재 발생 시

① 주변에 알리기

- 화재를 감지하고 "불이야!"라고 큰 소리로 외친다.

② 119에 신고

- 119 상담원에게 알려 주어야 할 내용
  - 응급 상황이 발생한 위치(영유아교육기관 이름, 교실 이름, 거리 이름 등)
  - 응급 상황의 내용(무의식, 무호흡, 안전사고 등)
  - 도움이 필요한 사람의 명수와 상태
  - 영유아에게 시행한 응급처치 내용(심폐소생술 등)
  - 기타 필요한 도움 등

③ 초기 진화 또는 대피

- 소화기로 초기 진화가 가능한 경우 : 신속히 끈다.
- 소화기로 초기 진화가 어려울 경우 : 신속히 대피한다.
  - 비상문에서 제일 가까운 교직원이 모든 영유아 및 교직원을 대피시킨다.
  - 교사는 영유아가 평상시에 훈련한 대피 장소로 이동하도록 유도한다.
  - 교사는 남아 있는 영유아가 있는지 살핀다.
  - 엘리베이터를 타지 않고 비상구를 이용한다.

영유아 안전 경험의 실제

불이 나서 빨리 가려고 하다가 친구가 넘어질 뻔했어요

비상 사이렌이 울리자 유아들은 익숙한 듯 고개를 숙이고 입을 막고 교실 입구 쪽으로 모인다. 교사의 지시와 안내에 따라 계단으로 내려간다. 승찬이와 준우가 빠른 걸음으로 친구들을 앞질러 가다가 보민이가 계단에서 넘어질 뻔하였다. 집결지에 모여 원장의 지휘 아래 인원점검을 한다. 이후 교사는 승찬이와 준우에게 주의를 준다.

교 사 : 선생님이 차례를 지키며 내려가라고 이야기했는데, 왜 그래야 될까?
승 찬 : 어… 어… 빨리 가다가 넘어지면 다칠 수 있어서 그래요 .
지 율 : 옆으로 피해서 가야 돼요.
준 우 : 제가 빨리 내려가려고 하다가 보민이가 계단에서 넘어질 뻔했어요.

승찬이와 지율이는 잔뜩 긴장한 얼굴로 말한다. 교사는 조금 엇나간 대답이었지만 이유를 알고 있고 이해를 하고 있어 맞다고 칭찬하며 대피할 때는 조금 더 조심하자고 이야기한다.

유아들은 선생님의 '불이야!'라는 소리에 신속하게 문 앞에 모여들었다. 그리고 교사의 안내에 따라 코와 입을 소매로 막고 신속하게 대피하였다. 그러나 평소에는 계단을 내려올 때 조심해서 천천히 내려오는 영유아가 함께 빨리 내려오려고 하다 보니 넘어질 가능성이 높아 조금 위험하다는 생각이 들었다. 다음 훈련에는 영아반은 피난 미끄럼틀로, 유아반은 계단으로 분산하여 대피하도록 계획해서 영유아들의 안전을 확보하는 것이 필요하다(교사의 일지 중).

영유아 안전 경험의 실제

갑자기 "불이야"라고 외치는 소리와 비상 사이렌이 울려요

갑자기 "불이야!"라고 외치는 소리와 비상 사이렌이 울리고, 소방대피훈련이 불시에 이루어진다. 유아들은 당황하지 않고 각자 자신의 손 닦는 수건을 챙긴다. 민수는 문으로 먼저 나가던 리윤이에게 수건을 챙겨 건네기도 한다. 유아들은 차례로 비상 미끄럼틀을 타고 내려간다. 교사는 유아들에게 비상미끄럼틀을 타기 전 "발바닥을 미끄럼틀에 붙이면 천천히 내려갈 수 있어요."라고 설명한다. 유아들은 무릎을 세워 미끄럼틀을 타고 내려간다. 준우도 이번에는 혼자서 비상 미끄럼틀을 탔고, 조심히 내려가 집결지로 뛰어간다.

집결지에 모인 후 교사는 대피인원 확인, 불이 난 장소, 초기 진압에 대해 이야기를 한 후 소화기 사용 방법에 대해 유아들과 함께 이야기를 나눈다. 지율이는 다른 유아들이 보는 앞에서 직접 소화기를 조작하며 시연해 보인다. 훈련이 끝난 후, 유아들은 "나는 소화기 안 해 봤는데."라고 이야기를 하여 교사는 소화기를 교실로 가져와 유아들이 자유롭게 조작해 볼 수 있도록 한다.

(2) 화재 발생 후

- 화재 후 사상자 및 부상자를 확인한다.
- 119 구급차가 오면 다친 상황과 상태를 설명한다.
- 건축물 내 임의 출입을 금한다.
- 환자 이송 및 의료활동 지원 등 훈련 중점사항을 선정하여 실시한다.
- 결과를 문서로 기록하고 보관한다.

더 알아보기

이럴 땐 이렇게 하세요!

- 화재 발생 후 연기 속에서 대피할 때
  - 손수건이나 옷을 이용하여 코와 입을 보호한다.
  - 자세를 최대한 낮춘다.
  - 다른 손으로 벽을 잡는다.
  - 비상구 방향으로 신속하게 대피한다.
- 불길이나 연기 때문에 대피할 수 없어 건물 속에 갇혔을 때
  - 문손잡이를 만져 보아 뜨거우면 문을 열고 나가지 않는다.
  - 창문이나 문틈을 물에 적신 수건으로 막고, 물에 적신 손수건 등으로 입과 코를 가리고 낮은 자세를 취한다.
  - 창문에서 수건을 흔들며 구조를 요청한다.
  - 함부로 창밖으로 뛰어내리지 않는다.
- 옷에 불이 붙었을 때
  - 그 자리에 멈춰 선다. 뛰거나 몸을 흔들면 불이 더 크게 번진다.
  - 바닥에 엎드려 두 손으로 눈과 입을 가린다. 눈과 입을 가리는 것은 얼굴에 화상을 입거나 폐에 연기가 들어가는 것을 막기 위함이다.
  - 불이 꺼질 때까지 계속 뒹군다. 엎드릴 수 없을 경우에는 수건이나 담요를 덮어서 불을 꺼 준다.

적용해 보기

화재안전 포스터를 찾아라

- 방법 : 인터넷 상에서 화재안전 관련 포스터를 찾아서 수업 관련 SNS(단톡방 등)에 게시
- 기간 : 수업 후 1주일 동안
- 당첨자 선정 : 각 수업에서 당첨자 선정 방법 결정
  (예: 다수결, 비밀 투표, 좋아요 득표수 등)
- 당첨자 포상 : 각 수업에서 결정
  (예: 박수 쳐 주기, 상장 만들어서 전달하기 등)

Chapter 11

자연재난안전

들어가기 전에

안전디딤돌 앱을 아시나요?

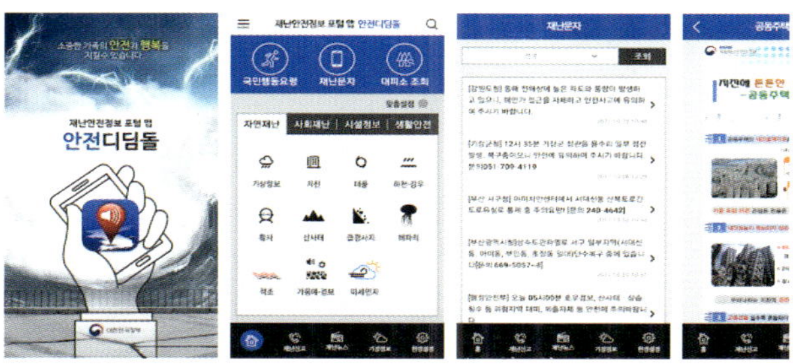

'안전디딤돌'은 정부 대표 재난안전 포털 앱으로 재난 발생 시 또는 일상생활에서 필요한 다양한 재난안전 정보를 제공하고 있습니다. 긴급재난문자, 재난뉴스 및 재난신고, 민방위대피소, 병의원 등 시설물 위치, 유형별 콘텐츠 등 다양한 정보를 하나의 '앱'으로 서비스합니다. 특히, 지진 등 재난 유형별 국민행동요령은 통신이 두절되어도 언제 어디서나 이용할 수 있습니다.

출처: 구글 플레이(play.google.com/store/apps).

영유아교육기관에서는 자연재해에 대비하여 재난사고 발생에 대한 교육을 통해 영유아가 다양한 자연재난에 안전하게 대처할 수 있도록 해야 한다. 이 장에서는 자연재난 안전교육의 필요성과 자연재난 안전사고 현황, 자연재난 안전교육의 예방 및 대처 방안에 대한 내용을 살펴보고 놀이중심의 자연재난 안전교육의 실제를 다루도록 한다.

1. 자연재난 안전교육의 이해

1) 자연재난 안전교육의 필요성

자연재난은 태풍, 가뭄, 지진, 해일, 홍수, 황사, 미세먼지, 폭염 등 자연현상의 변화로 인하여 일어나는 갑작스러운 재난을 의미한다. 한국산업안전공단(2003)은 재난을 '사회적 기본 조직 및 정상 기능을 와해시키는 갑작스러운 큰 사건으로, 이러한 사건의 영향을 받은 사회가 외부의 도움이 없이는 극복할 수 없고 정상적인 능력으로 처리할 수 없는 재산, 사회간접시설, 생활 수단의 피해를 일으키는 단일 또는 일련의 사건'이라고 정의하고 있다. 따라서 영유아 자연재난 안전교육은 자연현상의 변화로 인해 재난이 발생할 경우를 대비하여 재해의 피해를 최소한으로 줄이고 인명의 피해를 없도록 하기 위해 영유아에게 실시해야 하는 교육을 의미한다. 자연현상을 인간의 힘으로 막을 수는 없지만 재해에 철저하게 준비하여 대비한다면 재해로 인한 피해는 막을 수 있다.

최근 기상 이상 현상이 증가하고 규모가 큰 자연재해가 자주 발생하고 있다는 점을 고려할 때 자연재해로 인한 피해를 줄이고 재해 발생 시 대처 능력을 길러 더 큰 피해로 이어지지 않도록 하는 것이 중요하다. 이를 위해 영유아교육기관에서의 자연재난 안전교육은 꼭 필요한 안전교육이라 할 수 있다.

2) 자연재난 안전교육의 내용

자연현상의 변화로 인하여 다양한 형태의 재난이 발생할 수 있으므로 영유아교육기관에서는 우리나라에서 자주 발생하고 있는 자연재난안전에 대한 예방 및 대응 방안 교육이 이루어질 필요가 있다. 점차 대기 환경의 중요성이 높아지고 있고 계절과 무관하게 황사 및 미세먼지가 발생하고 있으므로 영유아교육기관에서는 황사 및 미세먼지 관련 예보를 항상 확인하고 발생 전, 발생 시, 발생 후 대응 방안에 대하여 항시적으로 교육해야 한다.

최근 5년 동안 지진의 발생 빈도가 매우 높게 나타나므로 지진 대피교육이 필수적으로 이루어져야 하며 태풍 및 집중호우가 매년 직간접적으로 영향을 미치므로 이와 관련된 대비교육 역시 필수적이다. 또한 여름철 일 최고 기온이 33℃ 이상까지 올라가는 폭염, 야간의 최저 기온이 25℃ 이상인 열대야에 대비하여 주의해야 하는 사항에 대한 교육 역시 영유아교육기관에서 다루어야 할 내용이다.

2. 황사 및 미세먼지 안전교육의 내용과 실제

1) 황사 및 미세먼지 안전교육의 내용

황사현상은 봄철 중국 대륙이 건조해지면서 고비 사막, 타클라마칸 사막 등 중국과 몽골의 사막지대 및 황하 상류지대의 흙먼지가 강한 상층 기류를 타고 상공으로 올라가 편서풍에 실려 우리나라에 날아오는 것이다. 황사는 급속한 공업화로 아황산가스 등 유해 물질이 많이 배출되고 있는 중국을 경유하면서 오염 물질이 섞여 영유아의 건강에 매우 해로운 영향을 미친다. 황사는 대기의 먼지량을 4배나 증가시키기 때문에 영유아에게 천식, 기관지염 등의 호흡기 질환, 결막염이나 안구건조증 등의 안질환 등을 유발한다.

최근 10년(2010~2019년)간 전국 황사 관측 일수를 살펴보면 연평균 6일 정도 황사가 발생하였으며 2010년이 12.4일로 가장 황사가 많이 발생하였고 2012년 1.7일로 황사 발생빈도가 가장 낮았다. 계절별 황사일수를 살펴보면 봄에는 4.1일, 여름에는 0일, 가을에는 1.1일, 겨울에는 0.9일 발생하는 것으로 나타나서 주로 봄철 황사가 주를 이루지만 가을철 황사 관측일수가 점차 증가하는 추세를 보이므로 4계절 내내 황사에 대한 대비가 필요하고 영유아교육기관에서도 영유아가 황사에 대비할 수 있도록 적절한 예방에 대한 지도가 필요하다. 또한 영유아는 성인에 비해 피부와 호흡기, 안점막 등이 더 취약하므로 영유아교육기관에서는 황사가 발생하는 날에는 가급적이면 외부 활동을 피하고 영유아들의 위생관리에 더욱 더 신중을 기울여야 한다.

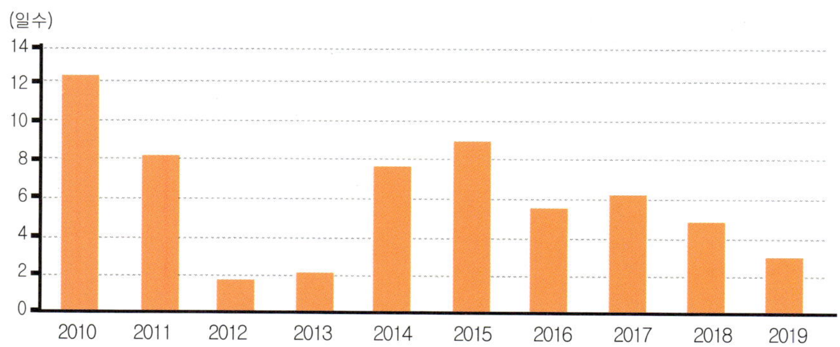

출처: 기상청(www.kma.go.kr).

[그림 11-1] 최근 10년(2010~2019) 전국 연평균 황사 관측일수

최근에는 미세먼지, 또는 초미세먼지의 발생에 대한 관심이 높아지면서 이에 대한 대처 방법 역시 관심이 높아지고 있다. 미세먼지는 대기 중에 떠다니거나 흩날리는 먼지로 석탄·석유 등의 화석연료를 태울 때나 공장·자동차 등의 배출가스에서 많이 발생한다. 먼지 중에 미세먼지는 지름이 10㎛보다 작은 미세먼지(PM_{10})와 지름이 2.5㎛보다 작은 미세먼지($PM_{2.5}$)로 나뉘는데, PM_{10}이 사람의 머리카락

지름(50~70㎛)보다 약 1/5~1/7 정도로 작은 크기라면, $PM_{2.5}$는 머리카락 지름의 약 1/20~1/30에 불과할 정도로 매우 작은 크기이다.

미세먼지는 천식과 같은 호흡기계 질병을 악화시키고, 폐 기능의 저하를 초래한다. $PM_{2.5}$는 입자가 미세하여 코 점막을 통해 걸러지지 않고 흡입 시 폐까지 직접 침투하여 천식이나 폐질환의 유병률과 조기사망률을 증가시킨다. 또한 미세먼지는 식물의 잎 표면에 침적되어 신진대사를 방해하며, 건축물이나 유적물 및 동상 등에 퇴적되어 부식을 일으킨다.

최근 10년간 우리나라 주요 도시의 미세먼지 오염도 추이를 살펴보면 다행스럽게 점차 감소하고 있지만, 선진국 주요 도시와 비교해 보면 2019년 기준으로 서울의 미세먼지(PM_{10})는 42㎍/㎥로 도쿄 16㎍/㎥, 런던 18㎍/㎥, 파리 20㎍/㎥, LA 29㎍/㎥보다 높은 수준이다. 또한 서울의 미세먼지($PM_{2.5}$)는 25㎍/㎥으로 도쿄 10.5㎍/㎥, 런던 11㎍/㎥, 파리 13㎍/㎥, LA 13.4㎍/㎥보다 높은 수준이어서 대기질 개선에 대한 대책이 시급함을 알 수 있다. 이에 영유아교육기관에서도 미세먼지 오염이 높은 날에 대한 대처교육 및 대기질 개선을 위한 환경교육이 필요하다. 또한 미세먼지가 높은 날은 외출을 피하고 부득이하게 외출을 해야 하는 경우 마스크를 착용하는 것이 바람직하다. 교통량이 많은 지역으로 이동을 자제하고 영유아교육기관에서는 실외 수업을 자제하도록 한다.

〈표 11-1〉 2019년 세계 주요 도시 미세먼지 오염도

구분	지역	PM_{10}(㎍/㎥)	$PM_{2.5}$(㎍/㎥)
2019년	대한민국(서울)	42	25
	미국(LA)	29	13.4
	일본(도쿄)	16	10.5
	프랑스(파리)	20	13
	영국(런던)	18	11

출처: 에어코리아(www.airkorea.or.kr/web).

황사 및 미세먼지로 인해 발행하는 증상으로는 눈이 껄끄럽고 눈물이 나며 충혈되고 눈곱이 끼기도 한다. 이때 눈을 비비지 않고 편안하게 쉬게 해 주며 두 손바닥을 맞대고 열이 나게 한 후 두 눈에 갖다 대는 것이 도움이 된다. 코가 간질거리고 재채기가 나거나 막히고 콧물이 자주 흐를 수 있어 코를 엇박자로 눌러 콧물을 빼고 깨끗한 물로 콧속을 세척하는 것이 도움이 된다. 목이 간질거리며 목구멍이 답답하거나 가래가 생기고 천식기가 있는 경우에는 기침이 많이 날 수 있다. 이때는 물수건으로 입을 가리고 천천히 깊게 호흡을 하며 적당한 습도를 유지해 주는 것이 도움이 된다. 또한 양치질을 하고 깨끗한 물로 목구멍을 헹구면 좋다. 황사 및 미세먼지 대비 요령을 어린이집 안전관리백과(2019)에서 다음과 같이 제시하고 있다.

(1) 황사 및 미세먼지 대비 요령

● 황사 및 미세먼지 발생 전

- 창문을 닫아 황사 및 미세먼지의 유입을 막는다.
- 야외활동(소풍 등)을 자제한다.
- 알레르기성 결막염, 비염, 기관지 천식 등 질병이 있어 주의가 필요한 영유아를 알아 두고 특별히 주의를 기울인다.
- 손을 수시로 씻는다.
- 채소, 과일은 더욱 깨끗이 세척하여 영유아에게 제공한다.

● 황사 및 미세먼지 발생 중

- 등·하원(특히 도보) 시 영유아에게 마스크 착용, 긴소매를 입히도록 사전에 가정에 안내한다.
- 공기청정기, 가습기 등으로 공기를 쾌적하게 유지한다.
- 모든 교직원과 영유아는 수분을 규칙적으로 섭취하게 한다.
- 황사에 노출된 비포장 식품은 버리거나 세척 후 위생용기에 보관한다.

● 황사 및 미세먼지 발생 후

- 방송 매체, 기상청 홈페이지 등 황사 종료 여부를 확인한다.
- 실내 공기를 환기시킨다.
- 어린이집 실내외 청소 및 소독을 통해 먼지를 제거하고 오염된 물품은 충분히 세척 후 사용한다.
- 영유아는 손, 발을 깨끗이 씻고 양치질을 하도록 지도한다.
- 모든 교직원과 영유아의 감기, 가려움증 여부 등 건강 상태를 확인한다.

(2) 고농도 미세먼지 7가지 대응 요령

① 외출은 가급적 자제하기: 야외모임, 캠프, 스포츠 등 실외활동 최소화하기

② 외출시 보건용 마스크(식약처 인증) 착용하기: 보건용 마스크(KF80, KF94, KF99)의 올바른 착용법 인지하기

※ 마스크 착용 시 호흡이 불편할 경우 사용을 중지하고 전문가 상담 필요

출처: 환경부(www.me.go.kr).

③ 외출 시 대기오염이 심한 곳은 피하고, 활동량 줄이기: 미세먼지 농도가 높은 도로변, 공사장 등에서 지체 시간 줄이기, 호흡량 증가로 미세먼지 흡입이 우려되는 격렬한 외부활동 줄이기

④ 외출 후 깨끗이 씻기: 온몸을 구석구석 씻고, 특히 필수적으로 손·발·눈·코를 흐르는 물에 씻고 양치질하기

⑤ 물과 비타민C가 풍부한 과일, 야채 섭취하기: 노폐물 배출 효과가 있는 물, 항산화 효과가 있는 과일, 야채 등을 충분히 섭취하기

⑥ 환기, 실내 물청소 등 실내 공기질 관리하기: 실내외 공기 오염도를 고려하여 적절한 환기 실시하기, 실내 물걸레질 등 물청소 실시, 공기청정기 가동하기(필터 주기적 점검 및 교체)

⑦ 대기오염 유발 행위 자제하기: 자기용 운전 대신 대중교통 이용하기

(3) 고농도 미세먼지 영유아교육기관 대응 요령

- 평시

– 고농도 미세먼지 발생 시 대처 방안 숙지

– 미세먼지 문자 알림 서비스 신청

  • 예보: 에어코리아 홈페이지

  • 주의보·경보: 시·도 및 에어코리아 홈페이지

– 보호자 비상연락망 구축 및 보호자 대상 피해 예방, 대응 조치 지도

– 고농도 미세먼지 상황 대비 실외활동 대체를 위한 사전 계획 마련

  • 활동 전환 기준 및 대체안 마련(실내 체육, 단축활동, 휴원, 일정 연기 등)

– 관심이 필요한 영유아 관리 대책 마련

  • 관심대상자 현황 파악, 위생점검 및 건강체크, 응급조치 요령 등 숙지

– 보건용 마스크(KF80, KF94, KF99), 상비약 비치 및 점검(식염수, 아토피 연고 등)

– 실내 미세먼지 유지 기준(PM_{10}) 농도 100㎍/㎥ 이하 준수 및 권고 기준($PM_{2.5}$) 농도 70㎍/㎥ 이하 준수 노력

- 1단계 고농도 예보

익일 예보 '나쁨' 이상(PM_{10} 81㎍/㎥ 이상, $PM_{2.5}$ 36㎍/㎥ 이상)

– 보호자 비상연락망, 안내문 등을 통한 예보 상황 및 행동 요령 공지

– 익일 예정된 실외활동에 대한 점검(실내활동으로 대체 여부 검토 등)

– 미세먼지 예보 상황 및 농도 변화 수시 확인
  - 에어코리아(www.airkorea.co.kr), 우리동네 대기질 모바일 앱 활용

● 2단계 고농도 발생

해당 지역 인근 측정소의 시간당 미세먼지 농도가 '나쁨' 이상(PM_{10} 81㎍/㎥ 이상, $PM_{2.5}$ 36㎍/㎥ 이상 1시간 지속)

– 시설 담당자는 미세먼지 농도를 수시로 확인, 기관 내 상황 전파
– 영유아 대상 대응 요령 교육 및 실천
  - 외출 자제, 외출 시 마스크 쓰기, 도로변 이동 자제, 깨끗이 씻기 등
  - 마스크 착용 시 호흡이 불편한 경우 사용을 중지하고 전문가 상담
– 실외활동 자제(실내수업 대체)
– 바깥 공기 유입 차단(창문 닫기, 최소한의 주기적 환기는 필요)
– 호흡기 질환 등 미세먼지 민감군 및 고위험군 영유아 관리 대책 이행
– 실내 공기질 관리(예: 물걸레질 청소 등)

● 3단계 주의보

해당 권역의 PM_{10} 150㎍/㎥ 이상 또는 $PM_{2.5}$ 75㎍/㎥ 이상 2시간 지속

– 실외활동 단축 또는 금지, 등·하원 시간 조정 등 실시
  - 체육활동, 현장학습 등을 실내활동으로 대체
– 시설 내 기계, 기구류 세척 등 식당 위생관리 강화

● 4단계 경보

해당 권역의 PM_{10} 300㎍/㎥ 이상 또는 $PM_{2.5}$ 150㎍/㎥ 이상 2시간 지속

– 질환자 파악 및 특별관리(진료 등)
– 등·하원 시간 조정, 휴업 권고(조치 시 학생 보호 대책 별도 마련)

● 5단계 주의보, 경보 발령 해제

시·도 대기자동측정소의 미세먼지 시간당 평균 농도가 미세먼지 주의보, 경보 해제 기준에 해당하는 경우

– 주의보 PM_{10} 100㎍/㎥ 미만, $PM_{2.5}$ 35㎍/㎥ 미만

– 경보 PM_{10} 150㎍/㎥ 미만, $PM_{2.5}$ 75㎍/㎥ 미만

– 주의보, 경보 발령 해제 시 조치사항

- 기관별 실내외 청소 실시
- 미세먼지 농도가 낮은 시간에 도로변 외의 창문을 통한 환기 실시
- 환자 발생 여부 파악, 휴식 또는 조기 귀가

● 6단계 조치 결과 등 보고

관계기관은 담당자 현황 및 경보 조치 결과를 작성·보고

– 담당자 현황

- 보건복지부는 어린이집의 미세먼지 담당자 현황을 취합하여 환경부에 보고(3월, 9월)
- 교육부(학교안전총괄과)는 유치원의 미세먼지 담당자 현황을 취합하여 환경부에 보고(3월, 9월)

– 경보 조치 결과

- 어린이집은 시·도 담당 부서에 보고(경보 발령 후 7일 이내)
- 보건복지부는 어린이집의 경보 조치 결과를 환경부에 보고(3월, 9월)
- 유치원은 시·도 교육청에 보고(경보 발령 후 7일 이내)
- 교육부(학교안전총괄과)는 학교의 경보 조치 결과를 환경부에 보고(3월, 9월)

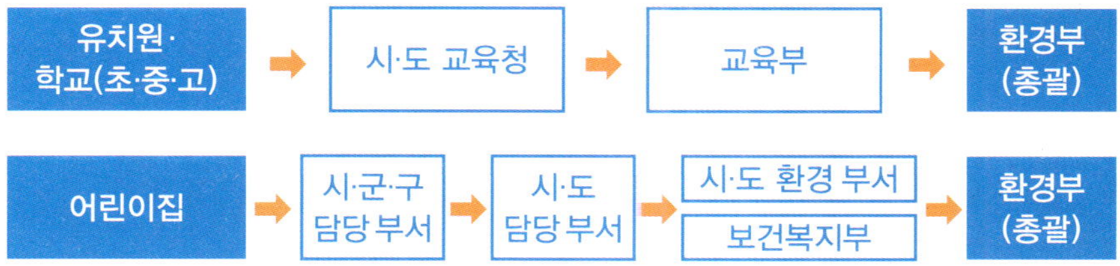

출처: 환경부(www.me.go.kr).

[그림 11-2] 유치원과 어린이집 보고 단계

더 알아보기

황사와 미세먼지가 어떻게 다른가요?

구분	황사	미세먼지
정의	중국, 몽골의 사막지대 등에서 불어오는 흙먼지로, 입자 크기에 대한 기준은 없으나 우리나라에 영향을 미치는 황사의 경우 통상 1~10μm	직경이 10μm 이하인 먼지로서 10μm 이하인 PM_{10}과 2.5μm 이하인 $PM_{2.5}$로 구분
성분	주로 토양 성분	일부 광물성도 있으나 주로 탄소 또는 이온 성분
영향	농작물 등의 생육 방해, 반도체 공장 등 조업 방해 등의 부정적 영향과 토양의 산성화 예방이라는 긍정적 영향 병존	코 점막을 통해 걸러지지 않고 흡입 시 폐포까지 직접 침투하여 천식이나 폐질환 유병률, 초기 사망률 등 증가 ※긍정적 영향은 거의 언급되지 않음
예보제	황사경보 실시 ※옅은, 짙은, 매우 짙은 황사 등 3가지 황사 강도 적용	PM_{10}에 대한 좋음, 보통 등 5가지 예보단계 적용 중($PM_{2.5}$ 오존 등에 대해서는 준비 중), 미세먼지특보(주의보, 경보) 등 실시
소관 부처	기상청	환경부

출처: 행정안전부 국민재난안전포털(www.safekorea.go.kr).

2) 황사 및 미세먼지 안전교육의 실제

영유아 안전 경험의 실제

황사가 뭐야?(영아)

재난대비 안전교육 : 교사가 마스크를 쓰고 등원하는 도은이를 맞이한다.

교　사 : 오늘 황사가 심하대.
도　은 : 황사가 뭐야?
민　하 : 그거 먼지잖아!
교　사 : 그래. 민하가 잘 알고 있네. 우리 이따 황사에 대해서 이야기하자.

간식을 먹은 후 교사가 황사에 관한 영상을 보여 주자 영아들은 굳은 표정으로 영상을 뚫어지게 본다.

교　사 : 황사는 중국에서 바람을 타고 날아오는 모래와 먼지를 말하는 거야.
민　하 : 무서워요.
도　은 : 마스크를 써야 해.

영아들이 한 번 더 영상을 보고 싶어하여 영상을 또 보여 준다.

교　사 : 황사로부터 몸을 보호하기 위해서는 어떻게 하는 것이 좋을까?
도　은 : (자신의 마스크를 가리키며) 마스크!
민하, 성현 : 손! 손을 씻어야지!
교　사 : 와! 너희들이 잘 알고 있구나. 우리 마스크를 잘 쓰고, 외출도 많이 하지 말자. 그리고 외출 후에는 어떻게 해야 할까?
영아들 : 손을 깨끗이 씻어. 바누로 이렇게 해 가지고 이렇게 이렇게.
(영아들이 손 씻는 순서를 기억하며 손 씻는 시늉을 한다.)

교사는 실내에서는 창문 닫기, 물을 자주 마시기 등의 방법을 다시금 알려 준다.

황사가 온대요!(유아)

노트북에 영상을 준비하여 책상에 올려 두었다. 은호가 "오늘 뭐 봐요?"라고 물으며 흥미로워했다. "봄에 우리나라로 불어오는 바람이 있는데, 이것을 '황사'라고 한 대요. 우리 황사가 무엇인지 영상을 통해 보도록 해요."라며 함께 영상을 시청했다.
"황사가 불어오면 어떻게 해야 한다고 하나요?"라고 묻자 유찬이가 "음, 마스크를 꼭 써야 해요. 황사가 목에 들어가면 큰일 나요!"라고 대답했다. 유아들과 황사에 대해 이야기를 나눈 후 대처 방법에 대해 한 번 더 강조했다.

3. 지진안전교육의 내용과 실제

1) 지진안전교육의 내용

지진은 지각의 판 운동이나 화산활동에 의해 돌발적으로 일어나는 지각의 요동으로 인해 지구 내부에 쌓인 에너지가 갑작스럽게 방출되면서 생긴 파동으로 인해 발생하는 자연재해이다. 우리나라의 지진활동은 지진대에 속하는 다른 나라에 비하여 낮은 편이나 지진 발생 횟수가 점차 증가하는 추세를 보여 지진에 대한 대책이 요구된다.

지진의 규모가 커질수록 자연과 사람에게 미치는 영향이 더 심각해진다. 규모가 3.0 미만인 지진은 사람의 몸으로 감지하지 못하고 건물에도 부정적인 영향을 미치지 않지만 규모가 3.0이 넘어가면 창문이 흔들리고 사람이 몸으로 인식할 수 있게 된다. 우리나라의 경우 1980년대 후반 이후 지진 관측망 현대화와 지진 분석 시스템의 성능 향상으로 규모 2.0~3.0의 지진 감지 횟수가 증가하여 총 발생 횟수가 증가하는 경향을 보였다. 그 후 2000년대 이후에는 총 발생 횟수의 뚜렷한 증가세는 보이지 않다가, 2016년 9월 12일 경주 지진 및 2017년 11월 15일 포항 지진과 여진으로 발생 횟수가 크게 증가하였다. 경주 지진은 규모가 5.8이었고 1978년 지진계 지진 관측 이래 가장 규모가 큰 지진이었으며 포항 지진은 규모 5.4로 경주 지진에 이어 두 번째로 규모가 큰 지진이었다.

2019년도에는 규모 2.0 이상의 국내 지진 발생 횟수는 총 88회로 2016년 252회, 2017년 223회, 2018년 115회 이후 네 번째로 많은 지진이 발생하였다. 규모 3.0 이상의 지진은 연평균 10.9회보다 많은 14회가 발생하였으며 사람이 진동을 느낀 유감지진은 16회 발생하였다. 2019년 4월 19일 강원도 동해시에서 발생한 규모 4.3 지진이 가장 큰 규모의 지진이었다. 이렇듯 실내에 있는 사람이 느낄 수 있는 정도의 규모인 3.0 이상의 지진 발생빈도가 증가하면서 우리나라도 더 이상 지진의 안전지대가 아님이 확인되고 있다. 따라서 영유아교육기관에서는 영유아에게 지진 발생 시 대피 요령에 대한 교육을 실시하여 만일의 경우에 대비해야 한다.

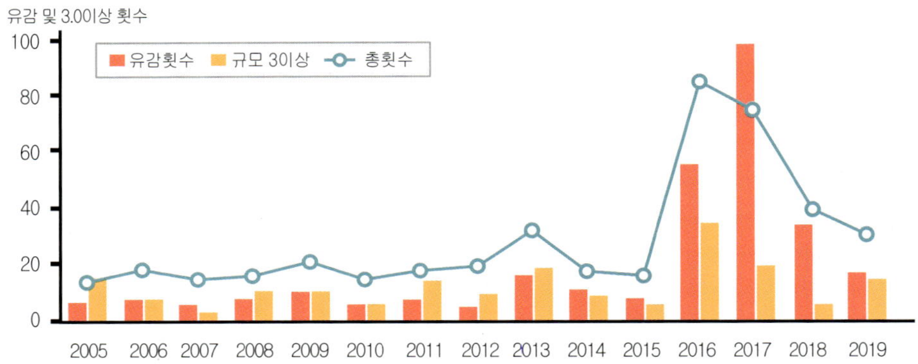

※ 유감횟수란 지진 발생 시 건물이 흔들리는 등의 자연현상을 사람이 느낄 수 있는 지진을 의미함
출처: 기상청 국가지진정보시스템(www.kmaneis.go.kr).

[그림 11-3] 지진 발생 횟수

2016년 경주 지진, 2017년도 포항 지진 및 여진 등으로 인해 우리나라에서도 지진으로 인한 피해가 심각한 수준으로 나타난다는 것이 확인되었다. 언제 발생할지 모르는 지진에 대비하여 가정과 영유아교육기관에서의 대처 방안을 인지하고 있어야 한다. 지진 발생에 따른 영유아교육기관에서의 구체적인 대비 요령을 어린이집 안전관리백과(2019)에서 다음과 같이 제시하고 있다.

(1) 지진 발생 대비 요령

● 발생 중

① 실내

▶ 보육실에서

– 교직원과 영유아는 현재 있는 장소에서 가장 가깝고 안전한 위치로 신속히 이동하여 몸을 보호한다.
  • 견고한 책상, 구조물이 있을 경우 아래 또는 옆에 앉아서 몸을 웅크리고 다리를 꽉 잡고 있는다.

- 튼튼한 책상이 없을 경우 손과 팔(또는 가방, 베개)로 얼굴과 머리를 가리고 신속히 외부로 통하는 문틀, 출입구 벽면에 가서 앉는다.

– 움직여도 괜찮다면 현관·창문을 열어 출입구를 확보한다.
– 보관하고 있던 비상용품을 챙긴다.

▶ 화장실에서

– 화장실 타일, 거울과 먼 방향의 벽면에 앉아 손으로 머리를 보호한다.

▶ 조리실에서

– 가스레인지에서 떨어지고 흔들림이 안정되면 사용 중인 전열기구, 가스레인지 등을 신속하게 끈다.
– 전기 차단기를 내리고 가스 및 수도는 밸브를 잠근다.

▶ 화재 예방과 진압

– 가스, 수도, 전선을 점검하고 밸브를 잠근다.
– 가스가 샌다면 도시가스 계량기 전단(LPG 용기) 밸브를 잠그고, 문을 활짝 열어 놓고 즉시 대피하고 119에 신고한다.
– 전기로 인해 화재가 난다면 '불이야' 하고 크게 소리 지르고, 소화기로 초기 진압을 한다. 서둘러서 밖으로 뛰어나가지 않는다.

② 실외

– 머리를 보호한다. 건물 파편, 간판 등이 떨어질 수 있으므로 낙하물에 주의하여 손이나 가방으로 머리를 감싼다.
– 위험물로부터 몸을 피한다. 자동판매기 등 고정되지 않은 물건, 좁은 길에 가지 않는다.
– 넓은 장소로 대피한다. 최대한 건물로부터 멀리 떨어져 운동장, 공터, 공원으로 대피한다.

– 계단을 이용한다. 엘리베이터가 있을 경우 작동이 되더라도 타지 않고 계단으로 이동한다.

● 발생 후

– TV, 라디오로 지진 상황을 확인한다.
– 여진에 대비한다. 파괴된 건물 안에 있는 경우 트인 공간으로 이동한다.
– 부상자를 확인하고 응급처치를 실시한다.
  • 즉시 구조를 요청하고 부상자가 위치한 곳이 위험하지 않다면 부상자를 그 자리에 그대로 두고 옮겨야 할 경우 기도 확보, 머리와 부상 부위를 고정한 후 안전한 곳으로 옮긴다.
  • 의식을 잃은 부상자에게는 물을 주지 않는다.
– 모든 교직원과 영유아는 마음의 안정을 취한다.
  • 영유아교육기관 밖으로 급하게 뛰어나갈 경우 유리창, 간판 등이 떨어질 수 있으므로 나가지 않는다.
  • 정전이 되고 화재경보기가 올리고 스프링클러가 작동되더라도 놀라지 않는다.
– 정전이 되었다면 손전등을 사용한다. 불(양초, 성냥, 라이터)은 누출된 가스가 폭발할 위험이 있기 때문에 사용하지 않는다.
– 전기, 가스, 수도를 확인한다.
  • 가스 냄새가 나거나 가스 새는 소리가 나면 도시가스 계량기 전단(LPG 용기) 밸브를 잠그고 창문을 열어 놓고 대피하고 관계기관(한국가스안전공사 1544-4500, 가스 판매점(LPG), 지역 도시가스회사)에 연락하여 신속한 조치를 받는다.
  • 전기에 문제가 있다면 전기차단기를 내린다.
  • 수도관에 피해가 있을 경우 밸브를 잠근다.

더 알아보기

지진 규모 및 진도에 따라 나타나는 현상에 대해 알아보아요!

<table>
<tr><th>규모</th><th>진도</th><th>현상</th></tr>
<tr><td>1.0~2.9</td><td>I</td><td>• 특별히 좋은 상태에서 극소수의 사람만이 느낌</td></tr>
<tr><td rowspan="2">3.0~3.9</td><td>II</td><td>• 건물의 위층에 있는 소수의 사람만이 느낌</td></tr>
<tr><td>III</td><td>• 실내에서 특히 건물 위층에 있는 사람들이 뚜렷하게 느낌
• 정지하고 있는 차가 약간 흔들리며, 트럭이 지나가는 듯한 진동 지속 시간이 산출됨</td></tr>
<tr><td rowspan="2">4.0~4.9</td><td>IV</td><td>• 실내에서는 많은 사람이 느끼나 야외에서는 거의 느끼지 못함
• 밤에는 일부 사람이 잠을 깸
• 그릇, 창문, 문 등이 흔들리며 벽이 갈라지는 듯한 소리를 냄
• 대형 트럭이 건물에 부딪치는 듯한 느낌을 줌
• 정지한 차가 뚜렷하게 흔들림</td></tr>
<tr><td>V</td><td>• 거의 모든 사람이 느낌
• 많은 사람이 잠에서 깸
• 그릇과 창문이 깨어지기도 하며, 고정 안 된 물체는 넘어지기도 함</td></tr>
<tr><td rowspan="2">5.0~5.9</td><td>VI</td><td>• 모든 사람이 느낌
• 많은 사람이 놀라 대피함
• 무거운 가구가 움직이기도 하며, 건물 벽에 균열이 생기기도 함</td></tr>
<tr><td>VII</td><td>• 모든 사람이 놀라 뛰쳐나옴
• 설계와 건축이 잘 된 건축물에서는 피해를 무시할 수 있으나, 보통 건축물은 약간의 피해 발생
• 부실 건축물은 상당한 피해 발생
• 굴뚝이 무너지기도 하며, 운전자도 지진동을 느낄 수 있음</td></tr>
<tr><td rowspan="2">6.0~6.9</td><td>VIII</td><td>• 특수 설계된 건축물에 약간의 피해 발생
• 일반 건축물에도 부분적인 붕괴 등 상당한 피해 발생
• 부실 건축물은 극심한 피해 발생
• 상품, 굴뚝, 기둥, 기념비, 벽돌이 무너짐</td></tr>
<tr><td>IX</td><td>• 특수 설계된 건축물에도 상당한 피해 발생
• 견고한 건축물에 부분적 붕괴 발생
• 지표면에 균열 발생
• 지하 송수관 파손</td></tr>
<tr><td rowspan="3">7.0 이상</td><td>X</td><td>• 대부분의 건축물이 기초와 함께 부서짐
• 지표면에 심한 균열이 생김
• 철로가 휘고 산사태가 발생함</td></tr>
<tr><td>XI</td><td>• 남아 있는 건축물이 거의 없으며, 지표면에 광범위한 균열이 생김
• 지표면이 침하하고 철로가 심하게 휨</td></tr>
<tr><td>XII</td><td>• 전반적인 파괴 상황
• 지표면에 파동이 보임
• 수평면이 뒤틀리며 건물이 하늘로 던져짐</td></tr>
</table>

2) 지진안전교육의 실제

영유아 안전 경험의 실제

지진이야!

원무실에서 마이크로 쾅쾅 거리며 소리를 내자 낮잠을 자다 일어난 아이들이 "무슨 소리야!", "무서워!!" 하며 울기도 하고 소리를 지른다. 아이들에게 "지진이 일어났어!" 소리치자 아이들은 "지진이야!" 하며 큰 소리로 외친다. 교사는 아이들이 책상 밑으로 들어가거나 벽 쪽 두꺼운 이불 밑으로 대피할 수 있도록 돕는다. 잠시 후 지진이 잠시 멈추고 대피하라는 안내 방송이 나온다. 아이들의 머리를 보호할 수 있도록 가방을 머리 위로 올리고 신속하게 계단을 내려간다. 소민이는 많이 놀랐는지 엉엉 울면서 일어나지를 못한다. 교사는 소민이를 안아 들고 바깥 집결지로 대피한다. 아이들이 신발을 신을 수 있도록 도와준 뒤 모든 인원이 대피를 했는지 다친 아이는 없는지 상황을 살핀다.

지진이 나면 이렇게 집에서 나와야 돼

영아들이 바깥놀이터에서 개미 탐색이 시작된다.

시　안 : 얘들아! 우리 개미 잡으러 가자!
영아들 : 나도! 나도!
시　안 : 개미가 많은 곳은 내가 알지.
리　윤 : 여기봐! 여기 거미줄 있어. 봐봐! (화단에서 막대기를 주워 거미줄을 휘저으며) 지진이 났다. 이렇게 큰 걸(막대)로 하면 거미가 떨어져.

도 은 : 지진이 일어나서 거미집이 무너져서 거미가 다칠 수 있잖아. 내가 거미 치료해 줄게.
리 윤 : 지진이 나면 이렇게 집에서 나와야 해.
시 안 : 신발도 신어야지!
민 하 : 맞아! 지진 나면 신발을 신어야 돼.

영아들은 지진이 일어나면 집이 무너질 수 있고 다칠 수 있다는 것과 집이 흔들리다가 잠시 멈추면 빨리 밖으로 대피해야 한다는 것, 그리고 대피할 때 신발을 신어야 한다는 것을 잘 알고 있었다. 교사는 영아들의 대화를 들으며 평소의 지진대피훈련이 많은 도움이 된다는 생각이 들었다(교사의 놀이기록 중).

4. 태풍안전교육의 내용과 실제

1) 태풍안전교육의 내용

태풍은 적도 부근이 극지방보다 태양열을 더 많이 받기 때문에 생기는 열적 불균형을 없애기 위해, 저위도 지방의 따뜻한 공기가 바다로부터 수증기를 공급받으면서 강한 바람과 많은 비를 동반하며 고위도로 이동하는 기상현상이다. 지구는 자전하면서 태양의 주위를 돌기 때문에 낮과 밤, 계절의 변화가 생기며 이로 인해 지구가 태양으로부터 받는 열량의 차이가 발생한다. 또한 대륙과 바다, 적도와 극지방과 같이 지역 조건에 따른 열적 불균형이 일어난다. 이러한 불균형을 해소하기 위하여 태풍이 발생하고, 비나 눈이 내리고, 바람이 불고, 기온이 오르내리는 등 날씨의 변화가 생기게 된다.

특히 태풍은 7, 8, 9월에 주로 발생하여 우리나라에 영향을 미친다. 따라서 인명 피해와 재산 피해를 더욱더 줄이기 위해서는 여름철 태풍에 대한 대비와 함께 영유아기부터 재난안전교육을 실시하고 대피훈련을 하는 것이 필요하다.

■ 북서태평양에서 발생한 태풍과 우리나라에 영향을 미친 태풍의 수(2015~2020년)

연도	1월	2월	3월	4월	5월	6월	7월	8월	9월	10월	11월	12월	연합계
2015	1(0)	1(0)	2(0)	1(0)	2(0)	2(1)	4(2)	3(1)	5(0)	4(0)	1(0)	1(0)	27(4)
2016	0(0)	0(0)	0(0)	0(0)	0(0)	0(0)	4(0)	7(0)	7(2)	4(0)	3(0)	1(0)	26(2)
2017	0(0)	0(0)	0(0)	1(0)	0(0)	1(0)	8(2)	6(0)	3(1)	3(0)	3(0)	2(0)	27(3)
2018	1(0)	1(0)	1(0)	0(0)	0(0)	4(1)	5(0)	9(2)	4(2)	1(0)	3(0)	0(0)	29(5)
2019	1(0)	1(0)	0(0)	0(0)	0(0)	1(0)	4(1)	5(3)	6(3)	4(0)	6(0)	1(0)	29(7)
2020	0(0)	0(0)	0(0)	0(0)	1(0)	1(0)	0(0)	7(3)	4(1)	3(0)	0(0)	0(0)	16(4)

출처: 기상청 국가기후데이터센터(sts.kma.go.kr).

2020년 9월 기준, 2020년도에 발생한 태풍은 16개이고 그중 우리나라에 직접적인 영향을 미친 태풍은 4개였으며, 한반도 주변을 지나며 풍랑이나 강풍 등의 간접적인 영향을 미친 것도 여러 개 발생하였다. 태풍은 우리나라에는 대부분 7~10월 사이에 많이 발생되며 그중 2020년 발생한 '마이삭'은 태풍이 9월에도 우리나라에 영향을 미칠 수 있다는 사례를 보여 주었다. 우리나라에 가장 큰 피해를 입힌 태풍은 2002년 발생한 태풍 '루사'로 강릉 1일 강수량이 최고 898mm를 기록하였고 5조 1479억 원에 달하는 재산 피해를 초래했다. 이처럼 태풍은 강력한 피해를 줄 수 있는 자연재난이므로 태풍에 대비하는 안전교육의 실시가 영유아교육기관에서부터 시작되어야 한다. 태풍 발생에 따른 가정과 영유아교육기관에서의 구체적인 대처 방안을 어린이집 안전관리백과(2019)에서 다음과 같이 제시하고 있다.

(1) 태풍 및 집중호우 대응 요령

● 발생 전

- 영유아가 등·하원할 때 우천 시 필요한 물품(우비, 우산, 장화 등)을 착용하도록 사전에 가정에 안내한다.
- 우산의 경우 앞의 시야를 잘 볼 수 있는 우산으로 준비한다(예: 투명우산).
- 바람에 날아가거나 물에 떠내려갈 위험이 있는 간판, 우편함, 화분 등은 고

정시킨다.

- 어린이집 옥상이나 마당에 놓여 있는 이동식 놀이기구(놀이집, 삼각대, 흔들말, 자전거 등)는 실내로 옮긴다.
- 모든 출입문, 창문은 굳게 닫고 잠근다.
- 유리 파손을 방지하기 위하여 젖은 신문지, 테이프 등을 창문에 붙여 유리가 창틀에 고정되도록 하고, 커튼이나 블라인드를 친다.
- 가스 사용 후 밸브를 반드시 잠근다.
- LPG 용기는 밸브를 잠그고, 도시가스는 계량기 전단 밸브를 잠근다.
- 사용하지 않는 전기는 콘센트에서 뽑는다.
- 전기 수리를 하지 않는다.
- 침수 지역의 경우 모래주머니 등을 이용하여 어린이집에 물이 넘쳐서 흐르는 것을 막는다.
- 창문 틈에 신문지를 채워 넣는다.
- 부득이하게 교직원이 외출해야 할 경우를 제외하고 바깥 출입을 하지 않는다.
- 하천 근처에 주차된 차량은 안전한 곳으로 이동시킨다.

● 발생 중

- 영유아 및 교직원은 바깥 출입을 하지 않는다.
- 창문 가까이 접근을 금지시킨다.
- 유리창이 깨졌을 경우 영유아의 접근을 막고, 깨진 유리 조각을 치운다.
- 복구가 어려운 경우 태풍, 집중호우가 지나갈 때까지 기다린다.

● 발생 후

- 붕괴, 침수된 경우 보수 및 복구 전에 사진을 찍어 둔다.
- 가스, 수도, 전기 등 작동 여부를 확인한다.
- 바닥에 떨어진 전선 근처에 가지 않는다.

– 침수된 영유아교육기관은 전기, 가스, 수도시설에 손을 대지 말고 전문업체에 연락하여 점검을 받는다.

2) 태풍안전교육의 실제

영유아 안전 경험의 실제

태풍안전교육을 해요

3세 유아들과 오늘 날씨에 대해 이야기를 나누며 태풍 다나스의 뉴스 영상과 태풍 영상을 보여 준다.

유아들 : 와! 다 날라간다! 파도가 진짜 세다! 강철도 다 부서지면 어떡해요? 준우야. 너 오늘 괌 못 가는 거 아니야?
준 우 : 아니야, 비행기 탈 수 있어.

영상을 본 후 태풍에 대한 느낌을 이야기 나눈다.

유아들 : 무서워요.
교 사 : 그래. 태풍은 비바람을 몰고 와 무섭기도 하지만, 미세먼지와 쓰레기들을 깨끗이 청소해 주고, 마른 땅에 비도 내려 주는 좋은 일도 한대.

유아들이 새로운 사실을 알게 되었다는 듯 눈을 크게 동그랗게 뜬다. 유아들이 직접 태풍이 되어 보았다. 교사가 큰 바람이 되어 아이들을 잡으러 다닌다. 교사에게 잡힌 유아는 교사와 손을 잡고 태풍을 만든다. 친구들이 점점 모여 손을 잡고 둥글게 돈다. 가인이는 아직 친구들이 낯설게 느껴지는지 친구들과 어울리지 않고 대방석에 앉아 친구들의 모습을 바라본다.
유아들은 "태풍처럼 흔들리게 안에 들어가서 굴러 봐요.", "우리 세워서 놀아 볼까?" 등 애벌레 터널을 활용하여 태풍놀이를 한다. 유아들은 애벌레 터널 속에 들어가 애벌레처럼 교실을 데굴데굴 굴러다니기도 하고, 터널 안에 들어간 채로 일어나 휘오리바람처럼 빙글빙글 돌기도 한다. 일부 유아들이 거센 바람이 부는 것처럼 애벌레 터널을 심하게 흔들자 다른 유아들은 "우리는 지금 태풍 속을 지나고 있어." 하며 애벌레 터널 속으로 들어가서 빠른 속도로 빠져나온다. 마지막에는 모두가 매트 안에 들어가고, 그 주변에 애벌레 터널과 대방석을 세워 집을 만든다. 교사가 아이들이 만든 집 입구에 앉아 동화 『비오는 날 생긴 일』을 읽어 준다.

영유아 안전 경험의 실제

태풍이 오면 어떻게 해야 해요?

올해 9월에는 '태풍'이 많이 발생해서인지 유아들이 '태풍'에 대해서 많은 흥미를 가진다.

"태풍은 왜 나타나는 거예요?"
"태풍이 오면 어떻게 해야 해요?"

유아들은 교사의 안내로 인터넷으로 태풍에 관한 동영상을 검색하고, 태풍의 위력과 영향, 사람들과 집 등의 사물들, 동물들과 식물들의 어려움에 대해 알게 된다.

"태풍은 정말 힘이 세서 사람이 날아갈 수도 있고, 건물이 무너져 버릴 수도 있대."
"태풍을 막는 방법은 무엇이 있을까?"

이후, 유아들의 마음에는 자신들이 '지금 뭔가를 해야만 된다'는 강한 내적 동기가 생성되는 듯하다.

"태풍이 오면 창문이 깨질 수 있어. 테이프를 창문이 붙이자!"
"테이프를 붙이면 창문이 깨져도 우리가 다치지 않을 거야."
" X자로 붙여야지 창문이 안 깨질 수 있대. X 모양을 만들자!"
" X자로 붙여야 깨져도 안전하다고 했어."

유아들은 자신의 소중한 물건을 지키기 위해 사물함을 테이프로 막는다. 그리고 많은 사람들에게 태풍 소식을 알려 주기 위해 전단지와 현수막을 만들기 시작한다.

"다른 사람들에게도 태풍이 온다는 소식을 알려야 해!"
"글자를 쓰고, 그림을 그려서, 지나가는 사람들에게 알리자!"
"태풍주의 전단지를 많이 만들자."
"우리가 사람들을 지켜 주는 거야."

유아들은 다른 사람들에게도 태풍이 온다는 소식을 알리기 위해 각자 스스로 자신이 할 일을 찾는다. 유아들은 많은 사람들이 볼 수 있도록 크고 작은 크기로 '태풍주의' 글자 쓰기, 글자를 모르는 동생들도 알 수 있도록 그림으로 표현하기 등 온 힘을 다해 아주 부지런히 움직인다.
지금 유아들의 마음에는 제 자신이 아주 거대한 위험으로부터 누군가를 도울 수 있다는 배려와 도움의 마음이 가득차 있는 듯하다. 유아들의 부지런한 움직임에 흥미를 가진 동생반의 원표가 말한다.

"나도 형, 누나들이랑 태풍이 위험하다는 것을 알릴래요!"

유아들은 어린이집 앞을 지나가는 사람들이 볼 수 있도록 어린이집 앞대문에 정성들여 제작한 현수막을 붙이고, 큰 목소리로 외친다.

"모두 태풍 조심하세요! 태풍 링링이 온대요!"

유아들은 어린이집 동생들도 염려하며 말한다.

"아! 우리 어린이집 동생들에게도 태풍이 온다는 것을 알려야 되잖아."
"동생들은 글자를 잘 모를 수 있으니까 글자도 쓰고 그림도 그려서 알려 주자."
"그리고 우리가 크게 이야기해 주면 튼튼반 동생들도 알게 될 거야."

유아들은 동생들이 놀다가 쉽게 볼 수 있도록 바깥 놀이터 곳곳에 전단지를 붙인다. 그리고 어린이집 뒷대문에도 열심히 정성을 다해 만든 전단지를 붙이고, 지나가는 사람들에게 큰 소리로 외칩니다.

"태풍 오면 집에서 나오면 안 돼요!"
"집 창문에 테이프를 X자로 붙여야 해요!"

유아들은 한바탕 외친 후 안심하고 뒤돌아서면서 말한다.

"우리가 이렇게 열심히 다른 사람들에게 알렸으니까 사람들이 태풍을 조심하겠지?"
"아무도 다치지 않고, 무사히 태풍이 지나갔으면 좋겠다."

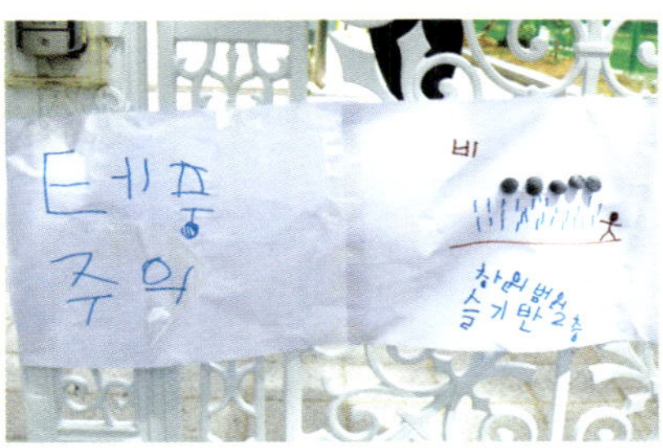

아이들이 자신과 직접적인 관계가 없는 사람들을 위해 '태풍 주의' 현수막을 만들고, 사람들이 많이 다니는 곳을 찾아 현수막을 붙이고, 태풍을 조심하라고 외치는 모습은 장난스럽거나 유치한 일이 아니다. 오히려 아이들의 모습은 거의 숭고에 가까운 듯하다. 왜냐하면 아이들의 생각과 행위는 적극적으로 다른 사람을 배려하고 도우려는 이타적 모습이기 때문이다(교사의 놀이기록 중).

5. 폭염안전교육의 내용과 실제

1) 폭염안전교육의 내용

폭염이란 햇볕이 몹시 뜨거울 때의 더위를 의미한다. 최근 지구온난화로 인하여 여름철의 폭염, 열대야와 같은 기상재해가 증가하고 있다. 2008년 6월부터 「기상법 시행령」 개정에 따라 폭염특보제가 시행되고 있으며 폭염특보를 다음과 같이 구분하고 있다.

- 폭염주의보: 6~9월에 일 최고 기온이 33℃ 이상이고, 일 최고 열지수가 32℃ 이상인 상태가 2일 이상 지속될 것으로 예상될 때
- 폭염경보: 6~9월에 일 최고 기온이 35℃ 이상이고, 일 최고 열지수가 41℃ 이상인 상태가 2일 이상 지속될 것으로 예상될 때

최근 5년 전국 평균 폭염일수를 살펴보면 2018년도 31.5일로 가장 폭염이 길게 나타났고 2016년 22.4일, 2017년 13.8일 순으로 나타났다. 폭염이 지속될 때는 일사병, 열사병, 열경련, 열부종, 열실신 등 다양한 질환이 발생할 수 있으므로 이에 대한 대처 방법을 인지하고 있어야 한다.

■ 전국 평균 폭염일수

연도	1월	2월	3월	4월	5월	6월	7월	8월	9월	10월	11월	12월	연합계
2016	0.0	0.0	0.0	0.0	0.0	0.2	5.5	16.7	0.0	0.0	0.0	0.0	22.4
2017	0.0	0.0	0.0	0.0	0.5	1.7	6.4	5.8	0.0	0.0	0.0	0.0	14.4
2018	0.0	0.0	0.0	0.1	0.0	1.6	15.5	14.3	0.0	0.0	0.0	0.0	31.5
2019	0.0	0.0	0.0	0.0	0.7	0.7	3.4	9.0	0.0	0.0	0.0	0.0	13.8
2020	0.0	0.0	0.0	0.0	0.0	2.0	0.1	6.4	0.0	0.0	0.0	0.0	8.6

출처: 기상청 국가기후데이터센터(sts.kma.go.kr).

폭염의 한 형태로 열대야를 들 수 있는데 열대야란 야간의 최저 기온이 25℃ 이상인 무더운 밤을 의미한다. 최근 5년간 전국 평균 열대야일수를 살펴보면 2020년을 제외하고 모두 10일 이상 열대야가 나타났으며 2018년도에는 17.7일로 열대야가 가장 길게 나타난 것을 볼 수 있다. 열대야가 나타나면 습도가 높아 불쾌지수가 높아지며, 불쾌지수가 80 이상이면 신경이 예민해지고, 만성적인 수면 부족으로 생활 리듬이 파괴되기 쉬우며, 이 때문에 피로가 빨리 오는 등 무기력증이 생길 수 있다. 그러나 덥다고 선풍기나 에어컨을 가동시킨 상태에서 잠을 자면 호흡기 질환을 유발할 수 있고 드문 경우이긴 하나 호흡 이상을 일으킬 수도 있으므로 열대야에 대처하는 방법 역시 인지할 필요가 있다.

■ 전국 평균 열대야일수

연도	1월	2월	3월	4월	5월	6월	7월	8월	9월	10월	11월	12월	연합계
2016	0.0	0.0	0.0	0.0	0.0	0.0	4.0	6.7	0.0	0.0	0.0	0.0	10.8
2017	0.0	0.0	0.0	0.0	0.0	0.1	6.4	4.3	0.0	0.0	0.0	0.0	10.8
2018	0.0	0.0	0.0	0.0	0.0	0.0	7.8	9.9	0.0	0.0	0.0	0.0	17.7
2019	0.0	0.0	0.0	0.0	0.0	0.0	4.7	5.8	0.4	0.0	0.0	0.0	11.0
2020	0.0	0.0	0.0	0.0	0.0	0.0	0.3	7.9	0.1	0.0	0.0	0.0	8.3

출처: 기상청 국가기후데이터센터(sts.kma.go.kr).

폭염은 단순한 더위가 아닌 매우 심한 더위를 의미하고 폭염의 원인에 대한 의견은 지구 온난화라고 보는 시선과 대기 흐름으로 인한 자연스럽고 일반적인 현상이라고 보는 시선이 모두 존재한다. 폭염은 인체에 심각한 악영향을 미칠 수 있기 때문에 몇몇 국가에서는 폭염에 대한 특보를 내리는데 우리나라 기상청을 기준으로 폭염주의보는 일 최고 기온이 33℃ 이상인 상태가 2일 이상 지속될 것으로 예상될 때 내려지는 폭염특보를 의미하고, 폭염경보는 일 최고 기온이 35℃ 이상인 상태가 2일 이상 지속될 것으로 예상될 때 내려지는 폭염특보를 의미한다. 우리나라는 2018년 7, 8월 평균 기온이 30.7℃로 최악의 폭염을 기록하면서 폭염 또한 자연재해라고 규정하고 폭염 시 '국민행동요령'에 따라서 행동하도록 권고하고 있다. 폭염 특보가 내려진 경우 영유아교육기관에서는 실외활동을 자제하고 폭염에 대비하는 적절한 행동 요령을 준수해야 한다. 폭염 시 영유아교육기관에서 주의해야 하는 사항을 어린이집 안전관리백과(2019)에서 다음과 같이 제시하고 있다.

(1) 폭염 시 주의사항

● 한낮의 뜨거운 햇볕은 피하기

- 얇은 옷을 헐렁하게 입고, 챙이 넓은 모자를 쓰거나 선크림을 발라 자외선을 차단한다.
- 실외활동, 소풍 등이 계획되어 있다면 취소하고 실내에서 대체활동(과한 운동은 자제)을 한다.
- 보육실을 시원하게 유지하고, 햇볕이 바로 들어오는 창문은 커튼이나 천으로 직사광선을 차단한다.
- 통학차량이 있을 경우 그늘진 곳에 주차한다.
- 준비 없이 물에 들어가거나 갑자기 찬물로 샤워하지 않는다.

● 위생적인 생활하기

- 물은 끓이고, 음식은 익혀 먹고 날음식은 삼간다.
- 음식은 오래 보관하지 말고 조금이라도 상한 음식은 버린다.
- 조리기구는 청결히 사용한다.
- 찬 음식을 자주 먹지 않는다.
- 평소 손을 자주 씻는 등 위생습관을 철저히 한다.

● 냉방기기를 바르게 사용하기

- 냉방기기를 사용할 경우 실내외 온도 차를 5℃ 내외로 유지한다.

- 실내 온도는 26~28℃가 적당하다.
- 장시간 에어컨을 가동할 경우 환기를 자주 시킨다.
- 에어컨, 선풍기는 사용 후 끄거나 일정 시간 가동 후 꺼지도록 예약한다.
- 선풍기를 창문 쪽으로 돌려 환기를 유도한다.
- 냉방이 안 되는 실내는 햇볕을 차단하고 맞바람이 불도록 환기시킨다.

● 건강 상태 살피기

- 더위와 관련된 질병이 있는지 건강 상태를 살핀다.
- 활동 중간에 휴식 시간을 갖거나 피곤해하는 영유아는 쉬도록 지도한다.
- 수분을 규칙적으로 섭취한다.
- 이상 증상이 있을 경우 응급조치 후 병원에 간다.

(2) 더위로 인해 발생하는 질병

질병	원인	증상	초기 대처법
열경련	땀을 많이 흘렸을 때 염분이 부족해서 발생	• 근육경련 • 피부가 습하고 차가움	• 시원한 장소에 눕힘 • 이온 음료 또는 소금물 섭취 • 경련이 일어난 부위 근육 마사지 ※경련이 멈추었다고 해서 바로 다시 움직이면 안 됨
열사병	강한 열에 장시간 몸이 노출될 때 몸의 열을 발산하지 못하여 발생	• 40℃가 넘는 체온 • 피부가 뜨거워지고 건조함 • 혼수 상태, 헛소리 • 오한 • 심한 두통 • 빈맥, 빈호흡, 저혈압	• 119에 즉시 신고 • 기다리는 동안 시원한 장소로 옮김 • 옷을 시원한 물로 적시고 물, 음식을 함부로 섭취하지 않음
열탈진	땀을 많이 흘려 염분과 수분 손실이 많을 때 발생	• 땀을 많이 흘림 • 피부가 차고 젖음 • 극심한 무력감과 피로 • 창백, 근육경련 • 오심 또는 구토 • 혼미, 어지럼증 • 체온은 크게 상승하지 않음	• 시원한 장소에서 휴식 • 이온 음료 또는 소금을 물에 녹여 섭취 • 시원한 물로 샤워

질병	원인	증상	초기 대처법
일사병	강한 햇볕에 장시간 노출되어 혈액의 저류와 체액과 전해질이 땀으로 과다 배출되어 발생	• 피부가 차고 젖어 있으며 체온은 크게 변동 없음 • 어지럼증, 두통, 위약감 • 구역, 구토	• 시원한 장소에서 휴식, 수분 섭취
열부종	외부 온도가 높은 상태에서 오랜 시간 서 있거나 앉아 있을 때 발생	• 발이나 발목이 부음	• 시원한 장소에서 발을 높인 자세로 휴식
열실신	고열에 노출되어 혈액 순환이 원활하지 않을 때 발생	• 실신(일시적인 의식 소실) • 어지럼증 • 구역, 발한, 위약감 등	• 평평한 곳에 눕힘 • 이온 음료 또는 물 섭취
울열증	태양열 아래 오랜 시간 노출되었을 때 발생	• 체온은 매우 높음 • 땀이 나지 않음 • 두통, 구토 동반, 의식 저하	• 시원한 곳에서 겉옷을 벗기고 미지근한 물로 옷을 적심 • 의식이 돌아오면 물을 마시게 함 • 체온이 완전히 돌아오면 옷을 다시 입힌 뒤 담요 등으로 몸을 따뜻하게 하여 냉기를 없애 줌

2) 폭염안전교육의 실제

영유아 안전 경험의 실제

지금은 날씨가 뜨거운 거야

2세 영아들이 즐겁게 비눗방울놀이를 한다. 교사는 얼굴이 시뻘게진 상태에서 계속 비눗방울놀이를 하고 있는 시안이를 그늘에 앉아 쉴 수 있도록 안내한다.

성 현 : (놀이하다가 교사에게 다가와) 선생님 이제 반에 들어가요.
교 사 : 왜? 들어가고 싶어요?
성 현 : 따뜻해지면 나오자.
교 사 : 지금 날씨 따뜻한데?
성 현 : 지금은 날씨가 뜨거운 거예요! 우리 날씨가 따뜻해지면 다시 나와요!

교사는 영아들에게 컨디션 상태와 계속 놀이를 할 것인지에 대한 의견을 물은 후, 시안이와 성현이는 그늘에 앉아 쉴 수 있도록 안내한다. 그리고 계속 놀이하고 싶은 영아들은 물을 사용하여 놀이한다. 시안이와 성현이는 잠시 쉰 후 함께 물놀이를 한다.

적용해 보기

문제 만들기 하브루타 활동

1. 11장 자연재난 안전교육 내용을 공부해 보세요.

2. 각자 11장 내용으로 문제를 만들어 보세요.

3. 2명이 짝을 이루어 토론하면서 각자 만든 문제를 다듬어 보세요.

4. 다듬어진 문제 중 더 좋은 문제를 하나 고르세요.

5. 4명이 한 모둠을 이루세요. 짝 토론에서 선택한 문제로 4명이 토론하면서 문제를 다듬어 보세요.

6. 모둠에서 좋은 문제를 하나 고르세요.

7. 골라 낸 문제와 출제 의도를 정리해서 발표해 보세요.

8. 이렇게 출제된 문제를 퀴즈(quiz)로도 활용해 보세요.

Part III

영유아 안전사고의 대처와 법적 책임

Chapter 12

응급처치

들어가기 전에

기적의 4분

심폐소생술은 심장이 마비된 상태에서도 혈액을 순환시켜 뇌의 손상을 지연하고 심정지 상태에서 회복하는 데 결정적인 도움을 줄 수 있다(김일옥, 2020). 그런데 심폐소생술이 심정지 후 얼마나 신속하게 이루어졌는지에 따라 결과에 커다란 차이가 나타날 수 있다. 심장이 정지된 후 4분 이내에 뇌에 산소 공급이 이루어지면 대뇌피질이 완전히 회복될 수 있으나 5분 이상이 경과하면 뇌 손상이 시작되고 10분 이상 경과하면 뇌사 상태가 되어 소생 가능성이 희박해진다.

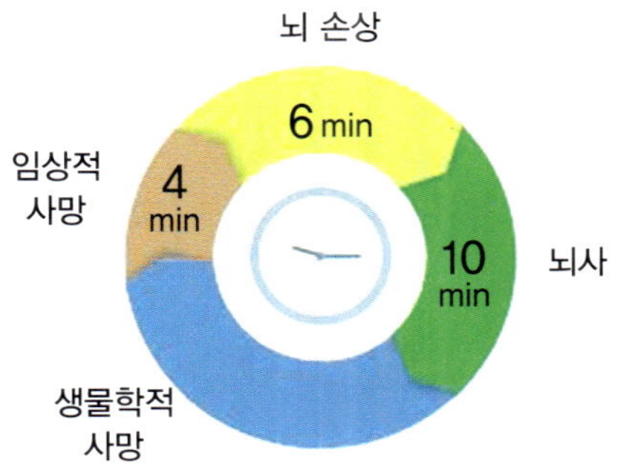

출처: 함평군보건소(www.hampyeong.go.kr).

[그림 12-1] 심정지 후 경과 시간에 따른 손상 정도

1. 응급처치의 개념 및 필요성

응급처치란 예기치 못한 사고로 인해 부상을 입은 사람이나 급성질환자에게 현장에서 이루어지는 즉각적이고 임시적인 조치로서 의료진의 치료를 받을 때까지 이루어지는 조치들의 전 과정을 뜻한다(한국아동청소년안전교육협회, 2016). 응급처치의 목적은 전문적인 치료를 받을 때까지 생명을 구하고, 고통을 경감하며, 상처나 질병이 악화하는 것을 막고, 심리적으로 안정되게 하는 것인데, 신속하고 정확한 응급처치 실시 여부가 생사를 좌우하기도 하며, 회복 기간에도 영향을 미친다(김일옥, 2020).

영유아교육기관에서는 항상 안전사고 예방을 위해 가능한 모든 방법을 사용하며 최선을 다하지만 그럼에도 안전사고가 발생한 경우 신속하게 판단하여 필요한 조치를 취해야 한다. 또한 영유아에게 갑작스런 질병 증상이 나타나는 경우에도 신속하고 정확한 조치를 취할 수 있어야 한다. 교직원은 안전사고 발생 시 어떤 조치를 어떻게 취해야 하는지 조치 절차를 숙지하고 있어야 하며, 응급 상황에 신속하고 정확하게 대처하는 방법을 알고 실행할 수 있어야 한다. 안전사고가 발생했을 때 적절한 대응 조치를 취하는 것은 2차 피해를 막고 빠르게 회복하는 데도 도움이 된다.

2. 응급 상황 대처 방법과 응급처치의 기본 원칙

1) 응급 상황 대처 방법

응급 상황이 발생했을 때는 침착하게 대처하는 것이 매우 중요하며, 다음과 같은 대처 방법에 따라 필요한 조치를 취해야 한다(어린이집안전공제회, 2019).

- 사고 상황을 파악하여 필요한 조치를 취한다. 누가 어떻게 다쳤는지, 사고 현장에 위험이 남아 있거나 다른 사고가 일어날 가능성은 없는지 파악한다.
- 다친 영유아의 부상 정도를 파악하여 적절한 응급처치를 실시한다.
- 119나 응급실에 구조를 요청한다.
- 다친 영유아의 부모에게 연락한다.
- 사고 현장에 같이 있던 영유아를 안심시킨다.
- 사고 보고서를 작성한다.

2) 응급 상황 대처를 위한 준비

- 교직원은 기도 확보와 심폐소생술 등 응급처치법 교육을 전문기관을 통해 받는다.
- 교직원은 구급상자를 손이 쉽게 닿는 곳에 비치한다.
- 영유아 비상연락망, 응급 시 도움 요청할 기관의 전화번호, 응급 상황 대처 절차 등을 전화기 옆에 비치한다.
- 야외학습 갈 때 교사는 휴대용 구급상자와 비상연락망을 준비한다.
- 응급 상황 발생 시 조치에 대해 사전에 부모 동의서를 받아 둔다.

3) 응급처치의 기본 원칙

안전사고나 질병으로 인해 응급 상황이 발생하면 즉시 119에 신고하여 구급대의 응급처치를 받고 병원으로 이송한다. 그러나 위급한 상태에 있는 영유아를 구급대가 도착하거나 병원으로 이송될 때까지 방치해서는 안 되므로 교직원은 평소 응급처치 요령을 숙지해 두고 응급처치에 필요한 도구를 구비하여 신속하고 정확하게 조치할 수 있어야 한다. 응급처치 방법을 정확하게 알고 있지 못한 경우에는 119에 전화하여 응급처치 방법에 대한 지도를 받도록 한다.

응급 상황에서는 당황하지 않아야 하며 다음과 같은 응급처치의 기본 원칙을 지켜야 한다(어린이집안전공제회, 2019; 한국아동청소년안전교육협회, 2016).

- 응급처치를 하는 사람 자신의 안전을 우선 확보한다. 구조자가 위험한 상태에서 환자에 대한 구조나 처치를 하려고 달려드는 것은 양자에게 모두 해를 끼칠 수 있다.
- 항상 신속하고 침착하고 질서 있게 대처해야 한다.
- 전문가가 판단하기 전까지 환자나 부상자의 생사를 판단해서는 안 된다.
- 전문가에 의해 정확한 진단이 내려지기 전까지는 의약품을 사용하지 않는다.
- 환자가 두 명 이상인 경우 긴급한 환자부터 처치한다.
- 119나 의료기관에 도움을 요청할 경우에는 정확한 환자 상태 및 응급처치 내용을 알린다.
- 치료가 끝날 때까지 음식물을 주어서는 안 된다. 특히 의식이 없는 환자에게 음식물을 주게 되면 기도폐쇄의 위험이 있으므로 절대 금해야 한다. 또한 환자가 음식물을 섭취하면 응급수술이나 중요한 검사의 지연을 초래할 수 있으므로 금해야 한다.
- 부상자 운반 시 고정하지 않았을 경우 상태를 악화시킬 수 있다.
- 현장에서 응급처치로 의식이 회복되었더라고 전문 의료인에게 반드시 인계한다.

4) 즉시 병원이나 응급실로 가야하는 경우

응급 상황에 제대로 대처하기 위해서는 사고나 질병으로 이상이 발생한 영유아의 상태가 응급 상황이라는 것을 인식할 수 있어야 한다. 즉시 병원이나 응급실로 가야 하는 경우는 다음과 같다(보건복지부, 대한소아과학회, 2011).

- 열이 날 때

– 열이 나는 경우(직장 온도 섭씨 38℃, 구강 온도 섭씨 37℃, 겨드랑이 온도 섭씨 37℃ 이상일 때)
가벼운 열(38~38.5℃)은 운동을 하거나 옷을 많이 껴어 입거나 목욕을 하거나 더운 날 측정될 수 있지만, 열이 의심스러운 경우에는 30분 후 재측정
– 3개월 이하의 영아가 열이 날 때
– 매우 아파 보이고 점점 심해진다고 판단 될 때
– 의식이 없거나 점점 나빠질 때
– 다리를 절거나 움직이지 못 할 때
– 빠르게 숨을 쉬거나 숨쉬기 힘들어서 잘 먹지 못하거나 놀지 못 할 때
– 목이 뻣뻣하거나 경련을 할 때

- 토할 때

– 반복적으로 심하게 토할 때
– 배가 평소보다 부픈 듯이 보일 때
– 배를 움켜잡고 소리를 지를 정도로 심한 복통을 동반하는 경우
– 3일 이내에 머리를 다친 적이 있는 경우
– 탈수현상(소변량이 줄고 혀가 말라 있는 등)이 있는 경우
– 녹색 혹은 피 색깔의 구토를 하는 경우

- 기타

– 처음으로 경기를 할 때
– 검은색 변을 보거나 피가 섞인 변을 볼 때
– 머리를 다친 후 의식이 흐리거나 자려고만 할 때

3. 응급처치를 위한 기본도구

1) 구급상자

모든 영유아보육기관은 들고 다닐 수 있는 상자 형태의 구급상자를 손이 닿기 쉬운 곳에 두고 관리한다. 늘 일정한 장소에 두고 사용한 후에는 반드시 제자리에 돌려놓아 필요할 때 언제든 쉽게 사용할 수 있어야 한다. 구급상자는 직사광선이 닿지 않고 건조하며 아동의 손이 닿지 않는 곳에 보관한다. 매년 한 번씩은 내용물을 점검하여 보충하고 날짜를 기록해 둔다. 구급상자에는 구급약품 이외에도 응급전화번호, 긴급연락처 전화번호, 약품의 사용 요령 등을 제시한다. 또한 약품의 유통기한을 확인하여 구비한다.

2) 구급상자에 갖추어야 할 것

구급상자에는 의료용 재료와 외용제를 갖추어 둔다. 의료용 재료로는 붕대, 거즈, 소독솜, 삼각붕대, 탄력붕대, 칼, 가위, 핀셋, 반창고, 일회용 장갑, 일회용 반창고, 부목류가 있어야 한다. 외용제로는 과산화수소수, 베타딘, 항생제 외용 연고, 근육용 마사지 연고, 화상용 바세린 거즈, 생리식염수, 벌레 물린 데 바르는 연고를 구비해 둔다. 보육시설에서 구급상자 사용 시 주의할 점은 의약품을 사용할 때는 반드시 전문의사의 진료와 처방에 의해서 해야 한다는 점이다.

4. 영유아를 위한 상황별 응급처치법

영유아에게 발생할 수 있는 응급 상황은 사고나 질병 등에 의하여 매우 다양하게 발생할 수 있다. 응급 상황에서 신속하고 정확하게 대처할 수 있으려면 사전에 응급처치에 대한 지식을 충분히 갖추고 있어야 한다. 응급 상황에 따라 처치하는 방법과 주의할 사항들은 다음과 같다(김일옥, 2020; 김일옥, 이정은, 2010; 어린이집안전공제회, 2019; 한국아동청소년안전교육협회, 2016).

1) 기본 심폐소생술

심폐소생술은 심정지(심장박동 멈춤)가 발생하고 숨을 쉬지 않는 사람에게 인공적으로 호흡을 불어넣고 흉부를 압박함으로써 혈액을 순환시켜 조직으로 산소를 공급함으로써 뇌의 손상 또는 사망을 지연시키는 방법이다(한국아동청소년안전교육협회, 2016). 심정지 발생 직후의 상태를 임상적 사망이라고 하는데 임상적 사망은 심정지 발생 직후부터 호흡, 순환, 뇌 기능이 정지된 상태로서 혈액순환이 회복되면 심장박동 이전의 중추신경 기능을 회복할 수 있는 상태이다. 심정지 발생 후 4~6분이 경과하여 신체 내 대부분의 세포가 기능을 회복할 수 없게 되어 영구적으로 소생될 수 없는 상태를 생물학적 사망이라고 한다. 심폐소생술은 심장이 마비된 상태에서도 혈액을 순환시켜 뇌의 손상을 지연하고 심정지 상태에서 회복하는 데 결정적인 도움을 줄 수 있다(김일옥, 2020).

(1) 심폐소생술의 중요성

심정지가 발생하면 그 순간부터 시간이 경과하면서 매분마다 사망률이 증가한다. 심장이 정지된 후 4분 이내에 뇌에 산소공급이 이루어지면 대뇌피질이 완전히 회복될 수 있으나 5분 이상이 경과하면 뇌손상이 시작되고 10분 이상 경과하면 뇌사 상태가 되어 소생 가능성이 희박해진다. 영유아교육기관에서 심정지가 발생하는 것을 목격한 사람이 심폐소생술을 즉시 실시할 수 있다면 소생 가능성을 2~3배 늘릴 수 있다(중앙보육정보센터, 2009). 특히 아동의 심정지는 심장 자체의 문제보다는 호흡의 문제로 인해 뇌나 심장으로 충분한 산소가 전달되지 못해 발생하는 경우가 대부분이므로 초기에 효과적인 심폐소생술을 시행하는 것이 무엇보다도 중요하다.

(2) 심정지 예방을 위한 초기 관찰

영유아의 심장 이상은 호흡 이상에서 오는 경우가 대부분이므로 호흡 이상의 초기 증상을 인지함으로써 심정지를 예방할 수 있다. 호흡 이상의 초기 증상은 흥분, 격앙, 졸음, 나른함, 피부색이 창백해지거나 회백색이나 푸른색으로 변함, 호흡곤란이 심해짐, 호흡과 맥박이 빨라지는 것이다(최민수, 정영희, 2010). 이런 증상을 보일 때 신속히 의료진의 도움을 받도록 조치를 취해야 하는데 그렇게 하지 못하여 심정지가 발생했다면 심폐소생술을 시작해야 한다. 심폐소생술을 시작하기 전에는 5~10분간 반드시 경동맥의 맥박이 없음을 확인해야 한다. 심장이 뛰고 있을 때 흉부압박을 하면 위험하기 때문이다.

(3) 생존사슬

심정지가 발생했을 때 환자를 소생시키기 위하여 반드시 필요한 일련의 단계들을 생존사슬(chain of survival)이라고 한다(보건복지부, 질병관리본부, 대한심폐소생협회, 2015). 심정지가 발생하면 환자를 정상으로 회복시키는 것은 매우 어려운 일이다. 따라서 심정지 위험성이 있는 환자는 우선 심정지 발생 예방 노력을 하는 것이 우선적이며, 심정지가 발생했다면 목격자가 심정지 상태라는 것을 신속하게 인지하고 즉시 응급의료체계에 신고해야 한다(보건복지부, 질병관리본부, 대한심폐소생협회, 2015). 신고한 이후에는 목격자가 현장에서 심폐소생술을 시행하고 응급의료체계가 신속히 현장에 도착하여 제세동을 포함한 전문소생술을 시행해야 한다(보건복지부, 질병관리본부, 대한심폐소생협회, 2015). 심정지 환자가 회복한 후에는 심정지 원인을 찾아 치료함으로써 신경학적으로 완전히 회복될 수 있도록 해야 한다. 이와 같이 심정지 환자의 생존율을 높이기 위해 반드시 필요한 5개의 단계들이 서로 유기적으로 연결되어야 한다. 5개의 단계들은 심정지 예방과 조기 발견, 신속한 신고, 신속한 심폐소생술, 신속한 제세동, 효과적 전문소생술과 심정지 후 치료이다(보건복지부, 질병관리본부, 대한심폐소생협회, 2015).

출처: 보건복지부, 질병관리본부, 대한심폐소생협회(2015). 2015 심폐소생술 가이드라인.

[그림 12-2] 생존 사슬

① 첫 번째 고리: 심정지 예방과 조기 발견

병원 밖에서는 심정지 유발 요인 및 위험 요인을 감소시키기 위해 노력해야 하며, 병원 내에서는 심정지 발생 전 징후를 빨리 파악하고 대처하는 역할이 필요하다. 소아에서는 질병보다 사고나 손상에 의한 심정지 발생율이 높으므로 교통사고나 물에 빠지는 것 같은 안전사고를 예방하는 것이 아동의 심정지를 예방하는 방법 중 하나이다.

② 두 번째 고리: 신속한 신고

심정지를 인식한 목격자가 응급의료체계에 전화하여 심정지 발생을 알리고 현장으로 구급대원을 출동시키는 과정이다. 심정지 발생 즉시 119에 전화 신고를 하여 심정지 환자가 발생했음을 알리고 도움을 요청한다.

③ 세 번째 고리: 신속한 심폐소생술 실시

신속한 신고 후 즉시 심폐소생술을 시작하여 구급대가 도착할 때까지 계속한다.

④ 네 번째 고리: 신속한 제세동

제세동은 제세동기라고 하는 장치를 사용하여 심장에 전기 에너지를 전달함으로써 부정맥을 종료시키고 맥박 조정을 통해 정상적인 동맥 리듬이 회복될 수 있도록 하는 것이다. 자동제세동기는 환자에게 전극을 붙여 놓으면 자동으로 제세동을 실시하는 장치로서 약간의 훈련을 통해 누구나 사용할 수 있다. 2008년부터 우리나라에서도 공공장소에 설치하여 누구나 사용할 수 있게 되었다.

⑤ 다섯 번째 고리: 효과적 전문소생술과 심정지 후 치료

제세동 처치에 반응하지 않는 심정지 환자의 자발순환을 회복시키려면 약물 투여, 전문기도유지술 등 전문소생술을 시행해야 한다. 또한 자발순환이 회복된 심정지 환자에게는 통합적인 심정지 후 치료가 필요하다. 따라서 심정지에서 소생된 환자는 심정지 후 치료를 위하여 이러한 치료 과정을 전문적으로 수행할 수 있는 의료기관 또는 시설로 이송하여 치료하여야 한다.

더 알아보기

심폐소생술 가이드라인: 일반인 구조자는 가슴압박소생술 권고

심폐소생술의 인공호흡과 가슴압박은 심정지가 발생한 사람에게 필수적인 생명 보조 방법이다. 가슴압박소생술은 심폐소생술 중 인공호흡은 하지 않고 가슴압박만을 하는 방법이다. 심정지 초기에는 가슴압박소생술을 한 경우와 심폐소생술(인공호흡과 가슴압박)을 한 경우에 생존율의 차이가 없으며, 가슴압박 만하더라도 심폐소생술을 전혀 하지 않은 경우보다 생존율을 높일 수 있다고 알려져 있다. 일반인은 심폐소생술 교육을 받은 후에도 인공호흡을 정확히 수행하지 못하는 경우가 많고, 인공호흡 하기를 꺼려함으로써 심폐소생술을 아예 시도하지 않는 경우도 있다. 가슴압박소생술의 생존율 기여 효과에 대한 과학적 근거와 우리나라의 낮은 심폐소생술 보급률을 고려하여, 2015년 가이드라인에서는 일반인 구조자는 가슴압박소생술을 하도록 권고하였다(단, 인공호흡을 할 수 있고 시행할 의도가 있는 구조자는 심폐소생술을 하도록 권고하였다). 응급의료전화 상담원이 전화 지도를 통해 일반인 구조자가 심폐소생술을 하도록 할 때에도 가슴압박소생술을 하도록 권고하였다. 일반인이 쉽게 배우고 접근할 수 있는 가슴압박소생술 등 심폐소생술을 보급하는 정책은 심폐소생술에 대한 국민의 인식을 변화시키고 단기간에 목격자 심폐소생술 시행율을 높이는 데 기여할 것이다.

출처: 보건복지부, 질병관리본부, 대한심폐소생협회(2015). 2015 심폐소생술 가이드라인. p. 10.

2) 영아와 소아의 심폐소생술

심폐소생술은 1세 미만 영아와 1세 이상~8세 미만 소아로 구분하여 실시하는데, 방법이 다르므로 아동의 연령에 적합한 방법으로 실시해야 한다. 구체적인 방법은 아래에 제시한 바와 같다(보건복지부, 질병관리본부, 대한심폐소생협회, 2015).

(1) 영아(1세 미만) 심폐소생술

① 반응 확인

발바닥을 가볍게 두드리며 영아의 반응을 확인한다.

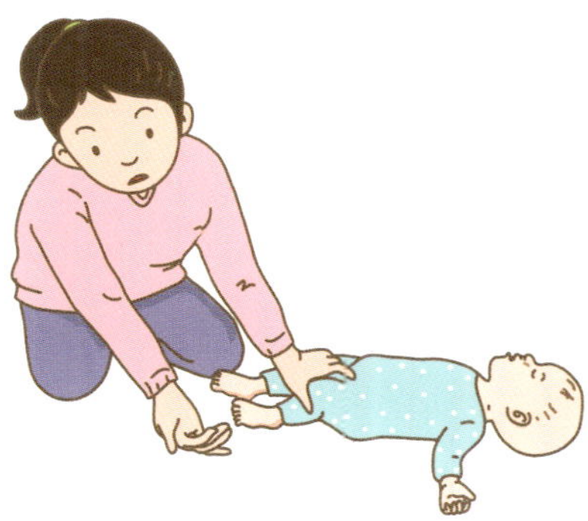

[그림 12-3] 영다 반응 확인

② 119 신고

반응이 없으면 심정지 상태라고 판단하고 즉시 119에 신고한다. 주변에 있는 사람들에게 119에 전화해 달라고 부탁하고, 자동제세동기를 가져다 달라고 요청한다. 주변에 사람이 없으면 직접 전화한다. 의료인이 아니면 호흡 상태를 평가하기 어려우므로 응급의료전화 상담원의 도움을 받아 확인한다.

더 알아보기

119 신고하기

119에 신고할 때에는 환자 발생 장소, 발생 상황, 발생한 환자 수와 환자의 상태 그리고 하고 있던 응급처치에 대하여 설명해야 한다. 만약에 신고자가 심폐소생술을 전혀 배우지 않았거나 하는 방법을 잊은 경우라면 응급의료전화 상담원의 지시에 따라야 한다. 응급의료전화 상담원이 전화로 알려 주는 사항을 효율적으로 시행하기 위해서는 스피커 통화를 시행하는 것이 바람직하다. 응급의료전화 상담원이 더 이상 지시사항이 없어서 끊으라고 할 때까지 통화 상태를 유지한다.

- 응급의료전화 상담원에게 알려 주어야 할 내용은 다음과 같다.

① 응급 상황이 발생한 위치(가능하면 사무실 이름, 방의 호수, 도로나 거리 이름)
② 응급 상황의 내용(심장 발작, 자동차 사고 등)
③ 도움이 필요한 환자의 수
④ 환자의 상태
⑤ 환자에게 시행한 응급처치 내용(심폐소생술, 자동제세동기 사용 등)
⑥ 다른 질문이 없는지 확인

출처: 보건복지부, 질병관리본부, 대한심폐소생협회(2015). 2015 심폐소생술 가이드라인. p. 24.

③ 호흡과 맥박 확인

119 신고 후에 호흡을 확인한다. 응급의료전화 상담원의 안내에 따라 호흡 유무 및 비정상 여부를 판별해야 하며 비정상이라고 판단되면 즉시 가슴압박을 시작한다. 심정지가 의심되는 환자의 맥박을 확인하는 과정은 의료인에게도 어렵고 정확하지 않으므로 맥박 확인에 시간 소모가 많다. 따라서 심정지가 의심되는 경우(반응이 없으며 정상적인 호흡을 보이지 않는 경우)에는 맥박을 확인하지 않고 바로 가슴압박을 한다.

④ 가슴압박

영아를 바닥이 단단하고 평평한 곳에 등을 대고 눕힌 뒤 처치자는 환자의 가슴 옆에 무릎을 꿇은 자세를 취한다. 가슴 중앙 가슴뼈의 아래쪽 절반 부위에 처치자의 한 손 손가락 2개를 대고 체중을 실어 손가락으로 가슴을 압박하고 가슴이 최대한 이완되도록 하며 30회 시행한다. 가슴압박은 분당 100~120회, 4cm 깊이로 강하고 빠르게 시행한다. '하나, 둘, 셋…… 서른'까지 세어 가면서 규칙적으로 가슴압박을 하고 아동이 회복되거나 구급대가 도착할 때까지 지속한다(김일옥, 2020). 맥박 확인, 제세동 등 가슴압박을 중단하는 것이 불가피한 경우에도 중단 시간은 10초 이내로 최소화해야 한다.

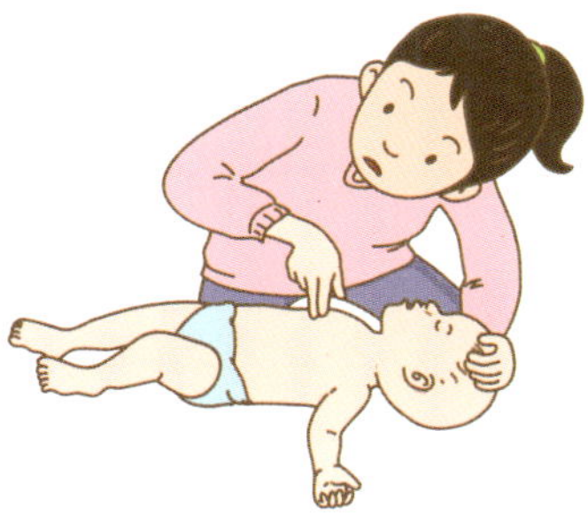

[그림 12-4] 영아 가슴압박

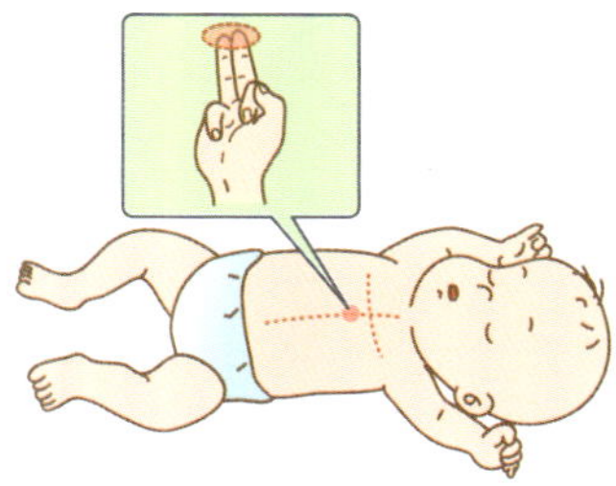

[그림 12-5] 영아 가슴압박 부위

⑤ 인공호흡

한 손으로 턱을 들어 올려 기도를 개방하고 다른 손으로 머리를 뒤로 젖힌다. 영아의 목은 매우 유연하므로 귀와 바닥이 평행을 이룰 정도로만 머리를 젖히고, 그 이상 젖히지 않도록 한다. 영아의 코와 입을 처치자의 입으로 덮고 숨을 2회 불어 넣는다. 숨을 불어 넣으며 영아의 가슴이 상승하는지를 눈으로 확인한다. 숨을 불어 넣은 후에는 입을 떼어 공기가 배출되도록 한다.

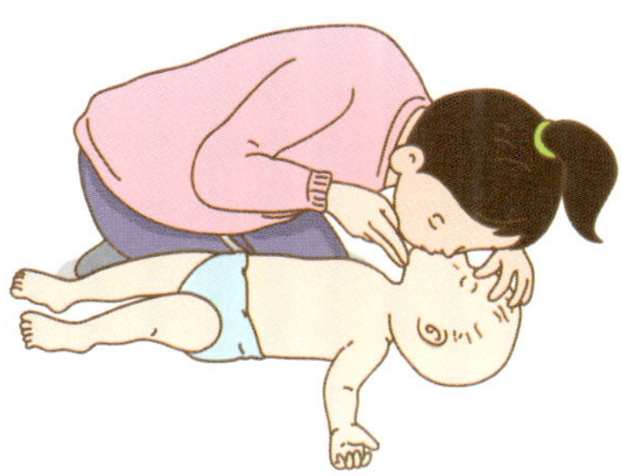

[그림 12-6] 영아 인공호흡

⑥ 가슴압박과 인공호흡 반복

구급대원이 도착할 때까지 가슴압박 30회와 인공호흡 2회 반복 또는 가슴압박 소생술을 계속 시행한다.

(2) 소아(1~8세) 심폐소생술

① 반응 확인

아동의 어깨를 가볍게 두드리며 반응을 확인한다.

② 119 신고

반응이 없으면 심정지 상태라고 판단하고 즉시 119에 신고한다. 주변에 있는 사람들에게 119에 전화해 달라고 부탁하고, 자동제세동기를 가져다 달라고 요청한다. 주변에 사람이 없으면 직접 전화한다. 의료인이 아니면 호흡 상태를 평가하기 어려우므로 응급의료전화 상담원의 도움을 받아 확인한다.

③ 호흡과 맥박 확인

119 신고 후에 호흡을 확인한다. 응급의료전화 상담원의 안내에 따라 호흡 유무 및 비정상 여부를 판별해야 하며 비정상이라고 판단되면 즉시 가슴압박을 시작한다. 심정지가 의심되는 환자의 맥박을 확인하는 과정은 의료인에게도 어렵고 정확하지 않아서 맥박을 확인하는 데 시간 소모가 많다. 따라서 심정지가 의심되는 경우(반응이 없으며 정상적인 호흡을 보이지 않는 경우)에는 맥박을 확인하지 않고 바로 가슴압박을 한다.

④ 가슴압박

가슴압박은 심폐소생술 동안 심장과 뇌로 충분한 혈류를 전달하기 위한 것으로 필수적 요소이다. 아동을 바닥이 단단하고 평평한 곳에 등을 대고 눕힌 뒤 처치자는 환자의 가슴 옆에 무릎을 꿇은 자세를 취한다. 가슴 중앙 가슴뼈의 아래

쪽 절반 부위에 처치자의 한 손 손바닥 아래 부위를 대고 팔꿈치를 펴서 팔이 바닥에 대해 수직을 이룬 상태에서 체중을 실어 가슴을 압박하고 다음 가슴압박을 위한 혈류가 심장으로 충분히 채워지도록 매번 가슴압박 후 가슴이 최대한 이완되도록 한다. 가슴압박은 분당 100~120회, 4~5cm 깊이로 강하고 빠르게 시행한다. '하나, 둘, 셋…… 서른'까지 세어 가면서 규칙적으로 가슴압박을 하고 아동이 회복되거나 구급대가 도착할 때까지 지속한다(김일옥, 2020). 맥박 확인, 제세동 등 가슴압박을 중단하는 것이 불가피한 경우에도 중단 시간은 10초 이내로 최소화해야 한다.

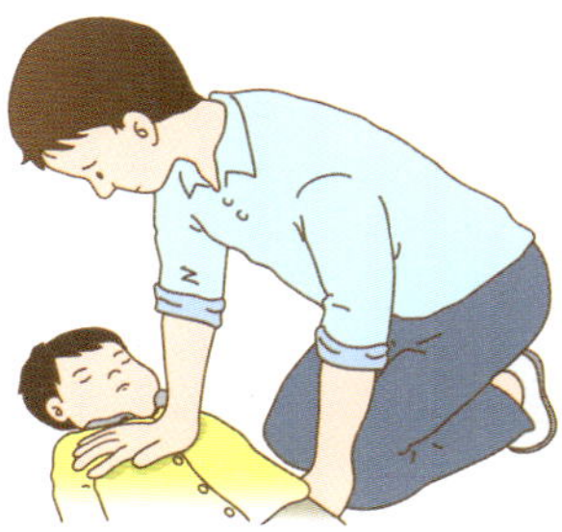

[그림 12-7] 소아 가슴압박

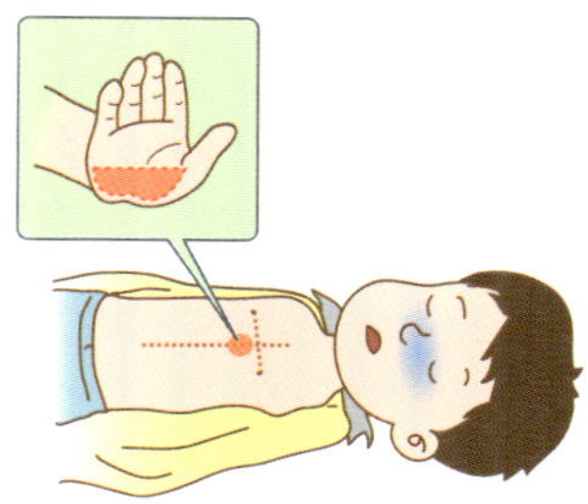

[그림 12-8] 소아 가슴압박 부위

⑤ 인공호흡

한 손을 아동의 이마에 대고 압력을 가하여 머리가 뒤로 젖혀지게 하면서 다른 손 손가락으로 아래턱 뼈 부분을 머리 쪽으로 당겨 턱을 받쳐 주어 기도를 개방한다. 머리를 젖힌 손의 엄지와 검지로 아동의 코를 잡아서 막고 처치자의 입을 크게 벌려 아동의 입을 완전히 막도록 접촉한 후 숨을 불어넣는다. 숨을 불어넣으며 가슴이 부풀어 오르는지를 눈으로 확인한다. 숨을 불어 넣은 후에는 입을 떼고 막았던 코도 놓아주어서 공기가 배출되게 한다. 인공호흡 2회 실시 후, 다시 가슴압박을 30회 실시한다. 2015 심폐소생술 가이드라인의 권고에 따라, 인공호흡 방법을 모르거나 시행하기를 꺼리는 경우에는 가슴압박만 시행하는 가슴압박 소생술을 실시한다.

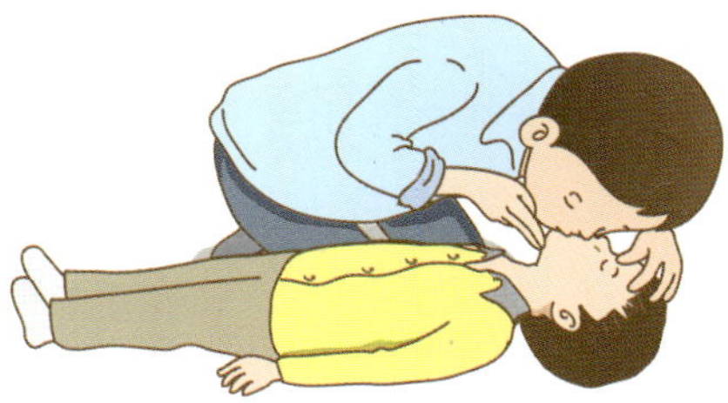

[그림 12-9] 소아 인공호흡

⑥ 가슴압박과 인공호흡 반복

구급대원이 도착할 때까지 가슴압박 30회와 인공호흡 2회 반복 또는 가슴압박 소생술을 계속 시행한다.

3) 찢어짐(상처)

찢어짐은 상처를 말하는데, 상처에는 찰과상, 타박상, 절상, 자상, 열상 등이 있다. 찰과상은 마찰에 의해 피부 표면에 생긴 상처, 타박상은 충돌 등 외부 힘이 피부에 넓게 가해질 때 생기는 상처, 절상은 칼 등 예리한 물체에 베인 상처, 자상은 못 등 뾰족하고 예리한 물체에 찔린 상처, 열상은 외부 자극에 의해 피부가 찢어져 생긴 상처이다(질병관리본부 국가건강정보포털). 상처에 대한 처치와 주의사항은 다음과 같다(어린이집안전공제회, 2019).

- 상처가 가볍다면, 깨끗한 상처는 그대로 밴드를 붙이며, 더러운 상처는 식염수나 수돗물로 세척한 후 물기를 깨끗한 거즈로 닦고 나서 밴드를 붙인다.
- 상처가 토양, 분변, 타액에 오염되었거나 화상이나 동상에 의한 것이라면 파상풍 백신접종 또는 파상풍 능동 면역접종이 필요할 수 있으므로 의사의 진료를 받는다.
- 상처가 진피층까지 침범할 정도로 깊거나 상처 부위가 큰 경우 그대로 두면 흉터가 심할 수 있기 때문에 봉합이 필요할 수 있고, 감염 위험도 높으므로

의사의 진료를 받는다.

- 병원 방문 시 아이가 어떻게 다쳤는지, 앓고 있는 질환이 있는지, 복용 중인 약이 있는지, 예방접종력은 어떠한지 등을 알고 있어야 한다.

4) 치아 손상

- 이가 부러져 땅에 떨어졌다면 부러진 이의 씹는 면을 잡고 생리식염수를 부어 씻어 낸 후 차가운 우유에 넣어 얼음팩과 함께 아이스박스에 담아 치과로 가져간다.
- 영구치가 빠졌는데 유치로 오인하여 방치하는 경우가 없도록 반드시 부모와 확인하고 조치한다.

5) 골절과 탈구

골절은 뼈가 부러지는 것으로 크게 폐쇄성 골절과 개방성 골절 두 가지로 나눌 수 있다. 폐쇄성 골절은 뼈 주위의 피부가 손상되지 않고 골절된 부위 근처에 상처가 없는 상태이다. 개방성 골절은 피부에 상처가 나거나 깨진 뼈가 피부 밖으로 뚫고 나온 상태이다. 탈구는 관절을 이루는 뼈가 관절의 정상적인 위치에서 이탈된 상태를 말한다. 골절이나 탈구 발생 시 응급처치와 주의사항은 다음과 같다.

- 다친 부위를 무리하게 움직이지 않도록 하고 가장 편안한 상태로 고정한 후 병원으로 간다.
- 다리를 다친 경우 조심스럽게 눕힌 후 부목이 있다면 부목으로 고정하고, 부목이 없으면 나무판이나 박스 등을 무릎과 발목 아래에 넣어 받쳐서 고정한다.
- 팔을 다친 경우 다친 부위 위아래 관절까지 부목을 단단히 대어 움직이지 않도록 고정한다.

- 골절 환자를 함부로 옮기거나 다친 부위를 건드려 부러진 뼈끝이 신경, 혈관, 근육을 손상시키거나 피부를 뚫고 나와 부상이 더 심각해질 수 있으므로 주의한다.

6) 화상

화상은 뜨거운 물질 또는 마찰 등으로 인해 신체 조직이 손상된 상태를 말한다. 화재, 뜨거운 증기, 기름, 물, 주방기구, 화학약품, 전기 등이 원인이다. 화상을 입은 영유아에 대한 처치는 다음과 같이 한다(어린이집안전공제회, 2019).

- 화상 부위를 물이나 생리식염수를 흘려보내며 상처의 열을 식혀 주는 것은 통증을 줄이는 데 도움이 되므로 10~20분 간 실시한다.
- 화상 부위가 손이나 발이면 손가락이나 발가락 사이에 천이나 거즈를 끼워서 벌려 놓은 다음 깨끗한 붕대를 느슨하게 감는다.
- 초기 대응 후 젖은 거즈나 수건으로 상처 부위를 감싼 후 신속히 병원 진료를 받는다.
- 심한 화상인 경우 즉시 병원으로 이송한다. 환자가 정신을 잃거나 맥박과 호흡이 약해지면 쇼크로 인해 위험하므로 빨리 응급구조대에 연락한다.

화상 응급처치 시 주의사항은 다음과 같다.

- 물이나 불에 화상을 입은 경우에는 옷을 벗겨야 하는데 옷을 제거하는 것은 의료진이 하도록 즉시 응급실로 간다.
- 크림, 연고, 로션, 된장, 간장, 소주 등을 바르거나 감자를 붙이는 등 민간요법은 2차 감염을 일으키거나 패혈증 같은 심각한 합병증을 초래할 수 있다.
- 물집이 생긴 경우 세균 감염을 일으킬 수 있으므로 물집을 벗기거나 터뜨리지 않는다.

7) 물림

(1) 동물에게 물림

- 상처를 흐르는 물로 씻고 즉시 응급실로 간다.
- 의사에게 동물의 종류와 상황을 설명한다.
- 동물의 주인이 있는 경우 동물의 병력을 확인하여 의사에게 설명하고, 야생동물이라면 물린 장소과 시간, 동물의 특징 등 사고 상황을 상세히 설명한다.
- 개에 물렸다면 광견병 접종 여부를 확인해야 한다.
- 동물에게 물린 상처는 여타 상처에 비해 감염률이 8~9배 높다.
- 물린 상처는 겉으로 보이는 것보다 상처가 깊을 수 있고 타액에 세균이 많으므로 반드시 병원에 가서 진료를 받아야 한다.
- 주인이 있는 동물의 경우 사후 사건 처리를 위해 주인의 전화번호를 받아 놓는다.
- 목격자가 있으면 진술과 신원을 기록해 놓는다.

(2) 사람에게 물림

- 사람 입 안에는 다른 사람을 물었을 때 옮겨질 수 있는 다양한 균이 있다.
- 사람에게 물렸을 때 피부에 상처가 나지 않았다면 생리식염수나 깨끗한 물로 씻는 것으로 충분하다.
- 피부에 상처가 났다면 비누와 물로 씻은 후 사고 일지에 기록하고 의사의 진료를 받는다.

(3) 곤충에게 물림

- 침이 박혀 있을 경우 침을 잡아당기지 말고 신용카드 같은 물체의 모서리로 살살 긁어 침을 제거한다.

- 침 끝에 남아 있는 독이 몸속으로 더 들어갈 수 있으므로 손으로 잡아당기거나 상처 부위를 쥐어짜서는 안 된다.
- 2차 감염을 예방하기 위해 흐르는 물로 씻고, 연고를 바른다.
- 쏘인 부위를 심장보다 높게 위치한 후 냉찜질을 하여 부종을 줄인다.
- 곤충에 물린 부위는 몇 시간 정도 염증 반응만 나타나다가 호전되는 것이 대부분인데 간혹 전신 두드러기, 감염, 아나필락시스 등으로 진행하는 경우가 있다. 아나필락시스는 에피네프린 주사 투여가 늦어지면 사망할 수도 있는 심각한 합병증이다. 곤충에 물린 아이가 입술, 얼굴, 팔 등이 심하게 붓거나 호흡곤란, 심한 기침, 복통, 구토 등 아나필락시스 증상을 나타내면 신속하게 응급실로 간다.

8) 코나 눈에 이물질이 들어간 경우

(1) 코에 이물질이 들어간 경우

- 반대편 콧구멍을 막고 세차게 코를 풀게 한다.
- 면봉으로 제거하려고 하다가 더 깊이 밀려 넣거나 점막 손상으로 코피가 날 수 있다.
- 코를 풀어도 이물질이 나오지 않거나 코를 풀 수 없는 영아의 경우 병원에 데리고 간다.

(2) 눈에 이물질이 들어간 경우

- 눈 표면에 먼지가 붙어 있을 경우 눈꺼풀을 벌려 안쪽에서 바깥쪽으로 물을 흘려 씻어 낸다.
- 영유아가 눈을 비비면 각막이 손상될 수 있으므로 눈을 비비지 않게 한다.
- 눈을 감게 하고 눈을 가려서 눈을 많이 움직이지 않게 한 상태로 병원에 간다. 눈을 가리는 도구로는 깨끗한 손수건 등으로 만든 띠를 사용한다.

9) 화학제품 관련 사고(중독)

중독은 독성 물질을 삼키거나 코로 들여 마시거나 피부를 통해 흡수되거나 눈을 통해 스며들거나 주사로 주입되어 신체에 일시적이거나 영구적인 손상이 야기되는 것을 말한다. 저독성 물질 섭취(흙, 풀, 크레용 등), 위험물 중독(강산, 강알카리 등), 흡입에 의한 중독(일산화탄소 등), 피부를 통한 중독이 있다. 중독의 증상으로는 구토, 호흡곤란, 복통, 발한, 의식장애, 경련 등이 나타날 수 있다. 중독에 대한 처치는 다음과 같이 한다.

- 화학제품(강산, 강알칼리 성분)을 삼키거나 빨아 먹은 경우 억지로 토하게 하지 않는다.
  - 억지로 구토하게 하는 경우 토사물 흡인, 식도 손상 등 합병증을 유발할 수 있다.
  - 입과 얼굴을 철저히 물로 헹구고 병원 응급실로 간다.
  - 삼킨 제품의 성분에 따라서 겉으로는 증상이 없어도 심한 식도 손상이나 위 손상이 있을 수 있으므로 응급실로 빨리 가야 한다.
  - 병원 방문 시 영유아가 삼킨 제품의 성분, 삼킨 양 등을 확인하여 의사에게 전달한다.
- 제품이 눈에 들어간 경우 눈을 비비지 말고 흐르는 물로 씻어 낸 후 병원으로 간다.
- 피부에 접착제(본드, 풀 등)이 묻었을 경우 무리하게 제거하지 않고, 미지근한 물과 세제를 이용해 제거한다.

10) 이물질에 의한 기도폐쇄(질식)

(1) 원인과 증상

기도폐쇄는 음식물이나 놀잇감 등에 의해 기도가 막혀 발생한다. 증상으로는 두 손으로 목 부분을 쥐면서 기침을 하려고 하고, 목에서 심하게 쌕쌕 하는 소리가 들릴 수 있으며, 얼굴이 파랗게 변하는 청색증이 나타난다. 즉시 119에 연락하고 다음과 같이 응급처치를 실시한다(어린이집안전공제회, 2016).

(2) 응급처치

- 12개월 이하 영아를 위한 응급처치
  - 아기를 왼쪽 팔에 엎어서(엎드린 자세로) 올려놓고 왼쪽 손바닥으로 아기의 목과 턱을 받쳐서 머리 부분을 잡는다.
  - 오른쪽 손바닥으로 엎드려 있는 아기의 어깻죽지 사이를 빠르게 그리고 힘있게 4회 연속해서 친다.
  - 이와 같이 했는데 이물질이 튀어나오지 않으면 아기를 딱딱한 바닥에 바로 눕히고 아기의 가슴 중앙의 뼈 있는 부위(흉골)를 손가락 2개로 힘 있게 4회 눌러 준다. 이때 너무 세게 누르면 갈비뼈가 부러질 수 있으므로 주의한다.
  - 흉골을 눌러 주었는데도 숨을 쉬지 못하면 똑바로 눕힌 상태에서 엄지와 검지로 아기의 양 볼을 눌러서 입을 벌린 후 가제나 수건으로 혀를 잡아당겨서 아기가 숨을 쉴 수 있도록 기도를 확보한다.
  - 이렇게 해도 이물질이 깊숙이 들어가서 호흡곤란이 해결되지 않는다면 즉시 아기의 입과 코를 교사의 입으로 덮은 채 숨을 불어 넣어 인공호흡을 시키면서 서둘러 응급실로 간다.
- 12개월 이상 영아를 위한 응급처치
  - 응급처치로 이물질이 튀어나오지 않으면 아이를 딱딱한 바닥에 똑바로 눕힌 후에 명치와 배꼽 사이에 교사의 한쪽 손바닥을 대고 그 위에 다른 손을 얹은 후 아래 에서 위로 쓸어 올리듯이 밀어 올리며 몇 차례 재빨리 눌러 준다. 간이나 갈비뼈가 상할 수 있으므로 너무 심하게 누르지 않도록 주의한다.
  - 아이가 계속 숨을 쉬지 못하면 입을 벌리게 한 후 혀를 잡아당겨서 숨을 쉴 수 있도록 도와준다.

– 그래도 숨을 쉬지 못하면 인공호흡과 복부 압박을 각각 6~10회 반복하면서 빨리 응급실로 옮긴다.

● 유아를 위한 응급처치(하임리히법)

– 아동의 뒤에 서서, 아동의 허리를 팔로 감싸 아동을 뒤에서 안는다.

– 배꼽 약간 위쪽 중앙 부위에 한 손의 주먹을 대고 다른 손으로 그 주먹을 덮고 감싸 쥔다.

– 양 주먹을 쥔 손으로 유아를 뒤에 안은 채 약간 들어 올리는 것처럼 유아의 가슴과 배 사이를 세게 압박한다.

– 이물질이 나올 때까지 10회 정도 반복한다.

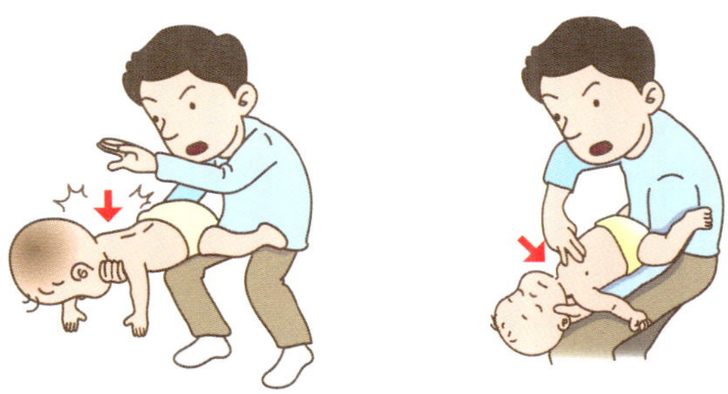

[그림 12-10] 12개월 이하 영아 기도폐쇄 시 응급처치법

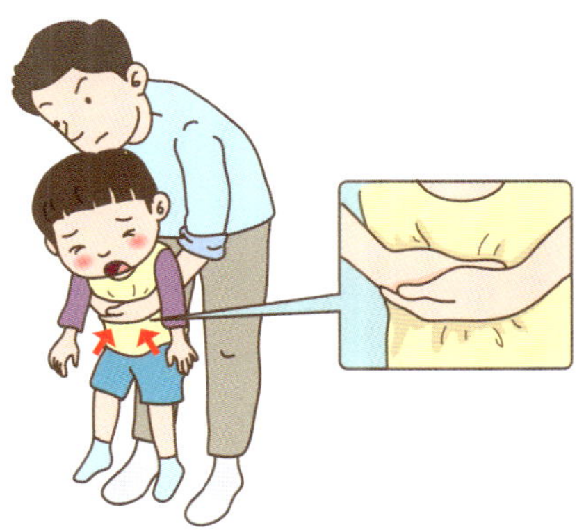

[그림 12-11] 유아 기도폐쇄 시 응급처치법(하임리히법)

11) 열성경련

영유아 경련의 가장 흔한 원인은 발열이다. 경련의 증상은 통제할 수 없는 몸 움직임, 눈이 뒤로 넘어감, 입에서 거품이 남, 대소변 실금, 의식 상실이다. 대부분의 경련은 5~10분 이내에 멈추며 고열로 인해 일어난 영유아의 경련은 심각한 것은 아니다. 그러나 경련이 10분 이상 계속된다면 응급구조대에 전화하여 도움을 요청해야 한다. 경련이 일어났을 때는 몸 움직임을 억제하지 말아야 하며 강제로 아동의 입을 열어 혀를 잡으려 하지 말아야 한다. 영유아의 경련으로 가장 흔한 열성경련과 분노경련에 대한 처치는 다음과 같이 한다.

- 열성경련
- 5세 이하의 유아에게서 고열이 나면서 경련을 일으킬 수 있다.
- 열만 떨어져도 대부분 경련을 멈춘다.
- 담요나 옷을 벗기고 시원하게 해 준다.
- 전신을 골고루 미지근한 물로 닦아 준다.
- 분노경련(호흡 정지 발작)
- 영유아가 심하게 울다가 파랗게 변하면서 경련을 일으킬 수 있다.
- 경련을 멈추면 대부분 이상은 없다.
- 경련은 열성경련이라 하더라도 경련이 반복되거나 지속될 수 있고, 단순 열성경련이 아닌 다른 원인에 의한 경련일 수도 있기 때문에 일단 경련이 발생하면 경련이 멈췄더라도 응급실을 방문하여 진료를 받는 것이 원칙이다.
- 경련 발생 시 영유아를 움직이지 못하게 결박이나 억제를 하지 않고, 목과 허리 부분의 옷을 느슨하게 해 준다.
- 구토를 하거나 입안에 구토물이 보이는 경우 질식되는 것을 막기 위해 고개를 옆으로 돌리고 입안에 손가락을 집어넣거나 억지로 입을 벌리지 않는다. 설압자 등(없으면 나무젓가락을 거즈로 말아서)을 사용하여 혀가 말려 들어가지 않게 한다.

12) 출혈

출혈이란 외상으로 인한 손상이나 심혈관계 질환 등 여러 가지 원인에 의해 혈관이 파열되어 혈액이 동맥, 모세혈관, 정맥으로부터 외부로 유출되는 것을 의미하며, 크게 외출혈과 내출혈로 구분된다. 출혈에 대한 처치는 직접 압박 지혈, 동맥점 압박 지혈, 지혈대 이용 지혈이 있다.

(1) 직접 압박 지혈

외출혈이 있을 때 가장 효과적인 지혈법은 직접 압박이다. 직접 압박을 하면 대부분의 출혈은 멈춘다.

- 출혈이 멈춘 후에는 소독거즈를 덮고 압박붕대로 감아 준다.
- 출혈이 멈추지 않으면 더 강하게 압박해 본다.
- 사지에서 출혈이 있는 경우 출혈 부위를 심장보다 높여 준다.

(2) 동맥점 압박 지혈

팔이나 다리에서의 출혈이 직접 압박으로 지혈되지 않으면 동맥의 근위부를 압박한다.

(3) 지혈대 이용 지혈

지혈대는 다른 방법으로 출혈을 멈출 수 없을 때 최후의 방법으로 사용된다. 지혈대 사용은 신경이나 혈관에 손상을 줄 수 있으며 팔이나 다리에 괴사(생체세포·조직의 일부가 죽거나 죽어 가는 상태)를 초래할 수 있으므로 시간마다 지혈대를 풀어서 괴사를 방지하는 것이 중요하다.

13) 코의 출혈(코피)

코피는 대부분 건조한 공기, 강한 바람, 코 후비기, 코의 상처로 인해 일어난다. 코피가 폐로 들어가지 않도록 가능한 앉은 상태에서 머리를 앞으로 약간 숙이도록 하고 윗입술과 잇몸 사이에 둥글게 만 거즈를 넣고 코를 엄지와 다른 두 손가락으로 눌러 압박을 가한다. 10분 후 압박을 풀어 준다. 코와 뺨 주위에 얼음 주머니를 올려 주면 지혈에 도움이 된다. 의사에게 가야 할 경우는 다음과 같다.

- 코피가 나면서 몸의 다른 곳에서도 출혈이 있을 때
- 너무 많은 피를 흘렸을 때
- 얼굴이 창백해질 때
- 식은땀을 흘릴 때
- 의식이 흐려질 때
- 코가 자주 막히면서 코피가 자주 날 때
- 입으로 피를 토할 때
- 머리를 부딪친 후에 코피를 흘릴 때

14) 일사병

일사병은 햇볕에 심하게 노출된 경우를 말한다. 다음과 같이 처치한다.

- 바람이 잘 통하고 그늘진 곳으로 빨리 옮긴다.
- 눕힌 후 옷을 벗기거나 풀어 주고 미지근한 물수건으로 몸을 닦아 준다.
- 의식이 회복되면 차가운 이온 음료를 자주 준다. 맹물만 주면 근육경련이 일어날 수 있다. 음료수는 반드시 의식이 회복된 상태에서 주어야 한다. 의식이 혼미한 상태의 환자에게 음료수를 주게 되면 기도폐쇄로 응급 상황에 빠질 수 있다.
- 의식이 없는 상태에서 고열이 계속될 경우 병원으로 데리고 간다.

적용해 보기

- 영유아교육기관에 비치할 구급상자를 준비해 보세요. 응급처치를 신속하고 적절하게 하는 데 필요한 약품과 도구들의 목록을 만들고 사용 방법을 정리해 익혀 보세요.

Chapter 13

안전사고 대처와 책임

들어가기 전에

「어린이안전법」에 다해 알고 있나요?

「어린이안전법」은 어린이의 생명과 신체에 대한 위험을 예방하고 어린이가 행복하고 건강한 삶을 누릴 수 있는 환경을 조성하는 것을 목적으로 2020년 제정되어 시행되고 있다.

「어린이안전법」은 어린이(13세 미만의 사람)의 생명과 신체에 대한 위험 예방 및 안전 확보를 위하여 정부·지자체·어린이 이용시설 관리 주체 등의 의무사항을 규정하고 있다. 어린이집, 유치원, 초등학교, 특수학교, 학원, 아동복지시설뿐만 아니라 대규모 점포, 유원시설, 전문체육시설, 공연장, 박물관, 미술관, 과학관, 공공도서관 등 어린이가 이용할 가능성이 있는 22개 유형의 시설을 「어린이안전법」의 적용을 받는 어린이 이용시설로 정하고 안전관리 의무를 부여하였다. 이 법에서는 어린이 이용시설 관리 주체의 응급조치 의무, 어린이에 대한 안전조치 의무, 신고 및 협조의 의무, 어린이 안전을 위한 교육 의무화를 규정하였다. 이에 따라 어린이 이용시설 종사자는 매년 어린이 안전교육 전문기관에서 실시하는 4시간의 어린이 안전교육을 받아야 한다.

출처: 행정안전부(www.mois.go.kr/frt/sub/a06/b10/childSafety/screen.do).

영유아교육기관에서 불가피하게 안전사고가 발생했을 때 대처할 수 있는 체계적인 대처 방안을 마련하고 숙지하여 효과적으로 신속히 대처할 수 있어야 한다. 이 장에서는 영유아교육기관의 안전사고 대처체계에 대해 알아보고, 어린이집과 유치원의 안전사고 보상제도와 안전사고에 대한 법적 책임에 대해 살펴본다.

1. 안전사고의 대처체계

영유아교육기관에서 영유아와 교직원이 안전하게 생활하기 위해서는 안전사고의 발생 가능성을 항상 염두에 두고 사고 발생을 최소화하기 위해 체계적이고 효과적인 방법에 따라 예방해야 한다. 그럼에도 불구하고 사고가 발생했을 경우에는 평소 구축해 놓은 안전사고 대처체계에 따라 신속하고 효율적으로 대응하여 사고에 따른 부정적 결과를 최소화한다.

1) 사고 예방 단계

(1) 비상대응 계획 및 연락체계 구축

영유아교육기관은 안전사고에 대처하기 위하여 인근 병원, 소방서, 경찰서 및 가스·유류 등의 안전 상태를 점검하는 유관기관 등과 비상연락체계를 구축해야 한다. 또한 사고에 대비하여 부모와의 비상연락망을 확보해야 하며, 영유아에 대한 응급처치 동의서를 받아 두어야 한다. 상시적으로 영유아와 전체 교직원을 대상으로 안전교육을 실시하고 응급처치 능력도 갖추도록 한다. 교직원들의 비상 시 역할에 대한 업무분장 계획을 세우고 숙지하여, 상황 발생 시 당황하지 않고 업무분담표에 따라 본인의 역할을 할 수 있도록 한다.

(2) 영유아교육기관 자체 안전점검

영유아교육기관은 자체 안전점검 계획을 수립하여 정기적인 안전점검을 실시한다. 자체점검은 시설안전점검 양식에 따라 매일, 매월, 반기별로 실시하여 화재·상해 등 위험 발생 요인을 사전에 제거한다.

2) 사고 발생 단계

(1) 안전사고 발생 시 대처

영유아교육기관에서 안전사고가 발생하여 영유아가 부상을 입은 경우에는 응급처치를 하고 부모에게 연락을 취하며 응급처치 동의서를 참고하여 부모가 원하는 병원으로 이송한다. 교사는 안전사고 발생 시간, 발생 장소, 발생 원인, 상해 정도, 응급처치 과정 등을 안전사고 일지에 정확하게 기록한다.

① 당황하지 말고 어떤 사고인지 파악한다. 안전사고가 발생하면 우선 교사 자신이 당황하지 않는 것이 무엇보다 중요하다. 교사가 당황하면 사고를 당한 영유아나 나머지 영유아들이 함께 당황하거나 더 불안해할 수 있다. 사고를 파악할 때에는 누가 어떻게 다쳤는지, 현장에 남아 있는 위험이나 또 다른 사고의 위험은 없는지 판단한다.
② 다친 영유아의 부상 정도를 파악하여 적절한 조치를 취한다.
③ 119나 응급실에 구조를 요청한다.
④ 부모에게 연락한다.
⑤ 남은 영유아를 안심시킨다.
⑥ 사고 보고서를 작성한다.

(2) 안전사고 발생 시 부모와의 소통

안전사고 발생 시 부모와 상호 작용할 때 안전사고의 경위 및 영유아의 상태를 당황하지 않고 상세하게 설명하며 부모를 안심시키는 것이 중요하다. 부모와 소통할 때의 원칙은 빠르게 대처하고 정확하게 이야기하고, 일관성 있게 응대하는 것이 기관과 부모 간의 갈등과 오해의 소지를 줄일 수 있다.

안전사고 발생 시 부모와의 소통 요령은 다음과 같다(어린이집안전공제회, 2017).

① 응급처치 후 즉시 부모에게 연락하여 사고에 대해 상세하게 설명한다.

- 장소 및 위치, 상황(어디서 무엇을 어떻게), 영유아의 상태, 응급조치, 병원 방문 등을 상세히 설명한다.
- 설명하기 전에 사고가 일어난 상황(장소, 위치, 갈등 상황, 영유아의 상태 등)을 정확하게 파악하여 부모에게 전달할 내용을 일어난 상황 그대로 사실적으로 작성한다.

예) "어머님, ○○이의 네 번째 손가락 두 번째 마디 부분에 0.5cm 정도 베이는 상처가 생겨서 바로 지혈을 하고 소독을 한 다음에 밴드를 붙여 주었습니다. 친구랑 함께 놀이를 하던 중에 친구가 ○○이의 가위를 사용하자 ○○이가 자기 것이라고 이야기하며 되가져 오는 중에 잘 못 건네받아 상처가 생겼어요. 처음에 피를 보자 조금 놀라긴 했는데 소독을 하고 밴드를 붙여 주니 금세 방긋 웃으며 친구와 놀이를 하고 있습니다.

② 부모와 충분히 소통한다.

- 사고로 인해 놀랐을 부모의 감정에 공감한다.
- 부모의 감정이 가라앉을 때까지 경청한다.
- 사고가 난 날 저녁 부모에게 연락하여 아이의 상태를 묻고 사고에 대한 유감을 표명한다.

예) "많이 속상하시죠."
"우리 ○○이는 지금 집에서 어떤가요?"
"원에서 더욱 신경 써서 봐야 하는데 앞으로는 더욱 즐겁게 생활할 수 있도록 하겠습니다."

- 영유아 간 갈등 상황에서 안전사고가 발생하였을 경우 부모들의 연락처 교환 및 중재를 위한 자리를 마련한다. 부모 간에 통화를 위해 전화번호를 알려 줄 때에는 각 부모의 동의를 받아 전화번호를 알려 주어야 한다.

③ 사고가 일어난 후 지속적으로 부모와 소통한다.

- 원장과 영유아의 담임교사 중 부모와 연락할 사람을 정한다. 부모와의 연락 전에 원장과 담임교사는 서로 이야기를 하며 상황에 대해 공유한다.
- 영유아가 등원하지 않았을 경우 현재 상태와 등원이 가능한 날을 확인한다.
- 영유아가 병원에 다닐 경우: 현재 상태는 어떤지 물어보며 언제 등원이 가능한지 파악한다.
- 영유아가 등원한 경우 기관에서 주의해야 할 사항에 대해 등·하원 시 부모에게 물어보고, 원에서 보낸 하루 생활에 대해 이야기한다.

④ 부상 시 후속 정보를 알아보고 이를 부모에게 전달한다.

- 어린이집안전공제회, 학교안전공제회에서 보상과 관련한 절차 및 제출 서류 등을 확인하여 부모에게 전달한다.

(3) 안전사고 보고

어린이집은 사고 발생 24시간 이내에 사고 보고서(〈표 13-1〉 참조)를 작성하여 시장·군수·구청장에게 보고해야 하며, 유치원은 관할 교육감 또는 교육장에게 보고한다. 중대사고(중상 이상의 안전사고, 감염병 및 식중독 등 집단 질병, 화재·침수·붕괴 등 재난사고 등)는 사고 발생 즉시 보고해야 한다.

안전사고에 대한 보상을 받기 위해서는 어린이집안전공제회나 학교안전공제회에 사고 보고를 해야 한다. 영유아교육기관에서 안전사고가 일어났다는 사실이 알려지면 평판도가 떨어져 원아 모집에 어려움이 있을 것을 우려하여 보고를 꺼리는 경우도 있지만 사고에 대한 정확한 보고는 사고의 유형과 발생 원인에 대한 자료로 활용되어 안전사고 예방 대책을 발전시키는 데 중요한 의미를 지닌다.

〈표 13-1〉 어린이집 사고 보고서 예시

<table>
<tr><td colspan="6">사고 보고서</td></tr>
<tr><td>사고 아동명</td><td></td><td>성별</td><td>남 여</td><td>생년월일</td><td>년 월 일</td></tr>
<tr><td>사고 일자</td><td>년 월 일</td><td>목격자명</td><td></td><td>사고 시간</td><td>오전/오후</td></tr>
<tr><td>사고 당시 원장 및
담임교사 근무 상황</td><td colspan="5"></td></tr>
<tr><td>부모 연락사항</td><td colspan="5"></td></tr>
<tr><td>연락 시간</td><td>오전/오후</td><td colspan="2">119 신고 여부</td><td colspan="2">□ 안함 □ 신고함(오전/오후 시)</td></tr>
<tr><td>사고 발생
장소</td><td colspan="5">□ 수송 중 □ 견학 중 □ 실외놀이장 □ 실내놀이실
□ 화장실 □ 복도 □ 주방 □ 대근육활동실(유희실)
□ 교사실 □ 식당 □ 계단 □ 기타( )</td></tr>
<tr><td>사고 당시
활동 내용</td><td colspan="5">□ 목욕 및 배변 시간 □ 교실활동 □ 계단 오르내리기
□ 실내자유놀이 □ 점심/간식/수유 시간 □ 실외자유놀이
□ 계획된 실외놀이 □ 놀이시설·설비 □ 물놀이
□ 견학 □ 낮잠 □ 기타( )</td></tr>
<tr><td>상해를 입은
시설·설비</td><td colspan="5">□ 오르기시설 □ 평균대 □ 크롤(기어나가는 시설)
□ 장애설비 □ 현관문/교실문 □ 실외고정물
□ 회전대 □ 놀이집 □ 시소
□ 미끄럼틀 □ 그네 □ 바퀴 달린 탈것
□ 바퀴달린 장난감 □ 잘 모르겠음 □ 기타( )</td></tr>
<tr><td>상해의
유형</td><td colspan="5">□ 화상 □ 쇼크/질식 □ 추락/강타 □ 물체에 끼임
□ 찢어짐 □ 뼈가 부러지거나 탈구 □ 압박, 눌림
□ 베임 □ 찰과상(벗겨짐) □ 삠 □ 물림 □ 찔림
□ 식중독 □ 기타 중독 □ 호흡곤란 □ 기타( )</td></tr>
<tr><td colspan="4">상해를 입은 다른 아동이 있는가?</td><td colspan="2">□ 예 □ 아니오</td></tr>
<tr><td>사고 원인</td><td colspan="5">□ 바닥으로 떨어짐: 떨어진 높이 약 m 바닥의 형태:
□ 뛰거나 발을 헛디뎌 넘어짐 □ 다른 유아에게 물림
□ 다른 유아에게 맞거나 밀림 □ 바퀴 달린 탈것(인라인스케이트 등)
□ 물체에 의해 다침 □ 음식물에 의한 질식
□ 곤충에 물리거나 쏘임 □ 동물에게 물림
□ 열, 추위에 노출 □ 기타( )</td></tr>
<tr><td>다친 부위
(좌, 우 표시)</td><td colspan="5">□ 머리 □ 눈(좌, 우) □ 귀(좌, 우) □ 코 □ 입
□ 목 □ 가슴 □ 등 □ 엉덩이(좌, 우)
□ 생식기 □ 팔(좌, 우) □ 손(좌, 우) □ 다리(좌, 우) □ 발(좌, 우)</td></tr>
<tr><td>사고 관련
특이사항</td><td colspan="5"></td></tr>
</table>

출처: 보건복지부(2020). 2020 보육사업안내: 부록. pp. 356-357. 일부 발췌.

3) 사고 후속 단계

안전사고 발생에 따른 후속 조치는 자체 해결, 안전공제제도와 사보험에 의한 보상, 소송에 의한 처리로 구분될 수 있다.

(1) 자체 해결

자체 해결은 영유아교육기관과 안전사고를 당한 영유아의 부모가 자체적으로 해결하는 경우이다. 피해 영유아의 부모가 손해배상 청구를 하지 않는 경우, 영유아교육기관에서 일정금을 지급하고 합의하는 경우 등을 말한다. 사고로 인해 입은 피해가 경미한 경우에 이처럼 자체적으로 해결하게 될 수 있다. 그러나 교사가 부담을 안게 될 가능성이 있으며 사고 당시에 예상하지 못했던 후유증이 발생하는 등 결과가 커지게 될 경우에는 결국 다른 방법을 찾아야 하므로 한계가 있다.

(2) 상해보험을 통한 보상

영유아교육기관은 의무적으로 상해보험에 가입하도록 되어 있어 안전사고 발생 시 상해보험을 통한 보상을 받을 수도 있다. 상해보험은 사보험회사에서 판매하는 것으로서 가입할 때 약관을 자세히 확인하여 안전사고 시 충분히 배상을 받을 수 있도록 한다. 어린이집을 이용하는 영유아는 의무적으로 상해 및 배상 보험에 가입하도록 되어 있으나 민영보험은 영유아돌연사증후군 등 보장에서 제외되는 것이 많아 보상에 한계가 있다.

(3) 안전공제제도를 통한 보상

어린이집안전공제회나 학교안전공제회는 무과실책임원칙으로 운영되므로 누구의 과실인지를 따지지 않으며 우연히 발생한 사고에 대해서도 보상이 이루어져 보상 범위가 넓고 신속하게 보상 절차가 이루어진다는 장점이 있다. 어린이집은 2011년부터, 유치원은 2007년부터 관련 법령에 따라 안전공제회 가입 의무시설이

됨에 따라 영유아뿐만 아니라 교직원의 안전사고 보상에 대한 영유아교육기관의 부담이 줄어들게 되었다.

① 어린이집 안전공제제도(www.csia.or.kr).

- 영유아 생명신체담보 : 영유아가 어린이집 내외에서 보육활동 중에 급격하고도 우연한 외래의 사고로 신체의 상해를 입은 사고로, 실제로 부담한 의료비의 100%를 보장하고 있다. 이와 함께 어린이집 및 어린이집의 원장, 보육교직원이 보육활동 중에 타인의 신체에 장해를 입히거나 재물을 망가뜨려 법률적인 배상책임을 부담함으로써 입은 손해에 대해서도 배상책임을 하고 있다. 영유아돌연사증후군 사고나 배상책임 사고로 인해 형사소송이 발생하는 경우 형사소송금(변호사 비용 등)을 일부 지원하고 있다.
- 놀이시설 배상책임 : 어린이집의 놀이시설 및 그 시설의 용도에 따른 업무의 수행 중 생긴 우연한 사고로 인해 타인의 신체에 장해를 입히거나 타인의 재물을 망가뜨려 법률적인 배상책임을 부담함으로써 입은 손해를 보상한다.
- 보육교직원 상해 : 어린이집에서 보육활동을 하고 있는 보육교직원이 어린이집 내외에서 보육활동 및 보육 외의 활동 중에 급격하고 우연하게 발생하는 사고에 대해 보상한다.

② 유치원 학교안전공제회(www.schoolsafe.or.kr)

유치원장은 학교안전사고 처리와 관련하여 학교안전공제회의 업무 과정을 숙지하여 학부모 및 사고 관련자에게 공지한다. 안전사고 발생에 따른 사고 통지는 사고일로부터 7일 이내 유치원에서 공제급여관리시스템(www.schoolsafe.or.kr)으로 하며, 공제급여 신청은 유치원, 학부모가 필요한 필요 구비서류를 갖추어 신청하면 공제회 접수일로 14일 이내로 처리하도록 되어 있으며, 처리 후에는 이에 따른 결정 내역을 공문으로 유치원으로 통지한다(단, 이의 신청이 가능하며, 공제급여 결정일로부터 90일 이내에 신청 가능하다).

〈표 13-2〉 학교안전공제회의 공제급여 종류

구분	내용
요양급여	사고로 인한 치료비 지급
장해급여	요양 종료 후 장해가 남은 때 지급
간병급여	장해 1, 2급에 대한 간병비용 지급
유족급여	사망한 경우 지급
장의비	사망한 경우 장의비 지급

출처: 서울특별시학교안전공제회(ssia.or.kr).

(4) 법률에 의한 손해배상

자체적인 해결이나 안전공제제도, 상해보험을 통한 배상으로도 해결이 안 될 경우에는 피해 영유아의 부모가 교사, 원장, 국가를 상대로 손해배상 청구소송을 제기할 수도 있다. 다른 방법으로 적절히 해결되지 않았을 때 선택하게 되는 방법이지만 법정에서 책임 소재를 놓고 공방을 벌이는 과정에서 겪게 되는 고통과 부담이 막대할 수 있다.

2. 안전사고의 법적 책임

영유아 안전사고가 발생하면 그 사고로 인한 생명, 신체, 재산상의 손해를 누가 어떻게 적절하게 보상할 것인가의 문제가 발생한다. 교사들이 안전사고에 대한 책임과 처리 방법을 숙지하고 있어야 보상 등의 원만한 사후 처리를 잘할 수 있다. 안전사고의 사후 처리가 원만하게 이루어지 않을 경우 운영자, 교사, 학부모 사이에 책임 소재와 보상을 둘러싸고 불필요한 갈등과 분쟁이 발생한다. 교사들이 안전사고와 관련된 교사의 법적 책임과 의무를 정확하게 인지하여 영유아교육기관에서 안전과 관련된 교사의 역할을 잘 수행할 수 있도록 한다.

1) 영유아보호에 대한 책임

영유아교육기관은 영유아를 보호자로부터 인계받은 시점부터 다시 보호자에게 인계할 때까지 영유아에 대한 일차적인 보호의 책임을 지닌다. 「영유아보육법」 제18조의2(보육교직원의 책무)에서는 "보육교직원은 업무를 수행함에 있어 영유아의 생명·안전보호 및 위험방지를 위하여 주의의무를 다하여야 한다."고 규정하고 있으며, 영유아는 언제 어디서 위험에 노출될지 알 수 없으므로 그만큼 각별한 주의의무를 요구하고 있다.

「유아교육법」 제21조(교직원의 임무)에서 "원장은 원무를 총괄하고 소속 교직원을 지도·감독하며 해당 유치원의 유아를 교육한다." 또한 "교사는 법령에서 정하는 바에 따라 해당 유치원의 유아를 교육한다."라고 교직원의 임무를 제시하고 있다.

2) 안전사고 법적 책임의 근거

영유아교육기관의 안전사고에 대한 판례에 비추어 보면 안전사고가 발생했을 때 교사가 무조건 무한대의 책임을 지는 것은 아니다. 영유아에게 발생한 안전사고에 대한 법적 책임 소재는 안전사고의 교육활동과의 관련성과 교직원의 주의의무와의 관련성에 근거하여 판단된다.

(1) 교육활동과의 관련성

영유아교육기관의 경우 영유아의 발달 특성상 교육활동의 범위가 매우 광범위하고 안전사고가 상시적으로 발생할 가능성이 높다는 특성이 있기 때문에 초·중등학교에 비해 안전사고에 대한 교사나 원장의 책임 범위가 상대적으로 광범위하다. 영유아교사는 보호자로부터 영유아를 인계받는 순간부터 보호자에게 영유아를 인계하는 순간까지 영유아의 발달 특성과 활동 상황을 감안하여 위험 가능성을 예측하여 사전에 사고 발생 가능성을 최소화하고 영유아와 부모에게 안전에 대한 주의의무를 다해야 한다. 안전사고에 대한 책임도 물리적 손해배상책임뿐만 아니라 도의적 책임을 수반해야 한다. 그러므로 이에 대한 지식과 대처 능력을 원장과 교사가 숙지해야 한다.

(2) 주의의무와의 관련성

유치원이나 어린이집 등 영유아교육기관에서 발생하는 인신사고의 대부분은 교사의 폭행 등 적극적인 가해행위에 기인하는 것보다는 사고방지 의무를 게을리하여 발생하는 부작위에 의한 침해 사례가 압도적으로 많다. 영유아교육기관 교직원의 주의의무의 범위는 영유아를 홀로 방치하지 아니하고 곁에서 항상 주시하는 것만으로 충분치 않고 각종 위급 상황에 대비할 수 있어야할 뿐만 아니라(이동건, 김낙홍, 2014), 영유아의 발달 특성에 따른 안전사고 발생 가능성에 대한 인지를 포함한다. 영유아교육기관 교사의 주의의무의 범위는 교육 및 이에 수반하는 생활 관계에 미치고, 전혀 예견할 수 없었던 특별한 사정이 없는 한 사고에 대한 책임을 면할 수 없게 된다.

영유아교육기관에서 안전사고가 발생했을 때 교사는 교육활동과 관련하여 영유아가 직면하게 될 위험 가능성을 예측 또는 예견할 수 있는 상황이었거나 또는 교사의 통상적 주의로 사고를 방지할 수 있음에도 사고가 발생한 경우에 한하여 개인적인 책임을 진다(박은혜, 2006). 판례에 따르면 교직원이 「영유아보육법」, 「유아교육법」을 준수하고 적절한 사고 조치를 취한 경우, 교사의 평소 주의의무 태도와 안전교육의 실시 정도는 원장과 교사의 배상책임 정도를 감해 주는 기준이 된다(김혜금, 2008; 박은혜, 2006; 이동건, 김낙홍, 2014). 특히 영아의 경우 고도의 주의의무를 기울여야 하겠지만, 발달 특성상 사고가 불가피한 경우도 있으므로 과실이나 고의성이 없어도 책임을 질 수밖에 없다(이재목, 2016).

3) 안전사고 법적 책임과 판례

영유아 안전사고가 발생하면 원장과 교사는 책임 소재에 따라 형법 등 관련법령에 따라 처벌될 수 있다. 이와 함께 안전사고로 인해 손상이 발생했다면 원장과 교사는 민법상의 법적 배상책임을 갖는다.

(1) 형사책임

형사책임이란 사고에 대한 행위가 위법한지를 경찰, 검찰, 법원에서 판단하게 되며, 무혐의, 금고, 벌금, 실형 등으로 선고된다. 영유아 안전사고가 발생하면 책임 소재에 따라 형법상 상해죄, 폭행죄, 업무상과실치상죄 등으로 처벌될 수 있다. 특히 고의로 학대한 결과 영유아가 다친다면 「아동학대범죄의 처벌 등에 관한 특례법」(아동학대처벌법)상 '아동학대중상해' 죄로 더 무겁게 처벌된다(구자정, 조혜진, 2018). 이와 동시에 민사상 손해배상을 청구할 수 있다. 특히 현재의 치료로 끝나지 않고 영구적인 장애를 입을 가능성이 있다면 그에 수반하는 비용까지 배상을 청구할 수 있다. 이때 교사뿐만 아니라 교사를 고용한 어린이집 원장 및 관계자도 함께 사용자(고용인)로서 배상책임을 지게 된다(〈안전사고 판례①〉 참고).

안전사고 판례 ①

4세 영유아 서랍장 위에 훈육 목적으로 앉혀 둔 보육교사

- 판결 개요: 1심, 2심, 대법원까지 모두 "아동학대에 해당한다."고 판결

- 사건 개요: 2015년 A씨는 어린이집의 원생 중 한 명인 B군(당시 4세)이 창문 앞에 놓여 있는 서랍장에 올라가 노는 것을 발견했다. B군의 행동을 보고 다른 아이들도 그 행동을 따라 하고 있었다. 그러다 아동들이 다칠 수도 있다고 생각한 A씨는 이를 훈육할 필요성을 느꼈다. 또한, 안전사고가 발생하면 책임을 질 수도 있다는 생각도 퍼뜩 지나갔다. 이에 A씨는 B군을 서랍장 위에 40분가량 앉아 있도록 했다. A씨는 "이는 일차적으로 B군을 훈육하고, 다른 아동들에게도 교구장(서랍장)에 올라가면 다칠 수도 있다는 것을 경각시킬 필요가 있어서 한 조치였다."라고 말했다.

  하지만 이로 인해 A씨는 「아동복지법」 위반 혐의로 재판에 넘겨졌다. 아동의 정신건강 및 발달에 해를 끼치는 정서적 학대행위를 했다는 혐의였다.

- 판결 근거: 2017년 2심 재판부는 "보육교사인 A씨가 강압적이고 부정적인 태도를 보이며 4세인 B군을 높이 78cm에 이르는 교구장(서랍장) 위에 40분가량 앉혀 놓은 것은 △그 자체로 위험한 행위이고 △이 과정에서 B군은 공포감이나 소외감을 느꼈을 것이며 △실제로 B군이 정신적 고통을 호소하며 일주일 이상 등원하지 못한 점 등에 비춰볼 때, A씨의 행위는 B군을 정서적으로 학대한 것으로 인정된다."고 유죄 이유를 설명했다.

  2020년 대법원은 판결에서 "「아동복지법」상 금지되는 정서적 학대행위란, 정신적 폭력이나 가혹행위가 아동의 정신건강 또는 복지를 해치거나, 정신건강의 정상적 발달을 저해하는 것을 말한다."라며 2015년 대법원 판례를 인용했다. 즉, 정신적 학대행위에 해당하는지 여부는 행위자(보육교사)와 피해아동의 관계, 행위(서랍장에 40분간 앉혀 둔 행동)가 피해아동 정신건강의 정상적 발달에 미치는 영향 등을 종합적으로 고려하여 판단하여야 한다는 것이다.

  출처: 로톡뉴스(2020. 03. 18).

(2) 민사책임

우리나라 법은 피해자들이 영유아교육기관 안전사고로 인하여 공제급여를 받는 것과 상관없이 유치원 또는 어린이집에 별도로 손해배상청구를 하는 것을 허용하고 있다(백경일, 서영숙, 2016). 독일의 사회법은 아동보육시설에서 사고가 발생하더라도 피해자가 보험급여만을 받고 끝나는 게 원칙이며, 그 외에 유치원 또는 어린이집에 대해서 피해아동의 보호자가 추가적으로 손해배상청구를 할 수는 없다.

안전사고로 인한 배상책임은 민법의 적용을 받는다. 안전사고로 인한 생명, 신체, 재산상의 손해를 누가 어떻게 적절하게 보상할 것인가의 문제가 발생하는데 운영자, 교사, 학부모 사이에 책임 소재와 보상을 둘러싸고 분쟁이 발생하고 있다. 영유아교육기관 안전사고 발생 시 교직원의 법적 책임의 근거는 「민법」상 불법행위책임(「민법」 제750조, 제756조)이다(이동건, 김낙홍, 2014). 「민법」상 불법행위에는 일반불법행위와 특수불법행위가 있다.

① 민법상 일반불법행위에 대한 책임

「민법」상의 일반불법행위는 고의, 과실로 인한 위법행위와 더불어 그 결과 손해가 발생한 경우에 해당된다(「민법」 제750조). 「민법」 제750조에 따르면 불법행위가 성립하기 위해서는 가해자의 고의 또는 과실이 있고 가해행위와 손해 간의 인과 관계가 존재하여야 하며 가해자의 책임 능력이 있어야 한다. 즉, 영유아교육기관에서 고의 또는 과실로 인하여 안전사고가 발생하고 그 때문에 상해를 입은 사람이 있다면 가해자는 기본적으로 민사상 그 피해에 대한 손해를 배상할 책임을 진다.

〈안전사고 판례②〉는 교사의 부주의나 과실에 의한 안전사고와 같이 과실이 분명하게 드러나는 사고로 교사에게 업무상 과실책임이 있다고 판결한 사례이다.

안전사고 판례 ❷

보육교사 인솔 아래 횡단보도 건너던 어린이 교통사고

- 판결 개요: 서울중앙지법 민사46단독 이은빈 판사는 최근 A어린이와 부모가 어린이집 원장 B씨와 보육교사 C씨를 상대로 낸 손해배상 청구소송(2018가단5181160)에서 "피고들은 공동해 원고 측에 1,200만 원을 지급하라"라며 원고일부승소 판결했다.

- 안전사고 개요: 생후 27개월이던 A어린이는 지난해 3월 보육교사 C씨 인솔에 따라 친구 6명과 함께 어린이집 인근 횡단보도를 건넜다. 그런데 A어린이 등 2명이 뒤쳐진 상황에서 횡단보도를 건너고 있는데, 운전자 D씨가 아이들을 발견하지 못하고 사고를 냈다. A어린이는 6주간 치료가 필요한 골반 가장자리 골절 등의 상해를, 다른 어린이는 12주간 치료를 요하는 후두골 골절 등의 상해를 입었다.
  D씨는 이 사고와 관련해 「통사고처리특례법」 위반 혐의로 기소돼 금고 1년에 집행유예 2년의 판결을 받았다. D씨가 자동차종합보험에 가입한 모 손해보험사는 A어린이 측에게 치료비 명목으로 510여만 원을, D씨는 형사재판 과정에서 위자료로 3,000만 원을 지급했다. 이후 A어린이와 부모는 어린이집 측을 상대로도 "5,000만 원을 달라."라며 소송을 냈다.

- 판결: 판사는 "어린이집 교사는 영유아를 친권자로부터 위탁받아 수유 및 휴식, 놀이, 수면 등 영유아의 전 생활을 인수받게 되고, 영유아는 어린이집에 도착한 순간부터 보호자에게 돌아갈 때까지 어린이집의 지배 영역 아래 있게 되기 때문에 어린이집 원장과 보육교사는 영유아의 생명·신체에 대해 친권자에 준하는 보호감독의무를 진다."라고 밝혔다. 이어 "어린이집 원장과 보육교사는 영유아를 홀로 방치하지 말고 곁에서 발생 가능한 위급 상황에 대비해야 한다."라고 설명했다. 그러면서 "영유아의 경우 안전사고 위험에 대한 인식과 방어 능력이 현저히 부족하므로 C씨는 원아들을 데리고 횡단보도를 건널 때 아이들의 행동이나 보행 태도를 확인하고 교사 없이 횡단보도에 방치하지 않도록 사고를 미리 방지해야 할 업무상 주의의무가 있는데도 이를 위반했다."며 "B씨 역시 C씨의 사용인으로서 관리·감독을 게을리했기에 손해를 배상해야 한다."고 판시했다.

출처: 법률신문(2020. 01. 06).

② 민법상 특수불법행위에 대한 책임

영유아교육기관 안전사고의 대부분이 영유아 자신의 부주의나 영유아 간의 다툼으로 인한 것으로 보고되고 있는데, 이러한 안전사고는 교사나 원장의 고의 또는 과실에 의해 발생한 것이 아니다. 이렇게 교사나 원장의 고의 또는 과실에 의해 발생하지 아니한 손해에 대해서 배상책임이 인정되는 경우를 특수불법행위라고 한다.

영유아의 부주의나 영유아 간의 다툼으로 인한 안전사고의 경우 과실이나 책임 소재를 가리는 것에는 많은 어려움이 있고 책임 소재가 확인이 된다고 하더라도 책임 능력이 없는 영유아들이기 때문에 이들에 대한 감독과 관리의 책임이 있는 교사와 원장의 행위는 특수불법행위로 간주되어 법적 책임을 지게 된다.

유치원 또는 어린이집 교사의 감독의무 위반에 기한 사고는 크게 아동들 간의 사고, 그리고 아동과 제3자 간의 사고로 나눌 수 있다. 어느 유형이든, 교육활동 시간보다는 교육활동의 연장선상인 휴식 시간이나 놀이 시간에 사고가 주로 발생한다. 아동들 간의 사고는 예를 들어, 아동들끼리 놀다가 얼굴이 부딪쳐 멍든 경우, 아이들끼리 게임용구·가위·칼·젓가락 등을 던지거나 휘두르다가 눈이 찔린 경우, 아동들끼리 주먹 싸움을 해서 코가 부러지거나 입술이 터진 경우 등이 있다. 그리고 아동과 제3자 간의 사고는 예를 들어, 아동이 유치원 바깥에 주차된 자동차에 돌을 던져 차창에 금이 가게 하거나 차체에 흠집이 나게 한 경우, 외부 견학 도중에 전시 공간을 둘러보던 아동이 그만 넘어져 전시물을 부순 경우 등이 있다 (백경일, 서영숙, 2016).

영유아교육기관의 안전사고는 「민법」에 규정된 특수불법행위 중 원장과 교사와 관련 있는 부분은 '책임무능력자의 감독자 책임'과 '사용자의 책임' 등이다.

더 알아보기

책임무능력자란?

법률상의 책임을 부담할 능력을 '책임능력'이라 하며, 형사 미성년자나 심신상실 등의 이유로 사물을 변별할 능력이 없거나 의사를 결정할 능력이 없는 자에 대하여는 책임을 물을 수 없어 '책임무능력자'로 하여 형을 면제한다. 「형법」 제9조는 "14세 되지 아니한 자의 행위는 벌하지 아니한다."라고 규정한다. 이때 14세 미만인지 여부는 호적을 기준으로 하지 않고 실제 연령을 기준으로 한다.

출처: 네이버 지식백과, 형사책임무능력자(박문각 제공).

- 책임무능력자의 감독자 책임(「민법」 제755조)

책임 능력이 없는 미성년의 경우 친권자인 부모에게 책임이 있지만 영유아교육기관에서 생활하는 동안은 교사가 법적 의무감독자인 부모를 대리하는 자이기 때문에 「민법」 제755조 제2항에 근거하여 영유아교육기관의 원장과 교사가 책임을 지게 된다. 「민법」 제755조는 책임무능력자가 그의 위법행위에 대한 배상책임을 부담하지 않는 경우 그 책임무능력자를 감독하는 자가 감독을 게을리하지 않았음을 입증하지 못하면 책임무능력자가 제3자에게 가한 손해를 배상할 책임이 있다고 명시하고 있다(김혜금, 2008). 영유아교육기관의 원장과 교직원은 부모를 대신하여 일정 시간 영유아를 안전하게 보육해야 할 의무가 있으므로 영유아의 감독자로서 주의의무의 책무를 성실히 이행해야 함에도 불구하고 안전사고가 발생한 것에 대해 직무상 의무 소홀로 규정하여 불법행위를 구성하는 것으로 보았다(김도형, 2007).

여기에서 문제가 되는 것은 교사의 책임감독의 범위이다. 친권자인 부모는 자녀에 대한 법적 의무자로서 자녀에 대한 보호감독의 범위를 무한대로 본다. 반면 교사가 법적 감독의무자인 부모를 대신하는 감독의 범위는 제한적이다. 대리감독자로서의 범위를 정하는 데 가장 중요한 요건은 교육활동과의 밀접한 관련성과 사고 발생의 예측 가능성이다(박은혜, 2006). 따라서 영유아교육기관의 원장과 교직원은 부모를 대신하여 일정 시간 영유아를 안전하게 보육해야 할 의무가 있으므로 영유아의 감독자로서 주의의무의 책무를 성실히 이행해야 함에도 불구하고 안전사고가 발생한 것에 대해 직무상 의무 소홀로 규정하여 불법행위를 구성하는 것으로 보았다(이성훈, 2014).

판례에 따르면 어린이집이나 유치원 교사의 경우 영유아의 발달 특성상 수업 시간뿐만 아니라 보호자로부터 영유아를 인계받는 순간부터 보호자에게 인계하는 순간까지 영유아에 대한 보호감독 의무가 있다. 또한 영유아의 안전사고의 대부분은 영유아의 발달 특성상 사고 위험성에 대한 판단 능력이 없고 대처 능력이 떨어지기 때문에 영유아교사는 이러한 영유아의 발달적 특성을 감안하여 사고의 발생을 예측했어야 한다고 보기 때문에 보호감독 의무자로서 법적 책임이 있다고 보는 것이다. 이렇게 안전사고에 대한 영유아교육기관 교직원의 책임 범위는 학령기 이후의 아동을 지도하는 교사들에 비해 안전사고의 책임이 매우 포괄적으로 적용되고 있다(김혜금, 2009).

- 사용자 책임(「민법」 제756조) 및 시설의 설치·관리 및 소유자로서의 책임(「민법」 제758조)

안전사고가 발생한 경우 자체 해결이나 안전공제제도, 상해보험을 통한 배상으로도 해결이 안 될 경우에 학부모는 영유아교육기관을 상대로 소송을 제기하게 된다. 영유아교육기관의 설치·경영자는 교사의 잘못으로 발생한 사고의 경우 해당 교사의 사용자(「민법」 제756조)로서 손해배상을 지고, 시설의 설치·관리상의 하자로 사고가 발생한 경우에는 해당 시설의 설치·관리 및 소유자로서의 책임(「민법」 제758조)을 지게 된다. 〈안전사고 판례②〉는 원장 B씨가 교사의 사용자로서의 책임을 인정한 판결이다.

적용해 보기

- 13장에서는 영유아교육기관의 안전사고에 대한 책임과 이에 대한 판례를 살펴보았습니다. 이를 통해 영유아의 안전에 대한 교사의 역할과 책임이 막중하다는 것을 인식할 수 있었습니다. 여러분이 직접 영유아교육기관 안전사고 관련 기사를 찾아보고, 사고 내용을 기초로 하여 영유아, 교사, 원장, 부모 각각의 사고 발생 원인과 책임을 분석해 보세요. 또한 재발을 방지하기 위한 방안도 마련해 보세요.

참고 문헌

경찰청(2020). 2019 경찰통계연보. 경찰청.

공인숙 외 13인(2016). 영유아 발달. 양서원.

과학기술정보통신부, 한국정보화진흥원(2020). 2019 인터넷이용실태조사요약본. 한국정보화진흥원.

곽은복(2000). 유아 안전교육 프로그램의 구성 및 효과에 관한 연구. 중앙대학교 대학원 박사학위논문.

교육부(2015). 유치원 시설안전관리 매뉴얼. 교육부.

교육부(2016). 유치원 7대 안전교육표준안(직업안전). 교육부.

교육부, 학교안전공제중앙회, 한국교원대학교 안전교육센터(2017). 학교 교육과정과 연계한안전교육 모델 개발 연구(유치원). 한국교원대학교 안전교육센터.

교육부, 보건복지부(2019). '2019 개정 누리과정' 해설서. 교육부, 보건복지부.

교육부, 보건복지부(2020). 2019 개정 누리과정 놀이실행자료. 교육부, 보건복지부.

구자정, 조혜진 (2018). 유아교육기관 아동학대 판례의 현황 및 법적 책임 분석. 육아지원연구, 13(3), 65-86.

권혜진, 김혜라, 최인숙(2018). 아동안전관리. 한국방송통신대학출판부.

권혜진, 김혜라, 전숙영, 정윤주, 채진영, 한유진(2018). 아동안전관리(3판). 창지사.

김대근(2014). 안전 개념의 분화와 혼용에 대한 법체계의 대응방안. 법과 사회, 47, 39-75.

김도형(2007). 학교안전사고 보상제도의 법제화에 관한 소고. 경성법학, 16(1), 253-277.

김미숙, 이주연, 김지민, 정윤경 (2015). 국민건강과 안전을 위한 아동안전전략 구축방안 - 아동손상예방 전략을 중심으로. 한국보건사회연구원.

김민주(2014). 하인리히법칙. 미래의 창.

김미선, 박미화, 이효숙(2006). 유아교사의 응급처치교육에 대한 실태조사. 미래유아교육학회지, 13(1), 91-114.

김일옥(2009). 영유아를 위한 응급처치. 서울: 양서원.

김일옥(2020). 아동안전관리(2판). 서울: 양서원.

김일옥, 이정은(2010). 아동안전관리(3판). 서울: 양서원.

김직호, 허린강(2016). 유아교사의 안전지식과 안전행동과의 관계. 한국영유아보육학, 96, 219-235.

김현숙(2008). 유치원과 어린이집의 교통안전교육 실태와 요구도에 대한 연구. 군산대학교 교육대학원 석사학위논문.

김혜금(2008). 보육시설 안전실태와 배상책임 법적 근거 및 판례분석을 통한 안전사고 예방과 보상에 대한 고찰. 유아교육논총, 17(2), 109-126.

김혜금(2009). 보육시설 안전사고 예방과 보상에 대한 부모와 보육시설장의 인식. 아동학회지, 30(4), 1-14.

김혜금(2010). 어머니와 보육교사의 상해신념과 안전사고 예방행동의 비교. 아동학회지, 31(2), 169-182.

남현주, 이상희(2019). 유아대상 안전교육 프로그램 연구 동향 분석. 유아교육 보육복지연구. 23(4), 7-33.

도남희(2016). 어린이집과 유치원의 안전관리, 사후대처에서 예방으로. 육아정책 Brief, 53. 육아정책연구소.

동아일보(2020. 09. 09). 코로나 19 '마스크와 손 청결이 최고의 백신'.

로톡뉴스(2020. 03. 18). 4세 영유아 서랍장 위에 훈육 목적으로 앉혀 둔 보육교사.

박영선, 신동주(2014). 유아교육기관 유아 안전사고의 잠재적 요인에 관한 연구. 유아교육연구, 34(2), 347-370.

박은혜(2006). 유치원 안전사고 처리와 판례를 통해 본 교사의 법적 책임에 관한 고찰. 유아교육연구, 26(6), 83-102.

백경일, 서영숙(2016). 유치원·어린이집 교사의 아동보호·감독의무와 손해배상책임. 일감법학, 33, 119-150.

법률신문(2020. 01. 06) 보육교사 인솔 아래 횡단보도 건너던 어린이 교통사고.

보건복지부(2018). 전국아동학대현황보고서. 보건복지부.

보건복지부(2019). 전국아동학대현황보고서. 보건복지부.

보건복지부(2020). 2020 보육사업안내. 보건복지부.

보건복지부(2020). 제4차 어린이집 표준보육과정 해설서. 보건복지부.

보건복지부(2020). 코로나바이러스감염증-19 유행대비 어린이집용 대응지침 V-2. 보건복지부.

보건복지부, 중앙아동보호전문기관(2019). 2018 아동학대 주요통계. 보건복지부.

보건복지부, 중앙아동보호전문기관(2020). 2019 아동학대 주요통계. 보건복지부.

보건복지부, 중앙육아종합지원센터(2020). 어린이집 영유아의 성 행동문제 관리 대응매뉴얼. 보건복지부.

보건복지부, 어린이집안전공제회(2020). 2020 어린이집 보육교직원 안전교육. 보건복지부, 어린이집안전공제회.

보건복지부, 어린이집안전공제회, 중앙육아종합지원센터(2020). 보육교직원안전교육: 어린이집 안전사고 예방 및 대응. 보건복지부, 어린이집안전공제회, 중앙육아종합지원센터.

보건복지부, 질병관리본부, 대한심폐소생협회(2015). 2015 심폐소생술 가이드라인. 보건복지부.

부산일보(2017. 11. 16). [포항 지진] 평소 연습한대로 침착히 지진 대피한 어린이집 꼬마들.

서울시교육청 유아교육진흥원(2020). 공공성 강화와 유치원 자치문화 조성을 위한 제5주기('20~'22년) 유치원 평가 기본 계획. 서울시교육청 유아교육진흥원.

소방청(2019). 2019년도 화재 발생 현황 분석 결과. 소방청.

서울시 유아교육진흥원(2019). 유아 안전교육 프로그램 개발. 서울시 유아교육진흥원.

서울특별시(2014). 서울시 어린이집 안전수칙 매뉴얼. 서울시 육아종합지원센터.

여성가족부(2019). 아동·청소년 대상 성범죄 동향 및 추세 분석. 여성가족부.

여성가족부(2010). 미디어와 함께 건강하게 살아가요(유아를 위한 미디어교육 교재) 교사용. 여성가족부.

어린이집안전공제회(2016). 어린이집 안전사고 대처행동 매뉴얼. 어린이집안전공제회.

어린이집안전공제회(2017). 어린이집안전사고 대처행동 매뉴얼. 어린이집안전공제회.

어린이집안전공제회(2017). 연령 별로 알아보는 영아안전교육프로그램(개정판). 어린이집안전공제회.

어린이집안전공제회(2019). 제3회 아이사랑 안심보육 공모전 수상작품 자료집. 어린이집안전공제회.

어린이집안전공제회(2019). 2019 보육교직원안전교육. 어린이집안전공제회.

어린이집안전공제회(2019). 어린이집 안전관리백과 소방·재난. 어린이집안전공제회.

어린이집안전공제회(2019). 어린이집 안전관리백과 실내외 보육환경. 어린이집안전공제회.

어린이집안전공제회(2020). 2019년도 어린이집안전공제회 통계자료집. 어린이집안전공제회.

어린이집안전공제회(2020). 2019 개정 누리과정 적용에 따른 보육교사의 안전인식. 어린이집안전공제회.

어린이집안전공제회(2020). 보육교직원 안전교육 심화과정 개발 연구. 어린이집안전 공제회.

유니세프(2019). 유엔아동권리협약. 유니세프한국위원회.

유니세프(2019). 알기쉬운 유니세프아동친화도시길라잡이. 유니세프한국위원회.

유니세프(https://www.unicef.or.kr/child-rights/outline.asp). 2020. 08. 07 인출

육아정책연구소(2020). 감염병 재난 극복을 위한 영유아심리방역 매뉴얼. 육아정책연구소.

윤선화, 정윤경(2012). 가정 내 영유아 안전사고 예방을 위한 부모안전교육의 효과. 한국위기관리논집, 8(3), 187-204.

이강원, 손호웅 (2016). 지형 공간정보체계용어사전. 구미서관.

이동건, 김낙홍(2014). 어린이집 안전사고 민사판례 분석을 통한 법적 책임 고찰: 사망사건을 중심으로. 육아지원연구, 11(4), 231-257.

이선미, 조민순(2010). 보육교사의 응급상황에 따른 처치방법에 대한 실태연구. 미래유아교육학회지, 17(4), 55-80.

이성훈(2014). 어린이집 안전사고 판례 분석을 통한 법적 책임 고찰. 중앙대학교 대학원 석사학위논문.

이수영, 배지희(2019). 영아 안전교육의 효율적 운영을 위한 협력적 실행연구. 유아교육학논집, 23(2), 277-309.

이수재(2020). 유아안전교육 프로그램 효과에 관한 메타분석. 육아정책연구, 14(1), 73-94.

이승훈(2019). 응급처치교육 프로그램이 보육교사들의 응급상황 대처 의지 및 지식에 미치는 효과. 한국콘텐츠학회논문지, 19(5), 464 - 471.

이완정(2018). 영유아에게 하지 말아야 할 부당행위에 대한 보육교사의 인식. 한국아동권리학회 추계학술대회자료집, p. 97. 한국아동권리학회.

이재목(2016). 유치원 사고로 인한 유아의 인신손해와 민사책임의 귀속관계-교사의 주의의무위반을 중심으로. 홍익법학, 17(1), 245-270.

이정민, 유수정, 강상(2012). 만 2세 영아를 위한 통합적 안전교육활동이 어린이집 내 비안전행동에 미치는 영향. 열린유아교육연구, 17(6), 125-143.

중앙보육정보센터(2011). 보육시설 응급처치 매뉴얼. 중앙보육정보센터.

지광석(2018). 정부의 어린이안전대책 현황과 시사점. 소비자정책동향, 90, 1-21, 한국소비자원.

질병관리본부(2020). 2019년 감염병 감시연보. 질병관리본부.

채혜선, 임미혜(2011). 영유아 안전교육. 양서원.

최원희(2015). 유아교육기관 유형에 따른 안전교육 실태 및 안전사고에 대한 교사의 인식. 인제대학교 교육대학원 석사학위논문.

최윤정, 안소영, 원윤서(2018). 보육교사가 인식하는 어린이집 안전교육 경험에 대한 내러티브. 열린부모교육연구, 10(2), 205-228.

통계청(2019). 사망원인통계. 자료. e-나라지표(www.index.go.kr 〉potal). 2020. 08. 07 인출

학교안전공제중앙회(2019). 2019년 사고 및 보상통계. www.ssif.or.kr

한국아동청소년안전교육협회(2016). 학교안전교육. 경기도: 공동체.

한국보육진흥원(2020). 2020 어린이집 평가 매뉴얼. 한국보육진흥원.

한국산업안전공단(2002). 생활주제와 함께하는 안전교육. 한국산업안전공단.

한국소방안전원 웹진 소방안전플러스(2020). vol.014

한국소비자원(2017). 어린이 안전사고 동향 분석. 한국소비자원.

한국소비자원(2018) 어린이 안전사고 동향분석. 한국소비자원.

한국소비자원(2019). 어린이 중독사고 위해사례 동향분석. 한국소비자원.

한국소비자원(2020). 어린이 놀이터 관련 위해정보. 한국소비자원.

한국소비자원 위해정보국 위해예방팀(2020). 2019년 어린이 안전사고 동향분석. 한국소비자원.

한국정보화진흥원(2019). 영유아 보호자용 스마트폰 과의존 예방 가이드라인 매뉴얼. 한국정보화진흥원.

해바라기아동센터(2015). 2015 서울해바라기센터 사업보고서. 해바라기아동센터.

행정안전부(2018). 2017년 어린이놀이시설 안전사고 분석결과.

행정안전부(2018). 어린이놀이시설 안전관리 매뉴얼. 행정안전부.

행정안전부(2020). 재난안전 상황분석 결과 및 주점관리 대상 재난안전사고.

Ben-Arieh, A., McDonell, J., & Attar-Schwartz, S.(2009). Safety and Home-School Relations as Indicators of Children Well Being: Whose Perspective Counts? Social Indicators Research, 90(3), 339-349.

De Cosmi, V., Scaglioni, S., & Agostoni, C.(2017). Early taste experiences and later food choices. Nutrients, 9(2), 107-115.

Morrongiello, B. A., Corbett, M., & Bellissimo, A.(2008). "Do as I say, not as I do": Family influences on children's safety and risk behaviors. Health Psychology, 27(4), 498-503.

Pejman, G. P. S., Hamid, A., Mir, M., & Kiyanoosh, G. R.(2013). Application of Donimo theory to justify and prevent accident occurrence in construction sites. Journal of Mechanical and Civil Engineering, 6(2), 72-76.

경찰청 안전 Dream http://www.safe182.go.kr

구글플레이 안전디딤돌 https://play.google.com/store/apps/details?id=kr.go.nema.disasteralert_new&hl=ko교통사고분석시스템 통계보고서 http://taas.koroad.or.kr

국토교통부 http://www.molit.go.kr

기상청 http://www.kma.go.kr)

도로교통공단 https://www.koroad.or.kr

보건복지부 http://www.mohw.go.kr

소방청 http://www.nfa.go.kr

서울특별시학교공제회 http://ssia.or.kr

세이프키즈코리아 홈페이지 http://www.safekids.or.kr

식품의약품안전처 식품안전정보포털 식품안전나라 https://www.foodsafetykorea.go.kr

식품의약품안전처 의약품통합정보시스템 의약품안전나라 https://nedrug.mfds.go.kr

식품의약품안전처 https://www.mfds.go.kr

실종아동전문기관 https://www.missingchild.or.kr

아동권리보장원 https://www.ncrc.or.kr

어린이집 안전공제회 htttp://www.csia.or.kr

에어코리아 https://www.airkorea.or.kr/web

여성가족부 http://www.mogef.go.kr

중앙육아종합지원센터 http://central.childcare.go.kr

학교안전공제회 htttp://www.schoolsafe.or.kr

한국교통안전공단 http://www.kotsa.or.kr

한국소비자원 https://www.kca.go.kr

한국소비자원 어린이 안전넷 http://www.isafe.go.kr

행정안전부 어린이 놀이시설 안전관리 시스템 http://www.cpf.go.kr

e-나라지표 https://www.index.go.kr

e-나라지표 실종아동 신고접수 및 처리현황 https://www.index.go.kr/potal/main/EachDtlPageDetail.do?idx_cd=1610

저자 소개

■ **권혜진** 나사렛대학교 아동학과 교수

저서 영유아교육기관운영관리, 아이와 교사가 즐거운 놀이지도(공저), 보육교사인성론(공저), 영아발달(공저)

■ **김성숙** 창원법원어린이집 원장

저서 영유아안전교육(공저), 유아교사론(공저), 누리과정과 심미수업(공저), 심미수업: 놀이중심교육과정(공저)

■ **김혜라** 대덕대학교 유아교육과 교수

저서 유아논리논술교육(공저), 놀이지도(공저), 보육교사론(공저), 유아교육과정(공저)

■ **임여정** 연성대학교 유아교육과 교수

저서 유아교육과정(공저), 보육학개론(공저), 어린이집 운영관리(공저), 유아과학교육(공저)

■ **정윤주** 인천대학교 유아교육과 교수

저서 아이와 교사가 즐거운 놀이지도(공저), 아동상담(공저), 영아발달(공저)

■ **조우미** 대구가톨릭대학교 아동학과 교수

저서 아동수학지도(공저), 아동과학지도(공저), 보육학개론(공저)

■ **사례 제공기관** : 창원법원어린이집

아동안전관리

초판 1쇄 발행 2021년 2월 19일
초판 3쇄 발행 2023년 8월 29일

지 은 이 | 권혜진 · 김성숙 · 김혜라 · 임여정 · 정윤주 · 조우미
펴 낸 이 | 김기섭
편 집 인 | 이윤희
펴 낸 곳 | 창지사 www.changjisa.com
08589 서울시 금천구 가산디지털 1로 83 파트너스타워 1차 9층
전화 (02)719-2211~3
팩스 (02)701-9386
등 록 | 1977년 4월 28일 · 제1-421호

ISBN 978-89-426-1417-2 (93370)

값 24,000원